□ 행정법강의 II

判例中心

行政上 損害塡補論

法學博士 陳 英 光 著

도서출판 미산

□ The Lecture of Administrative Law II

THESIS ON ADMINISTRATIVE SUPPLEMENT

(First Edition)

By

Dr. Young-Kwang, Jin

Misan Publishing Co.

머리말

이 책은 저자의 '행정법교실' 시리즈의 하나로, '행정법강의Ⅱ'에 해당한다. 행정법의 체계는 강학상 행정법통칙, 일반행정작용법, 행정구제법, 행정조직법, 특별행정작용법(행정질서법, 급부행정법, 공용부담법, 재무행정법, 군사행정법) 등으로 세분되는데, 저자는 행정법통칙과 일반행정작용법 부분은 '행정법총론'(행정법강의Ⅰ)에서 다루었고, 본서에서는 '행정구제법' 내용 중에서 행정심판과 행정소송을 제외한 '행정상 손해배상과 손실보상'(행정상 손해전보) 부분을 다루고 있다. 따라서 '행정심판'과 '행정소송' 부분은 저자의 '행정구제법' 해당 부분과 '행정소송법', '항고소송론'을 참고하기 바란다.
이 책은 저자의 기존의 행정구제법을 토대로 그 이후의 대법원과 헌법재판소의 중요 판례와 이론을 보강하여 행정상 손해배상과 손실보상에 대한 理論과 實務를 접합하여 재구성한 것이다.
아무쪼록 이 책이 이 분야의 연구자는 물론이고 각종 고급시험의 수험생들에게 반려자가 되었으면 하는 바람이다.
독자 여러분의 건승을 기원한다.

2011년 2월 17일
정월대보름
저자 진 영 광 씀

초판 2쇄에 붙여

이번에 책의 오자·탈자를 바로잡으면서 일부 목차를 수정하고 최근의 중요 판례를 추가하였다. 이 책을 읽는 모든 분에게 건강과 행운이 늘 함께 하길 기원해 마지않는다.

2012년 2월 6일
정월대보름
저자 진 영 광 씀

차례

제1편 行政上 損害賠償

6

제2편 行政上 損失補償

참고문헌

姜求哲, 『講義行政法Ⅰ』, 螢雪出版社, 1998.

金南辰, 『行政法Ⅰ』, 法文社, 2007.

金道昶, 『一般行政法論(上)』, 靑雲社, 1992.

金東熙, 『行政法Ⅰ』, 博英社, 2005.

　　　　『行政法Ⅱ』, 博英社, 2003.

金性洙, 『行政法Ⅰ』, 法文社, 2000.

金鐵容, 『行政法Ⅰ』, 博英社, 2007.

金香基, 『行政法槪論』, 三英社, 2001.

柳至泰, 『行政法新論』, 新英社, 2008.

朴圭河, 『行政法學(上)』, 韓國外國語大學校出版部, 2001.

朴均省, 『行政法論(上)』, 博英社, 2008.

朴鈗炘, 『行政法講義(上)』, 博英社, 2004.

卞在玉, 『行政法講義(Ⅰ)』, 博英社, 1998.

徐元宇, 『現代行政法論(上)』, 博英社, 1979.

石琮顯, 『一般行政法(上)』, 三英社, 2005.

尹世昌·李虎乘, 『行政法(上)』, 博英社, 1993.

李尙圭, 『新行政法論(上)』, 法文社, 1997.

　　　　『新行政法論(下)』, 法文社, 1994.

　　　　『行政爭訟法』, 法文社, 2000.

鄭夏重, 『行政法事例硏究』, 成玟社, 1999.

陳英光, 『행정구제법』, 도서출판 嵋山, 2006.

천병태·김명길, 『행정법총론』, 三英社, 2008.

　　　　『행정구제법』, 三英社, 2008.

韓堅愚, 『現代行政法Ⅰ』, 도서출판 인터벡, 2000.

洪井善, 『行政法原論(上)』, 博英社, 2001.

洪準亨, 『행정구제법』, 한울아카데미, 2001.

대법원판례해설 15호, 법원도서관, 1991.

대법원판례해설 47호, 법원도서관. 2004.

대법원판례해설 73호, 법원도서관, 2008.

민법주해Ⅸ, 박영사, 2001.

민사판례연구ⅩⅧ, 박영사, 1996.

사법논집 제30집, 법원도서관, 1999.

재판자료 제68집, 법원행정처, 1995.

재판자료 제77집, 법원도서관, 1997.

재판자료 제108집, 법원도서관, 2005.

재판자료 제120집, 법원도서관, 2010.

행정소송실무편람, 사법행정학회, 1998.

행정소송의 이론과 실무, 사법연구지원재단, 2008.

행정재판실무편람(Ⅲ), 서울행정법원, 2003.

塩野 宏(しおの ひろし), 『行政法Ⅱ』, 有斐閣, 2001.

芝池義一(しばいけよしかず), 『行政救濟法講義』, 有斐閣, 2000.

藤田宙靖(ふじた ときやす), 『行政法Ⅰ』, 靑林書院, 2000.

小高 剛(こたか つよし), 『行政法總論』, ぎょうせい, 2000.

塩野 宏(しおの ひろし) 等編, 『行政判例百選Ⅱ』第4版, 有斐閣, 1999.

行政法の爭點, 有斐閣, 1990.

裁判實務大系 第18卷(國家賠償訴訟法), 靑林書院, 1987.

제1편 行政上 損害賠償

제1편 行政上 損害賠償

제1편 行政上 損害賠償

제1장 개설

제1절 서설

Ⅰ. 의의

국가 등 행정기관의 위법한 행정작용으로 인하여 발생한 손해에 대하여 국가 등의 행정기관이 배상하여 주는 제도를 말한다. 이는 위법한 국가작용으로 인한 국민의 재산권 침해행위에 대하여 사후적으로 그 손해의 배상청구권을 보장함으로써 법치국가원리를 최종적으로 담보하는 수단으로서의 의미를 가지는 것이므로 오늘날 법치국가의 원리가 지배하는 나라에서는 대부분 인정되고 있다.[1]

Ⅱ. 행정상 손실보상제도와의 관계

1. 양자의 구별

전통적으로 양 제도는 그 요건과 제도의 이념면에서 구별되어 왔다. 손해배상제도는 위법한 행정작용에 대해 민법상의 불법행위책임을 행정법에 도입하여 인정된 개인주의적 책임제도인 반면에 손실보상제도는 적법한 행정작용에 대하여 단체주의적 법사상과 사회적 공평부담주의에 기초하여 인정되었다.

2. 양자의 융화경향

오늘날 무과실의 경우에도 배상하여야 한다는 무과실책임론이나 위험책임론이 등장하면서 이 양자를 통합하려는 경향이 있다.

이러한 경향은 손해배상의 현실적 재원은 국민의 세금에 의하여 충원되고, 위험책임 등의 등장으로 그 구별이 상대화 되는 점에서 피해자의 권리를 최대한으로 보장하기 위하여 원인행위의 적법성·위법성의 문제는 큰 의미를 가지지 않는다는 논리이다.

제2절 각국의 손해배상제도

Ⅰ. 프랑스

---

[1] 김남진교수는 국가배상제도의 기능으로 피해자구제기능, 손해분산기능, 제재기능, 위법행위억제기능을 거론하고 있다(551~554쪽).

프랑스의 국가책임은 국참사원(Conseil d'Etat)의 판례를 통해 발전되었으며, 公役務過失責任과 危險責任의 이원적인 구조를 가지고 있다.

공역무과실책임은 과실책임주의가 바탕이 된 것으로 1873년의 Blanco사건 판결[2] 이래 확립되었으며, 판례의 발달에 따라 정립된 책임의 중복이론에 의하여 공무원 개인 또는 국가에 대한 선택적 청구권이 인정되었다. 그리고 위험책임은 무과실책임을 취한 것이며, 오늘날 증대하는 공적부담 앞의 평등을 실현하려는 것으로 프랑스의 국가책임제도의 특색이라 할 수 있다.

Ⅱ. 독일

독일은 공무원의 위법행위는 위임계약에 위반하는 것으로 보아 위법행위의 결과는 공무원에게만 귀속하고 국가는 책임을 지지 않는다는 국가무책임사상이 확립되었다.

그러나 이는 국가의 책임이 공행정영역으로 확대되는 바이마르 헌법 제131조의 규정에 따라 공무원이 부담하여야 할 책임을 국가 등이 대신하여 부담하는 간접적인 형태를 취하게 되는 것으로 완화되었다.

하지만 이에 대한 비판의 목소리가 높아지자 국가의 직접적인 책임을 규정하는 國家責任法(Staatshaftungsgesetz)이 제정되었으나 1982. 10. 19. 독일연방헌법재판소의 판결에 의해 무효 선언되었다.

Ⅲ. 영국과 미국

전통적으로 영국에서는 '국왕은 악을 행할 수 없다(The king can do no wrong.)'라는 전제 하에, 미국에서는 주권면책사상(Sovereign Immunity)에 의해 국가가 불법을 행하는 경우, 그것은 공무원 개인의 잘못으로 간주되어 손해배상을 부정해 왔으며, 국가가 공무원의 불법행위에 대하여 책임을 부담하게 된 것은 근래의 일로 미국의 경우는 1946년 聯邦不法行爲請求權法(The Federal Tort Claims Act), 영국의 경우는 1947년 國王訴追法(The Crown Proceeding Act)이 제정된 이후부터였다.

제3절 우리나라의 손해배상제도

Ⅰ. 헌법의 구조

1. 헌법규정의 내용

헌법 제29조 제1항에서 "공무원의 직무상 불법행위로 손해를 받은 국민은 법률이

---

2) 블랑코라는 한 소년이 국영담배공장의 운반차량에 치어 부상을 입었다. 이에 블랑코 소년의 부모는 국참사원에 손해배상을 청구하였다. 이에 국참사원은 국영담배공장 운반차량의 동 행위는 사법상의 행위가 아니라 공법상의 행위, 즉 공역무작용에 의한 손해이므로 손해배상방법은 사법상 손해배상책임이 아니라 공법상의 공역무과실책임이라고 판시하였다.

정하는 바에 의하여 국가 또는 공공단체에 정당한 배상을 청구할 수 있다. 이 경우 공무원 자신의 책임은 면제되지 아니한다.”고 규정하여 국가배상책임원칙을 선언하고 있다. ‘법률이 정하는 바에 의하여’라는 법률유보조항에 따라 국가배상법이 제정되었다.

2. 헌법규정의 성질

(1) 청구권적 기본권성

국가배상청구권이 단순한 재산권의 보장만을 의미하는 것이라는 견해3)도 있었으나, 현재는 이를 국민의 손해를 구제하기 위한 청구권으로서 재산권과는 별도로 인정되고 있음에 대하여 이론이 없다.

(2) 직접규정성

헌법 제29조 제1항의 의미와 관련하여 종래 학설 대립이 있었다.

1) 方針規定說

이 견해는 헌법규정이 ‘법률이 정하는 바에 의하여’라는 규정을 두고 있음을 강조하여, 이러한 법률유보로 인해 헌법에 의해서는 추상적인 권리가 발생하고 구체적인 권리는 법률에 의해서 비로소 생기는 것이라고 한다.

2) 直接效力規定說

이 견해는 헌법규정은 구체적인 권리를 규정하고 있는 직접적 효력규정으로서 이때의 ‘법률이 정하는 바에 의하여’의 표현은 국가배상청구권의 행사절차 내지는 구체적인 기준이나 방법을 법률로 규정한다는 의미로 보는 것이다. 따라서 국가배상법은 국가배상의 절차 등을 정한 것에 불과하다고 본다.

3) 평가

헌법 제29조 제1항의 성질문제는 국가배상법이 제정되어 있으므로 별다른 의미를 가지지 못하지만, 이러한 견해대립의 실익은 구체적인 법률이 존재하지 아니하는 경우에 당사자는 어떠한 근거규범에 의하여 청구권을 주장할 수 있는가에 있으므로 직접효력규정설이 타당하다고 할 것이다.4)

Ⅱ. 국가배상법의 구조

1. 국가배상법의 지위

---

3) 대법원 1971. 6. 22. 선고 70다1010 판결.
4) 류지태, 383쪽 ; 변재옥, 499쪽.

국가배상법 제8조는 "국가나 지방자치단체의 손해배상 책임에 관하여는 이 법에 규정된 사항 외에는 민법에 따른다. 다만, 민법 외의 법률에 다른 규정이 있을 때에는 그 규정에 따른다."고 하여, 동법이 공행정작용으로 인한 손해배상에 대한 일반법임을 명시하고 있다. 따라서 민법 이외의 다른 법률(국가배상에 대한 특별법)이 있으면 그 법률이 먼저 적용되며, 그런 특별법이 없으면 국가배상법이 적용되고, 국가배상법에 규정이 없는 사항에 관하여는 민법이 보충적으로 적용된다.

　특별법의 규정으로는 ① 배상금액을 정형화 또는 경감하는 경우(우편법 제38조 제②항, 원자력손해배상법 제3조의2, 유류오염손해배상보장법 제8조), ② 무과실책임을 인정하는 경우(원자력손해배상법 제3조, 자동차손해배상보장법 제3조) 등이 있다.

□ 대법원 1977. 2. 8. 선고 75다1059 판결
　구 우편법 제38조는 우편사업의 특수성을 참작하여 규정한 본조 이하의 손해배상에 관한 규정의 취지로 보아 민법상의 채무불이행이나 불법행위로 인한 손해배상 및 국가배상법상의 손해배상규정에 대한 특별규정이라 할 것이므로 우편물 취급에 수반하여 발생한 손해는 본 법의 규정에 의하여 배상청구 할 수 있을 뿐 민법 또는 국가배상법에 의한 배상청구는 허용되지 않는다고 할 것이다.

[비교판례]
□ 대법원 2008. 2. 28. 선고 2005다4734 판결
[특별송달우편물과 관련하여 우편집배원의 고의 또는 과실로 손해가 발생한 경우, 국가배상법에 의한 손해배상을 청구할 수 있는지 여부(적극)]
　민사재판에서 송달이란 법원이 재판에 관한 서류를 법정의 방식에 따라 당사자 기타 소송관계인에게 교부하여 그 내용을 알리거나 알 수 있는 기회를 부여하고 이를 공증하는 행위이며, 적법하게 송달이 이루어진 경우에는 법에 정해진 일정한 효과가 발생하게 되는 것으로서 국민의 권리를 실현하는 절차의 진행에 불가결한 것이기 때문에 적정한 절차에 따라 확실하게 수송달자에게 송달될 것이 특히 강하게 요청된다. 이러한 이유로 민사소송법은 직권송달의 원칙을 규정하는 한편(제174조), 우편집배원, 집행관 등을 송달기관으로 정하고(제176조), 교부송달(제178조)과 그것이 여의치 않은 경우에 하는 보충송달 또는 유치송달(제186조) 등 송달방법에 관하여 규정하고 있으므로 송달기관은 민사소송법이 정한 방법에 따라 소송서류 송달을 실시하여야 하는바, 우편집배원도 집행관 등과 함께 민사소송법 제176조에 정해진 송달기관으로서 같은 법이 정하는 방법에 따라 송달을 실시하여야 한다. 이에 따라 구 우편법(1997. 8. 28. 법률 제5384호로 개정된 후 2005. 3. 31. 법률 제7446호로 개정되기 전의 것) 제15조 제2항 및 같은 법 시행규칙(2005. 8. 4. 정보통신부령 제176호로 개정되기 전의 것) 제25조 제1항 제6호는 '등기취급을 전제로 구 민사소송법 제163조(2002. 1. 26. 법률 제6626호로 전부 개정되기 전의 규정이며 개정된 후에는 제176조)의 규

정에 의한 방법으로 송달하는 우편물로서 배달우체국에서 배달 결과를 발송인에게 통지하는 특수취급제도'를 특별송달이라고 하여 부가우편역무의 일종으로 정하는 한편 같은 규칙 제62조, 제63조에서 그 구체적인 배달방법에 관하여 정하고 있는데, 이러한 구 우편법 및 그 시행규칙의 규정은 민사소송법 제176조에 따라 송달기관으로 정해진 우편집배원의 같은 법에 따른 송달 시행을 위하여 마련된 규정으로 볼 수 있다.

또한, 특별송달우편물의 발송인은 송달사무 처리담당자인 법원사무관 등이고(민사소송법 제175조 제1항), 그 적정하고 확실한 송달에 직접 이해관계를 가지는 소송당사자 등은 스스로 관여할 수 있는 다른 송달수단을 전혀 갖지 못하는 특수성이 있다. 그리고 특별송달의 대상인 소송관계서류에 관해서는 집행관(민사소송법 제176조 제1항), 법정경위(법원조직법 제64조 제3항), 법원사무관 등(민사소송법 제177조 제1항)도 송달을 실시할 수 있는데, 이러한 과정에서 관계자에게 손해가 발생한 경우, 특별히 국가배상책임을 제한하는 규정이 없으므로 그 손해가 송달을 실시한 공무원의 경과실에 의하여 생긴 것이라도 피해자는 국가에 대하여 국가배상법에 의한 손해배상을 청구할 수 있는바, 소송관계서류를 송달하는 우편집배원도 민사소송법 제176조가 정한 송달기관으로서 위 집행관 등과 대등한 주의의무를 가진다고 보아야 하므로 그에 위반하는 경우 국가가 지는 손해배상책임도 달리 보기는 어렵다고 할 것이다.

위와 같은 민사소송법에 의한 특별송달우편물의 특수성 및 다른 송달공무원의 책임과의 형평에 비추어 보면, 특별송달우편물에 관하여 우편집배원의 고의 또는 과실에 의하여 손해가 발생한 경우에는 우편물 취급에 관한 손해배상책임에 대하여 규정한 구 우편법 제38조에도 불구하고 국가배상법에 의한 손해배상을 청구할 수 있다고 봄이 상당하다.

2. 국가배상법의 성격

우리나라와 같이 法體系를 公法과 私法으로 나누는 경우에 國家賠償法은 어디에 속하느냐, 즉 國家賠償法의 法的 性格이 문제된다.

(1) 학설

1) 私法說

국가나 지방자치단체도 公權力의 主體로서 가지는 특권적 지위(國家無責任의 原則)를 포기하고 사인과 같은 지위에서 책임을 지겠다는 것이 헌법의 태도인 바, 국가배상책임도 일반불법행위의 한 종류에 불과한 것이고, 따라서 국가배상법은 민법의 특별법으로서 사법의 성질을 갖는다는 것이며, 국가배상법 제8조가 민법이 보충적으로 적용되는 것으로 규정하고 있는 것도 국가배상법이 민법의 특별법의 지위에 있음을 나타내는 것이라고 한다.[5]

즉 국가배상청구권은 공법에 특유한 책임이론이 아니라 일반불법행위이론의 한 유형에 불과하여 국가배상법은 사법에 불과하다고 하면서 국가배상사건을 민사소송으로 해결하여야 한다고 주장한다.

2) 公法說

이 견해는 실정법상 공·사법의 이원적 틀(체계)이 있다는 점, 국가배상법은 공법적 원인으로 야기되는 배상문제를 규율하는 법이라는 점, 생명·신체의 침해로 인한 국가배상을 받을 권리는 압류와 양도의 대상이 되지 아니한다는 점 등을 이유로 국가배상법을 공법으로 보는 견해이며, 이것이 대다수 행정법 학자들의 입장이다.[6]

즉 공법적 원인에 의해 발생한 손해에 대한 배상을 규율하는 국가배상법은 성질상 공법이고, 국가배상사건을 행정처분 등을 원인으로 하는 법률관계에 관한 소송인 당사자소송으로 해결하여야 한다고 주장한다.

(2) 판례

> □ 대법원 1972. 10. 10. 선고 69다701 판결[7]
> 공무원의 직무상 불법행위로 손해를 받은 국민이 국가 또는 공공단체에 배상을 청구하는 경우 국가 또는 공공단체에 대하여 그의 불법행위를 이유로 손해배상을 구함은 국가배상법이 정한 바에 따른다 하여도 이 역시 민사상의 손해배상 책임을 특별법인 국가배상법이 정한데 불과하다.

3. 국가배상청구권의 주체

손해배상청구권은 위법한 공무집행으로 인해 손해를 입은 국민이 그 주체가 된다. 이때 국민은 한국국적을 가지는 자연인과 법인이 포함되나, 외국인이나 외국법인은 상호보증이 있는 경우에만 국가배상법이 적용된다.

다만, 군인·군무원·경찰공무원 또는 향토예비군대원이 전투·훈련 등 직무 집행과 관련하여 전사(戰死)·순직(殉職)하거나 공상(公傷)을 입은 경우에 본인이나 그 유족이 다른 법령에 따라 재해보상금·유족연금·상이연금 등의 보상을 지급받을 수 있을 때에는 이 법 및 민법에 따른 손해배상을 청구할 수 없다(헌법 제29조 제②항, 국가배상법 제2조 제①항 단서).

---

5) 이상규, 510쪽. 변재옥교수는 사법설의 근간에 서있으면서 논의실익은 없다고 한다(498~499쪽).
6) 이론상 공법설이 타당하다고 하면서도 국가배상사건에 적용될 법은 국가배상법과 민법으로 확정되어 있어 국가배상법이 公法이냐 私法이냐를 논의할 實益은 없다는 견해도 있다.(박윤흔, 673~674쪽)
7) 대법원 1996. 2. 15. 선고 95다38677 전원합의체 판결에 의하여 일부 내용 변경됨.

4. 국가배상법상 배상책임의 유형

국가배상법은 배상책임의 유형으로 공무원의 직무상 불법행위로 인한 배상책임과 영조물의 설치·관리상의 하자로 인한 배상책임을 규정하고 있다.

제2장 공무원의 위법한 직무행위로 인한 배상책임

국가배상법은 제2조에서 "① 국가나 지방자치단체는 공무원이 직무를 집행하면서 고의 또는 과실로 법령을 위반하여 타인에게 손해를 입히거나, 자동차손해배상 보장법에 따라 손해배상의 책임이 있을 때에는 이 법에 따라 그 손해를 배상하여야 한다. 다만, 군인·군무원·경찰공무원 또는 향토예비군대원이 전투·훈련 등 직무 집행과 관련하여 전사(戰死)·순직(殉職)하거나 공상(公傷)을 입은 경우에 본인이나 그 유족이 다른 법령에 따라 재해보상금·유족연금·상이연금 등의 보상을 지급받을 수 있을 때에는 이 법 및 민법에 따른 손해배상을 청구할 수 없다. ② 제1항 본문의 경우에 공무원에게 고의 또는 중대한 과실이 있으면 국가나 지방자치단체는 그 공무원에게 구상(求償)할 수 있다."라고 규정하여 공무원의 위법한 직무행위로 인한 국가의 배상책임을 명시하고 있다.

제1절 배상책임의 요건

행정상 손해배상청구권이 성립하기 위해서는 '공무원이 직무를 집행하면서 고의 또는 과실로 법령을 위반하여 타인에게 손해를 입히는 것'이 필요하다.

Ⅰ. 공무원

1. 공무원 개념

국가공무원법 및 지방공무원법상의 공무원뿐만 아니라 사실상 공무를 위탁받아 실질적으로 그에 종사하는 자도 포함한다. 이른바 기능적 의미의 공무원, 즉 널리 공무를 위탁받아 그에 종사하는 사인도 포함하며,[8] 행정부 소속 공무원뿐만 아니라 입법부 사법부 소속 공무원도 포함한다(광의의 공무원 개념). 여기서 公務員은 機關의 구성원인 自然人을 의미하는 것이 보통이지만, 機關 자체도 포함된다고 보는 見解[9]도 있다.

---

8) 공무수탁사인들의 행정수행과정에서 제3자에게 발생된 손해에 대하여 국가 등의 배상책임이 인정되지 않을 경우에는, 피해자에게 배상능력이 있는 채무자가 박탈될 뿐 아니라, 나아가서 국가는 단지 자신의 책임을 회피하기 위하여, 정당화사유가 없이 임무를 私人에게 전가될 우려가 있다(鄭夏重, 公務受託私人의 槪念과 法的 地位, 考試研究(2002. 11.), 51쪽).
9) 강구철, 651쪽.

2. 판례

(1) 인정한 경우

집행관(대법원 1968. 5. 7. 선고 68다326 판결), 소집중인 향토예비군(대법원 1970. 5. 26. 선고 70다471 판결), 시청소차운전수(대법원 1980. 9. 24. 선고 80다1051 판결), 통장(대법원 1991. 7. 9. 선고 91다5570 판결 ; 대법원 1994. 8. 12. 선고 93다32903 판결), 미군부대 카투사(대법원 1970. 6. 30. 선고 69다1776 판결), 청원경찰(대법원 1993. 7. 13. 선고 92다47564 판결), 지방자치단체로부터 어린이 보호, 교통안내, 거리질서 확립 등의 공무를 위탁받은 '교통할아버지'(대법원 2001. 1. 5. 선고 98다39060 판결) 등이 그 예이다.

쟁점 ['공무원'의 의미]

□ 대법원 2001. 1. 5. 선고 98다39060 판결

국가배상법 제2조 소정의 '공무원'이라 함은 국가공무원법이나 지방공무원법에 의하여 공무원으로서의 신분을 가진 자에 국한하지 않고, 널리 공무를 위탁받아 실질적으로 공무에 종사하고 있는 일체의 자를 가리키는 것으로서, 공무의 위탁이 일시적이고 한정적인 사항에 관한 활동을 위한 것이어도 달리 볼 것은 아니다.(지방자치단체가 '교통할아버지 봉사활동 계획'을 수립한 후 관할 동장으로 하여금 '교통할아버지'를 선정하게 하여 어린이 보호, 교통안내, 거리질서 확립 등의 공무를 위탁하여 집행하게 하던 중 '교통할아버지'로 선정된 노인이 위탁받은 업무 범위를 넘어 교차로 중앙에서 교통정리를 하다가 교통사고를 발생시킨 경우, 지방자치단체가 국가배상법 제2조 소정의 배상책임을 부담한다고 인정한 원심의 판단을 수긍한 사례)

□ 대법원 1991. 7. 9. 선고 91다5570 판결

국가배상법 제2조 소정의 '공무원'이라 함은 국가공무원법이나 지방공무원법에 의하여 공무원으로서의 신분을 가진 자에 국한하지 않고, 널리 공무를 위탁받아 실질적으로 공무에 종사하고 있는 일체의 자를 가리키는바, 서울특별시 종로구 통·반 설치조례에 의하면 통장은 동장의 추천에 의하여 구청장이 위촉하고 동장의 감독을 받아 주민의 거주·이동상황 파악 등의 임무를 수행하도록 규정되어 있고, 주민등록법 제14조와 같은 법 시행령 제7조의2 등에 의하면 주민등록 전입신고를 하여야 할 신고의무자가 전입신고를 할 경우에는 신고서에 관할이장(시에 있어서는 통장)의 확인인(確認印)을 받아 제출하도록 규정되어 있는 점 등에 비추어 보면 통장이 전입신고서에 확인인을 찍는 행위는 공무를 위탁받아 실질적으로 공무를 수행하는 것이라고 보아야 하므로, 통장은 그 업무범위 내에서는 국가배상법 제2조 소정의 공무원에 해당한다.

(2) 부정한 경우

시영버스운전자(대법원 1970. 12. 22. 선고 70다2327 판결), 의용소방대원(대법원 1975. 11. 25. 선고 73다1896 판결)[10] 등이다.

Ⅱ. 직무행위

1. 직무행위의 범위

(1) 학설

1) 狹義說(權力作用說)

권력작용만 의미한다고 본다. 그 논거는 憲法과 國家賠償法이 國家賠償責任을 인정한 것은 종래 否認되어 왔던 國家의 公權力作用으로 말미암아 발생한 損害賠償責任을 인정한 것에 의의가 있다는 연혁적 이유에 있다.

2) 廣義說(管理作用說)

권력작용 외에 비권력작용(관리작용, 단순공행정작용)도 포함하는 모든 공행정작용을 의미한다고 보는 것으로, 행정법학자들의 다수견해이다. 즉 職務를 私經濟的 作用과 營造物의 設置·管理作用을 제외한 일체의 公行政作用으로 이해한다.

3) 最廣義說(國庫作用說)

권력작용과 비권력작용 뿐만 아니라 사경제적 작용인 국고작용도 포함한다고 한다.[11] 이 견해는 國家賠償責任의 성질을 私法上의 責任이라고 보는 입장에서 주장되고 있다.

(2) 판례

오늘날 주류는 광의설에 가까운 모습을 보이고 있다.

□ 대법원 1998. 7. 10. 선고 96다38971 판결
국가배상법이 정한 배상청구의 요건인 '공무원의 직무'에는 권력적 작용만이 아니라 행정지도와 같은 비권력적 작용도 포함되며 단지 행정주체가 사경제주체로서 하는 활동만 제외되는 것이다{대법원 1994. 9. 30. 선고 94다11767 판결(도로가설 등 공사

---

10) 소방기본법 제38조 제2, 3항은 "② 소방본부장 또는 소방서장은 소방업무를 보조하게 하기 위하여 필요한 때에는 의용소방대원을 소집할 수 있다. ③ 의용소방대원은 제2항의 규정에 따라 소집된 때에는 소방본부장 또는 소방서장의 지휘와 감독을 받아 소방업무를 보조한다."라고 규정하고 있는바, 소방대원도 소집 중에 있는 경우에는 소방공무원의 권한과 직무를 수행하기 때문에 국가배상법상의 공무원이라고 보아야 할 것이다.

11) 변재옥, 502쪽 ; 이상규, 514쪽.

로 인한 무허가 건물의 강제철거와 관련하여 이루어지는 시나 구 등 지방자치단체의 철거건물 소유자에 대한 시영아파트분양권 부여 및 세입자에 대한 지원대책 등의 업무는 지방자치단체의 공권력 행사 기타 공행정작용과 관련된 활동으로 볼 것이지 사경제주체로서 하는 활동이라고는 볼 수 없는 것이다), 대법원 2001. 1. 5. 선고 98다39060 판결 참조}.

□ 대법원 2004. 4. 9. 선고 2002다10691 판결
　국가배상법이 정한 손해배상청구의 요건인 '공무원의 직무'에는 국가나 지방자치단체의 권력적 작용뿐만 아니라 비권력적 작용도 포함되지만 단순한 사경제의 주체로서 하는 작용은 포함되지 않는다(대법원 1999. 11. 26. 선고 98다47245 판결, 대법원 1997. 7. 22. 선고 95다6991 판결 참조).

2. 직무행위의 내용

　직무행위에는 행정·사법·입법작용이 포함된다.

(1) 행정작용

1) 法的保護規範理論의 적용문제

　국가배상법에 의한 국가 등의 배상책임의 인정에 있어서도 법적으로 보호되는 이익과 반사적 이익의 구별이 적용되는지가 문제된다. 독일의 경우 제3자에게 지고 있는 책무를 위반한 경우에만 배상책임을 긍정하도록 규정하고 있으나[12] 우리나라의 경우는 아무런 규정이 없다. 이와 관련하여 ⅰ) 국가배상법 제2조는 단순히 '법령을 위반하여'라고만 규정하고 있으므로 행정기관에 의한 위법한 공권력행사(또는 불행사)가 있고 그에 의하여 개인의 권익이 침해된 경우에는 국가 등의 배상책임이 인정되는 것이고, 행정청이 피해자와의 관계에서 그러한 손해를 방지해야 할 직접적 의무를 부담하는지 여부는 배상책임의 인정과는 무관한 문제라고 해석하는 견해[13], ⅱ) 손해의 문제로 파악하여 손해란 법익에 대한 침해를 의미하는 것으로서 반사적 이익이나 사실상 이익에 대한 침해를 포함하지 않는 것이기에 우리나라에서도 공무원이 제3자보호적 법령이 정한 직무를 어겼는지의 여부가 배상책임성립을 위한 중요한 요건이 된다고 하는 견해[14], ⅲ) 항고소송에서의 반사적 이익론은 행정처분의 효력을 상실시키기 위한 소송에서의 원고적격의 문제이기 때문에 국가배상의 문제에는 적용될 수 없

---

12) 독일 민법 제839조 제1항은 "공무원이 고의 또는 과실로 제3자에 대하여 자신에게 부과되어 있는 직무상 의무를 위반한 경우에는, 그는 제3자에 대하여 그로 인하여 생긴 손해를 배상할 책임이 있다."고 규정하고 있다.
13) 김동희, 492쪽.
14) 김남진, 577쪽 ; 박균성, 546쪽.

다고 하는 견해15), iv) 공무원의 직무상 의무를 규정하고 있는 관계법규의 제3자 보호규범성의 문제를 위법성, 즉 직무상 의무위반의 문제로 파악하여 공무원의 부작위로 인한 국가배상에 있어서 항고소송에 있어서의 반사적 이익론이 그대로 적용된다는 견해16) 등이 있다.

판례에 의하면 국가배상법에서도 법적 보호이익과 반사적 이익을 구별하여 적용하고 있음을 알 수 있다.

□ 대법원 2010. 9. 9. 선고 2008다77795 판결
 공무원이 고의 또는 과실로 그에게 부과된 직무상 의무를 위반하였을 경우라고 하더라도 국가는 그러한 직무상의 의무 위반과 피해자가 입은 손해 사이에 상당인과관계가 인정되는 범위 내에서만 배상책임을 지는 것이고, 이 경우 상당인과관계가 인정되기 위하여는 공무원에게 부과된 직무상 의무의 내용이 단순히 공공 일반의 이익을 위한 것이거나 행정기관 내부의 질서를 규율하기 위한 것이 아니고 전적으로 또는 부수적으로 사회구성원 개인의 안전과 이익을 보호하기 위하여 설정된 것이어야 한다(대법원 2003. 4. 25. 선고 2001다59842 판결, 대법원 2007. 12. 27. 선고 2005다62747 판결 참조).

쟁점 **[직무상 의무의 제3자보호성이 위법성의 요소인가 인과관계의 판단기준인가 여부]**

1. 제1유형(직무상 의무의 제3자보호성을 위법성의 요소 및 인과관계의 유무에 관한 판단기준으로 삼은 경우)
□ 대법원 2003. 4. 25. 선고 2001다59842 판결
 공무원에게 부과된 직무상 의무의 내용이 단순히 공공 일반의 이익을 위한 것이거나 행정기관 내부의 질서를 규율하기 위한 것이 아니고 전적으로 또는 부수적으로 사회구성원 개인의 안전과 이익을 보호하기 위하여 설정된 것이라면, 공무원이 그와 같은 직무상 의무를 위반함으로 인하여 피해자가 입은 손해에 대하여는 상당인과관계가 인정되는 범위 내에서 국가가 배상책임을 지는 것이고, 이 때 상당인과관계의 유무를 판단함에 있어서는 일반적인 결과발생의 개연성은 물론 직무상 의무를 부과하는 법령 기타 행동규범의 목적, 그 수행하는 직무의 목적 내지 기능으로부터 예견가능한 행위 후의 사정, 가해행위의 태양 및 피해의 정도 등을 종합적으로 고려하여야 할 것이다(대법원 1993. 2. 12. 선고 91다43466 판결17), 대법원 1994. 12. 27. 선고 94다36285 판

---

15) 강구철, 663쪽 ; 同, 부작위와 국가배상책임, 고시계(1989. 11.), 58쪽 이하.
16) 孫智烈, 공무원의 직무상 의무위반과 국가배상책임, 민사책임의 제문제 제8권(1994. 10.), 한국사법행정학회, 475쪽 이하.
17) 선박안전법이나 유선및도선업법[1993. 12. 27. 법률 제4610호 유선및도선사업법으로 전문개정]의

결, 대법원 1995. 4. 11. 선고 94다15646 판결, 대법원 1997. 8. 26. 선고 96다 33143 판결, 대법원 1997. 9. 9. 선고 97다12907 판결, 대법원 1998. 2. 10. 선고 97다49534 판결, 대법원 1998. 5. 8. 선고 97다36613 판결, 대법원 1998. 9. 22. 선고 98다2631 판결, 대법원 1999. 12. 21. 선고 98다29797 판결, 대법원 2008. 4. 10. 선고 2005다48994 판결, 대법원 2008. 7. 10. 선고 2006다23664 판결 참조).

□ 대법원 1994. 6. 10. 선고 93다30877 판결

 공무원이 법령에서 부과된 직무상 의무를 위반한 것을 계기로 하여 제3자가 손해를 입은 경우에 있어서, 제3자에게 손해배상청구권이 발생하기 위하여는 공무원의 직무상 의무 위반행위(부작위를 포함한다)와 제3자의 손해 사이의 상당인과관계가 있지 아니 하면 아니되는 것이고, 이때 상당인과관계의 유무를 판단함에 있어서는 일반적인 결과 발생의 개연성은 물론 직무상 의무를 부과한 법령 기타 행동규범의 목적이나 가해행위 의 태양 및 피해의 정도 등을 종합적으로 고려하여야 할 것인바, 공무원에게 직무상 의무를 부과한 법령의 보호목적이 사회 구성원 개인의 이익과 안전을 보호하기 위한 것이 아니고 단순히 공공일반의 이익이나 행정기관 내부의 질서를 규율하기 위한 것이 라면 가사 공무원이 그 직무상 의무를 위반한 것을 계기로 하여 제3자가 손해를 입었 다 하더라도 공무원이 직무상 의무를 위반한 행위와 제3자가 입은 손해 사이에는 법리 상 상당인과관계가 있다고 할 수 없다 할 것이다(대법원 2001. 4. 13. 선고 2000다 34891 판결 참조).

□ 대법원 2008. 6. 12. 선고 2007다64365 판결

 공무원에게 부과된 직무상 의무의 내용이 단순히 공공 일반의 추상적 이익을 위한 것 이거나 행정기관 내부의 질서를 규율하기 위한 것이 아니고 전적으로 또는 부수적으로 사회구성원 개인의 구체적 안전과 이익을 보호하기 위하여 설정된 것이라면, 공무원이 그와 같은 직무상 의무를 위반함으로써 개인이 입게 된 손해는 상당인과관계가 인정되 는 범위 안에서 국가가 그에 대한 배상책임을 부담하여야 하는바(대법원 1998. 9. 22. 선고 98다2631 판결, 대법원 2007. 12. 27. 선고 2005다62747 판결 등 참조), 성폭력범죄의 처벌 및 피해자보호 등에 관한 법률 제21조는 성폭력범죄의 수사 또는 재판을 담당하거나 이에 관여하는 공무원에 대하여 피해자의 인적사항과 사생활의 비 밀을 엄수할 직무상 의무를 부과하고 있고, 이는 주로 성폭력범죄 피해자의 명예와 사 생활의 평온을 보호하기 위한 것이므로, 성폭력범죄의 수사를 담당하거나 수사에 관여 하는 경찰관이 위와 같은 직무상 의무에 반하여 피해자의 인적사항 등을 공개 또는 누

각 규정은 공공의 안전 외에 일반인의 인명과 재화의 안전보장도 그 목적으로 하는 것이라고 할 것 이므로 국가 소속 선박검사관이나 시 소속 공무원들이 직무상 의무를 위반하여 시설이 불량한 선박 에 대하여 선박중간검사에 합격하였다 하여 선박검사증서를 발급하고, 해당 법규에 규정된 조치를 취함이 없이 계속 운항하게 함으로써 화재사고가 발생한 것이라면, 화재사고와 공무원들의 직무상 의무위반행위와의 사이에는 상당인과관계가 있다.

설하였다면 국가는 그로 인하여 피해자가 입은 손해를 배상하여야 한다.

2. 제2유형(공무원에게 직무상 의무위반이 있더라도 직무상 의무의 제3자보호성이 인
   정되지 아니하여 불법행위가 되지 아니한다고 판단한 경우)
□ 대법원 2002. 3. 12. 선고 2000다55225, 55232 판결
 공무원이 직무를 수행하면서 그 근거되는 법령의 규정에 따라 구체적으로 의무를 부
여받았어도 그것이 국민의 이익과는 관계없이 순전히 행정기관 내부의 질서를 유지하
기 위한 것이거나, 또는 국민의 이익과 관련된 것이라도 직접 국민 개개인의 이익을
위한 것이 아니라 전체적으로 공공 일반의 이익을 도모하기 위한 것이라면 그 의무에
위반하여 국민에게 손해를 가하여도 국가 또는 지방자치단체는 배상책임을 부담하지
아니한다(대법원 2000. 6. 9. 선고 98다55949 판결, 대법원 2001. 10. 23. 선고 99
다36280 판결 참조).

3. 제3유형(직무상 의무의 제3자보호성을 위법성의 판단기준으로 삼은 경우)
□ 대법원 2001. 3. 9. 선고 99다64278 판결[18]
[토지형질변경허가권자의 위험관리의무의 내용]
 도시계획법(2000. 1. 28. 법률 제6243호로 전문 개정되기 전의 것으로 2002. 2. 4
법률 제6655호로 폐지) 제4조 제7항의 위임에 의하여 토지형질변경허가의 절차·기준
등을 정한 위 규칙은 시장 또는 군수로 하여금 허가신청인으로부터 위해방지를 위한 설
계도서 및 예산내역서를 제출받고(제3조 제2항 제1호) 허가를 함에 있어서는 토지의
형질변경에 수반되는 절토에 의한 비탈면 또는 절개면에 대하여 토사가 무너져 내리지
않도록 옹벽·석축 등을 설치하는 조치를 하도록 하여야 하며(제9조 제2항 제2호), 공
익상 또는 이해관계인의 보호를 위하여 필요하다고 인정할 때에는 조건을 붙일 수 있다
(제5조)고 규정하고 있다. 그리고 도시계획법(2002. 2. 4 법률 제6655호로 폐지) 제4
조 제4항, 구 도시계획법시행령(2000. 7. 1. 대통령령 제16891호로 전문 개정되기 전
의 것) 제5조의3 제2호, 제5조의4 제1항, 제4항의 각 규정에 의하면, 시장 또는 군수
는 토지형질변경허가를 함에 있어서 토석의 발파로 인한 낙석 또는 먼지 등에 의하여
인근지역에 피해가 우려되는 경우 위해방지를 위하여 필요한 때에는 허가를 받는 자에
대하여 그 이행을 담보하기 위하여 위해방지에 필요한 금액을 이행보증금으로 예치하게
할 수 있고, 허가를 받은 자가 허가의 내용대로 위해방지의 조치를 이행하지 아니한 경
우에는 이행보증금을 직접 사용하여 위해방지의 조치를 할 수도 있다.
 이러한 법령규정의 취지를 종합하여 보면 시장 등은 토지형질변경허가를 함에 있어
허가지의 인근 지역에 토사붕괴나 낙석 등으로 인한 피해가 발생하지 않도록 허가를

---

18) 토석채취공사 도중 경사지를 굴러 내린 암석이 가스저장시설을 충격하여 화재가 발생한 사안에서, 토
   지형질변경허가권자에게 허가 당시 사업자로 하여금 위해방지시설을 설치하게 할 의무를 다하지 아
   니한 위법과 작업 도중 구체적인 위험이 발생하였음에도 작업을 중지시키는 등의 사고예방조치를 취
   하지 아니한 위법이 있다고 한 사례.

받은 자에게 옹벽이나 방책을 설치하게 하거나 그가 이를 이행하지 아니할 때에는 스스로 필요한 조치를 취하는 직무상 의무를 진다고 해석되고, 이러한 의무의 내용은 단순히 공공 일반의 이익을 위한 것이 아니라 전적으로 또는 부수적으로 사회구성원 개인의 안전과 이익을 보호하기 위하여 설정된 것이라 할 것이므로, 지방자치단체의 공무원이 그와 같은 위험관리의무를 다하지 아니한 경우 그 의무위반이 직무에 충실한 보통 일반의 공무원을 표준으로 할 때 객관적 정당성을 상실하였다고 인정될 정도에 이른 경우에는 국가배상법 제2조에서 말하는 위법의 요건을 충족하였다고 봄이 상당하다. 또한 허가를 받은 자가 위 규칙에 기하여 부가된 허가조건을 위배한 경우 시장 등이 공사중지를 명하거나 허가를 취소할 수 있는 등 형식상 허가권자에게 재량에 의한 직무수행권한을 부여한 것처럼 되어 있더라도 시장 등에게 그러한 권한을 부여한 취지와 목적에 비추어 볼 때 구체적인 사정에 따라 시장 등이 그 권한을 행사하여 필요한 조치를 취하지 아니하는 것이 현저하게 불합리하다고 인정되는 경우에는 그러한 권한의 불행사는 직무상의 의무를 위반하는 것이 되어 위법하게 된다(대법원 1996. 10. 25. 선고 95다45927 판결 참조).

□ 대법원 2003. 2. 14. 선고 2002다62678 판결
 군행형법과 군행형법시행령이 군교도소나 미결수용실에 대한 경계 감호를 위하여 관련 공무원에게 각종 직무상의 의무를 부과하고 있는 것은, 일차적으로는 그 수용자들을 격리보호하고 교정·교화함으로써 공공 일반의 이익을 도모하고 교도소 등의 내부 질서를 유지하기 위한 것이라 할 것이지만, 부수적으로는 그 수용자들이 탈주한 경우에 그 도주과정에서 일어날 수 있는 2차적 범죄행위로부터 일반 국민의 인명과 재화를 보호하고자 하는 목적도 있다고 할 것이므로, 피고 소속 공무원들이 위와 같은 직무상의 의무를 위반한 결과 수용자들이 탈주함으로써 일반 국민에게 손해를 입히는 사건이 발생하였다면, 피고는 그로 인하여 피해자들이 입은 손해를 배상할 책임이 있다고 할 것이다.

쟁점 **[제3자보호성]**

□ 제3자보호성을 인정한 경우
① 철도의 전철기관리공무원의 전철기관리의무(대법원 1971. 4. 28. 선고 71다505 판결)
② 철도건널목 간수의 철도건널목 관리의무(대법원 1973. 6. 26. 선고 72다1104 판결)
③ 열차가 역에 진입할 때에 일반여객에게 이를 알리고 건널목 부근에 직원을 배치하여 홈 주변에 사람의 접근을 방지하여야 할 역장의 의무(대법원 1973. 6. 23. 선고 73다533 판결)

④ 총기와 화약류를 관리하는 공무원의 의무(대법원 1978. 6. 27 선고 78다753 판결, 대법원 1978. 11. 28. 선고 78다1547 판결, 대법원 1980. 11. 11. 선고 80다1523 판결, 대법원 1998. 2. 10. 선고 97다49534 판결)

⑤ 자신의 소유 임야에 있는 붕괴위험이 예견되는 자연암벽을 제거하여야 할 지방자치단체의 의무(대법원 1980. 2. 26. 선고 79다2341 판결)

⑥ 허위의 주민등록표와 인감대장이 작성되는 것을 방지하여야 할 동사무소 공무원의 의무(대법원 1976. 1. 27. 선고 75다322 판결, 대법원 1991. 7. 9. 선고 91다5570 판결, 대법원 1991. 11. 22. 선고 91다26980 판결, 대법원 1992. 6. 23. 선고 91다8166 판결, 대법원 1993. 7. 13. 선고 93다15250 판결, 대법원 1994. 6. 14. 선고 93다39973 판결, 대법원 1994. 9. 27. 선고 94다16335 판결, 대법원 1996. 12. 6. 95다33610 판결)

⑦ 등기권리증이 진정하게 작성된 것인지 여부를 확인하여야 할 등기공무원의 의무(대법원 1989. 3. 28. 선고 87다카2470 판결)

⑧ 소방법에 정한 위험물에 관한 관할소방서의 관리감독의무(대법원 1991. 3. 27. 선고 90다18418 판결)

⑨ 교도소 내에서 수감자 상호간의 폭행사건을 예방하여야 할 교도관의 의무(대법원 1992. 12. 22. 선고 92다3342 판결)

⑩ 자신이 개설한 해수욕장에서 사람이 익사하는 것을 예방하여야 할 지방자치단체의 의무(대법원 1992. 12 .22. 선고 92다36854 판결)

⑪ 선박안전법과 유선및도선업법의 규정에 의하여 관할관청이 유선에 관하여 안전검사를 실시하고 유선의 수선, 사용 및 운항의 제한 또는 금지를 명할 의무(대법원 1993. 2. 12. 선고 91다43466 판결)

⑫ 인감개인시 본인 여부를 확인하여야 할 담당공무원의 의무(대법원 1994. 1. 11. 선고 93다50185 판결)

⑬ 제적부 또는 호적부의 보관, 관리를 담당하는 공무원의 이를 도난당하지 아니할 의무(대법원 1994. 12. 27. 선고 94다36285 판결)

⑭ 자신이 개설한 해수욕장 내의 탈의실업자를 감독하여야 할 지방자치단체의 의무(대법원 1995. 4. 11. 선고 94다15646 판결)

⑮ 지방자치단체가 제정한 재해대책업무 세부추진실천계획상 규정된 재해대책을 위한 공무원 의무(대법원 1997. 9. 9. 선고 97다12907 판결)

⑯ 주취운전자를 적발한 경찰관이 주취운전의 계속을 방지하기 위한 조치를 취하여야 할 의무(대법원 1998. 5. 8. 선고 97다54482 판결)

⑰ 소유권이전등기말소청구의 소가 제기된 경우 예고등기를 촉탁하여야 할 법원공무원의 의무(대법원 1998. 9. 22. 선고 98다2631 판결)

⑱ 토석채취공사 중 경사지를 굴러 내린 암석이 가스저장시설을 충격하여 화재가 발생한 사안에서 토지형질변경허가권자가 사업자로 하여금 위해방지시설을 설치하게 하

여야 할 의무(대법원 2001. 3. 9. 선고 99다64278 판결)
⑲ 공익근무요원 사이의 소속 기관 내에서의 폭력사고를 방지할 소속기관장 또는 담당 공무원의 감독의무(대법원 2002. 11. 26. 선고 2002다43165 판결)
⑳ 성폭력범죄의 피해자가 나이 어린 학생인 경우에는 수사과정에서 또 다른 심리적·신체적 고통으로 인한 가중된 피해를 입지 않도록 더욱 세심하게 배려할 직무상 의무(대법원 2008. 6. 12. 선고 2007다64365 판결)

2. 제3자보호성을 부정한 경우
① 지방자치법에서 규정한 지방자치단체장에 관한 선거실시기한을 준수하여야 할 대통령의 의무(대법원 1994. 6. 10. 선고 93다30877 판결)
② 산업폐기물종말처리시설의 설치를 위하여 미리 토지형질변경허가를 받도록 규정한 구 환경보전법과 도시계획법, 국토이용관리법상의 규정의 의한 공무원의 의무(대법원 2000. 6. 9. 선고 98다55949 판결)
③ 풍속영업의규제에관한법률 소정의 풍속영업신고를 수리하여야 할 경찰서장의 의무 (대법원 2001. 4. 13. 선고 2000다34891 판결)
④ 우선변제권 있는 임차인의 배당요구사실을 임대인에게 통지하여야 할 법원공무원의 의무(대법원 2001. 9. 25. 선고 2001다1942 판결)
⑤ 상수원수의 수질을 환경기준에 따라 유지하도록 규정하고 있는 수질환경보전법, 수도법 등의 제 규정에 의한 공무원의 의무(대법원 2001. 10. 23. 선고 99다36280 판결)
⑥ 토지구획정리사업의 시행자인 지방자치단체가 토지구획정리사업과 관련한 예산집행에 있어서 지켜야 할 의무(대법원 2002. 3. 12. 선고 2000다55225, 55232 판결)

2) 공무원의 부작위(권한의 불행사)로 인한 손해

공무원의 부작위에 의한 손해배상에 대해 종래 행정편의주의, 반사적 이익론에 의거하여 부정하였으나 현재에는 공권의 확대와 재량의 0으로의 수축이론 등에 의거하여 부작위의 경우도 직무행위에 당연히 포함된다고 한다. 이처럼 부작위가 위법하기 위해서는 행정청의 작위의무가 있어야 할 것이며, 재량행위인 경우에는 재량권이 0으로 수축되는 경우 그 불행사는 위법하게 된다.
예컨대, 국민의 생명·신체·건강에 대한 훼손이라는 결과발생의 위험이 있고, 행정청이 규제권한을 행사하면 용이하게 결과발생을 방지할 수 있으나 행정청이 권한을 행사하지 아니하면 결과발생을 방지할 수 없는 관계에 있으며, 행정청으로서는 이러한 위험의 절박함을 알거나 알 수 있는 상황에서 결과의 발생을 전제로 한 피해자가 규제권한의 행사를 요청하고 기대함이 사회적으로 용인될 수 있을 경우에는 규제권한을 행사할 것인가의 여부에 대한 행정청의 재량권은 수축하여 행정청은 결과발생의 방지를 위하여 의무적으로 규제권한을 행사하지 않으면 작위의무의 위반으로 위법이 된다고 할 것이다.

앞서 본대로 공무원의 부작위가 위법하기 위해서는 그 전제로서 당해 공무원의 작위의무의 존재가 필요하다. 여기서 이 작위의무가 법령의 명문규정에 의하여 일의적으로 확정된 경우는 문제가 없으나, 법령에 명문으로 규정되어 있지 않은 경우에도 법적작위의무의 존재를 인정할 것인가가 문제이다.

행정법의 분야의 경우 법률에 의한 행정의 원칙 특히 법률유보에 비추어 법규에서 규정하지 않은 부작위에 대한 책임을 부인하는 견해도 있을 수 있으나 법규에 명문규정이 없더라도 행정청의 부작위에 대해 그 이론적 근거에 대하여는 여러 견해가 있지만[19]책임을 긍정하는 견해가 일반적이다.

국가배상법 제2조에서 국가책임을 특별하게 규정한 취지가 피해자보호를 위한 것으로 해석한다면 법령에 작위의무 규정이 없는 경우에도 피해자구제의 견지에서 법적 작위의무의 존부를 판단해야 할 것이다.

공무원의 작위의무가 법령에 명문으로 규정되어 있거나 법령의 해석에 의해 일의적으로 정하여진 경우에는 작위의무의 해태가 평균의 공무원을 기준으로 객관적으로 정당성을 결할 정도에 이르렀는지 여부에 따라 위법성 여부를 판단하여야 할 것이고, 법령에 의한 권한행사가 공무원의 재량에 맡겨진 경우에는 급박한 생명, 신체, 재산에 대한 위험이 있고 공무원이 쉽게 그 권한을 행사할 수 있고 그 권한행사가 위험회피에 대한 유효적절한 방법임에도 불구하고 공무원이 재량을 이유로 그 권한행사를 하지 아니하는 때 그 부작위는 현저히 합리성을 결한 것으로서 위법으로 되며, 작위의무가 법령에 구체적으로 정하여지지 않은 경우에는 원칙적으로 책임이 없으나 국민의 생명, 신체, 재산에 대한 절박하고 중대한 위험상태가 발생하였거나 발생할 우려가 있을 때 국가가 초법규적·일차적으로 그 위험배제에 나서지 않으면 국민의 생명, 신체, 재산 등이 보호받을 수 없는 경우에는 국가나 공무원에 대하여 그러한 위험을 배제할 작위의무가 발생한다고 한다.

이와 같은 작위의무의 발생요건으로 국민의 생명, 신체, 건강, 중요한 재산에 대하여 위험이 절박할 것(위험의 존재), 행정청이 위험을 알았거나 용이하게 알 수 있는 상태에 있을 것(예견가능성), 행정청이 권한을 행사하지 않으면 결과발생을 방지할 수 없을 것(보충성), 국민이 권한의 행사를 요청하고 기대할 수 있는 사정이 있을 것(기대가능성), 행정청이 권한을 행사하여 결과발생을 용이하게 회피할 수 있었을 것(회피가능성) 등으로 정리할 수 있겠다.[20]

---

19) 위험관리책임설, 재량권수축설, 과실중시론 등 여러 견해가 있는데, 이에 대한 자세한 내용은 선재성, 행정의 부작위와 국가배상책임 - 위법성과 과실의 문제를 중심으로 - 민사법연구 4집(1995), 127~131쪽 참조.

20) 下山瑛二, 行政權限の不行使と國家賠償, 行政法の爭點, 167頁.

쟁점 [공무원의 부작위 위법성 판단기준]

□ 대법원 2009. 9. 24. 선고 2006다82649 판결

 공무원의 부작위로 인한 국가배상책임을 인정하기 위하여는 작위에 의한 경우와 마찬가지로 "공무원이 직무를 집행하면서 고의 또는 과실로 법령을 위반하여 타인에게 손해를 입한 때"라고 하는 국가배상법 제2조 제1항의 요건이 충족되어야 할 것인바, 여기서 '법령을 위반하여'라고 하는 것은 공무원의 작위의무를 명시적으로 규정한 형식적 의미의 법령을 위반한 경우만을 의미하는 것이 아니라, 형식적 의미의 법령에 작위의무가 명시되어 있지 않더라도 국민의 생명·신체·재산 등에 대하여 절박하고 중대한 위험상태가 발생하였거나 발생할 우려가 있어서 국민의 생명 등을 보호하는 것을 본래적 사명으로 하는 국가가 일차적으로 그 위험 배제에 나서지 아니하면 이를 보호할 수 없는 때에 국가나 관련 공무원에 대하여 인정되는 작위의무를 위반한 경우도 포함되어야 할 것이나, 그와 같은 절박하고 중대한 위험상태가 발생하였거나 발생할 우려가 있는 경우가 아닌 한 원칙적으로 관련 법령을 준수하여 직무를 수행한 공무원의 부작위를 가리켜 '고의 또는 과실로 법령을 위반'하였다고 할 수는 없으므로, 공무원의 부작위로 인한 국가배상책임을 인정할 것인지 여부가 문제되는 때에 관련 공무원에 대하여 작위의무를 명하는 법령의 규정이 없다면 공무원의 부작위로 인하여 침해된 국민의 법익 또는 국민에게 발생한 손해가 어느 정도 심각하고 절박한 것인지, 관련 공무원이 그와 같은 결과를 예견하여 그 결과를 회피하기 위한 조치를 취할 수 있는 가능성이 있는지 등을 종합적으로 고려하여 판단하여야 한다[21](대법원 1998. 10. 13. 선고 98다18520 판결, 대법원 2008. 10. 9. 선고 2007다40031 판결 참조).

□ 대법원 2001. 4. 24. 선고 2000다57856 판결

 공무원의 부작위로 인한 국가배상책임을 인정하기 위하여는 공무원의 작위로 인한 국가배상책임을 인정하는 경우와 마찬가지로 '공무원이 그 직무를 집행함에 당하여 고의 또는 과실로 법령에 위반하여 타인에게 손해를 가한 때'라고 하는 국가배상법 제2조 제1항의 요건이 충족되어야 할 것인바, 여기서 '법령에 위반하여'라고 하는 것이 엄격하게 형식적 의미의 법령에 명시적으로 공무원의 작위의무가 규정되어 있는데도 이를 위반하는 경우만을 의미하는 것은 아니고, 국민의 생명, 신체, 재산 등에 대하여 절박하고 중대한 위험상태가 발생하였거나 발생할 우려가 있어서 국민의 생명, 신체, 재산 등을 보호하는 것을 본래적 사명으로 하는 국가가 초법규적, 일차적으로 그 위험 배제에 나서지 아니하면 국민의 생명, 신체, 재산 등을 보호할 수 없는 경우에는 형식적 의미의 법령에 근거가 없더라도 국가나 관련 공무원에 대하여 그러한 위험을 배제할

---

21) 형사재판의 공판검사가 증인으로 소환된 자로부터 신변보호요청을 받았음에도 아무런 조치를 취하지 않아 그 증인이 공판기일에 법정에서 공판 개정을 기다리던 중 피고인의 칼에 찔려 상해를 입은 사안에서, 검사의 부작위로 인한 국가배상책임을 인정한 사례.

작위의무를 인정할 수 있을 것이다. 그러나 그와 같은 절박하고 중대한 위험상태가 발생하였거나 발생할 우려가 있는 경우가 아닌 한, 원칙적으로 공무원이 관련 법령대로만 직무를 수행하였다면 그와 같은 공무원의 부작위를 가지고 '고의 또는 과실로 법령에 위반'하였다고 할 수는 없을 것이므로, 공무원의 부작위로 인한 국가배상책임을 인정할 것인지 여부가 문제되는 경우에 관련 공무원에 대하여 작위의무를 명하는 법령의 규정이 없다면 공무원의 부작위로 인하여 침해된 국민의 법익 또는 국민에게 발생한 손해가 어느 정도 심각하고 절박한 것인지, 관련 공무원이 그와 같은 결과를 예견하여 그 결과를 회피하기 위한 조치를 취할 수 있는 가능성이 있는지 등을 종합적으로 고려하여 판단하여야 할 것이다(대법원 1998. 10. 13. 선고 98다18520 판결 참조[22]), 대법원 2005. 6. 10. 선고 2002다53995 판결, 대법원 2007. 10. 25. 선고 2005다23438 판결 참조).

□ 대법원 1998. 8. 25. 선고 98다16890 판결[23]

경찰관직무집행법 제5조는 경찰관은 인명 또는 신체에 위해를 미치거나 재산에 중대한 손해를 끼칠 우려가 있는 위험한 사태가 있을 때에는 그 각 호의 조치를 취할 수 있다고 규정하여 형식상 경찰관에게 재량에 의한 직무수행권한을 부여한 것처럼 되어 있으나, 경찰관에게 그러한 권한을 부여한 취지와 목적에 비추어 볼 때 구체적인 사정에 따라 경찰관이 그 권한을 행사하여 필요한 조치를 취하지 아니하는 것이 현저하게 불합리하다고 인정되는 경우에는 그러한 권한의 불행사는 직무상의 의무를 위반한 것이 되어 위법하게 된다(대법원 1996. 10. 25. 선고 95다45927 판결 참조).

□ 대법원 1998. 5. 8. 선고 97다54482 판결

경찰관직무집행법 제1조, 제2조, 제4조 및 도로교통법(2005. 5. 31. 법률 제7545호로 전면개정되기 전의 것) 제43조 제2항의 각 규정에 의하면, 경찰의 임무는 본질적으로 국민의 자유와 권리를 보호하고 사회공공의 질서를 유지하기 위하여 범죄의 예방·진압 및 수사, 교통의 단속과 위해의 방지 기타 공공의 안녕과 질서에 대한 위험 방지에 있고, 이러한 책무 수행을 위하여 경찰관으로 하여금 술 취한 상태로 인하여 자기 또는 타인의 생명·신체와 재산에 위해를 미칠 우려가 있는 자를 발견한 때에는 경찰관서 등에 보호하는 등 적당한 조치를 취할 수 있으며 특히 주취 상태에서 자동차를 운전하는 사람에 대하여는 정상적으로 운전할 수 있는 상태에 이르기까지 운전의

---

22) 에이즈 검사 결과 양성으로 판정된 후 자의로 보건당국의 관리를 벗어난 특수업태부에 대하여 그 후 국가 산하 검사기관이 실시한 일련의 정기검진 결과 중에서 일부가 음성으로 판정된 적이 있음에도 불구하고 위 검사기관이 이를 본인에게 통보하지 않고 그에 따른 후속조치도 없었던 사안에서, 국가의 위자료 지급의무를 인정한 원심판결을 파기한 사례.

23) 경찰관이 농민들의 시위를 진압하고 시위과정에 도로 상에 방치된 트랙터 1대에 대하여 이를 도로 밖으로 옮기거나 후방에 안전표지판을 설치하는 것과 같은 위험발생방지조치를 취하지 아니한 채 그대로 방치하고 철수하여 버린 결과, 야간에 그 도로를 진행하던 운전자가 위 방치된 트랙터를 피하려다가 다른 트랙터에 부딪혀 상해를 입은 사안에서 국가배상책임을 인정한 사례.

금지를 명하고 그 밖의 필요한 조치를 취할 수 있도록 개별적 수권규정을 두고 있는 바, 주취 상태에서의 운전은 도로교통법 제41조의 규정에 의하여 금지되어 있는 범죄행위임이 명백하고 그로 인하여 자기 또는 타인의 생명이나 신체에 위해를 미칠 위험이 큰 점을 감안하면, 주취운전을 적발한 경찰관이 주취운전의 계속을 막기 위하여 취할 수 있는 조치로는, 단순히 주취운전의 계속을 금지하는 명령 이외에 다른 사람으로 하여금 대신하여 운전하게 하거나 당해 주취운전자가 임의로 제출한 차량열쇠를 일시 보관하면서 가족에게 연락하여 주취운전자와 자동차를 인수하게 하거나 또는 주취 상태에서 벗어난 후 다시 운전하게 하며 그 주취 정도가 심한 경우에 경찰관서에 일시 보호하는 것 등을 들 수 있고, 한편 주취운전이라는 범죄행위로 당해 음주 운전자를 구속·체포하지 아니한 경우에도 필요하다면 그 차량열쇠는 범행 중 또는 범행 직후의 범죄 장소에서의 압수로서 형사소송법 제216조 제3항에 의하여 영장 없이 이를 압수할 수 있다 할 것이다. 이와 같은 경찰관의 주취운전자에 대한 권한 행사가 관계 법률의 규정 형식상 경찰관의 재량에 맡겨져 있다고 하더라도, 그러한 권한을 행사하지 아니한 것이 구체적인 상황하에서 현저하게 합리성을 잃어 사회적 타당성이 없는 경우에는 경찰관의 직무상 의무를 위배한 것으로서 위법하게 된다고 할 것이다.

□ 대법원 2010. 8. 26. 선고 2010다37479 판결[24]
[경찰관에게 부여된 권한의 불행사가 직무상의 의무를 위반하여 위법하게 되는 경우]
경찰은 범죄의 예방, 진압 및 수사와 함께 국민의 생명, 신체 및 재산의 보호 기타 공공의 안녕과 질서유지를 직무로 하고 있고, 그 직무의 원활한 수행을 위하여 경찰관 직무집행법, 형사소송법 등 관계 법령에 의하여 여러 가지 권한이 부여되어 있으므로, 구체적인 직무를 수행하는 경찰관으로서는 제반 상황에 대응하여 자신에게 부여된 여러 가지 권한을 적절하게 행사하여 필요한 조치를 취할 수 있는 것이고, 그러한 권한은 일반적으로 경찰관의 전문적 판단에 기한 합리적인 재량에 위임되어 있는 것이나, 경찰관에게 권한을 부여한 취지와 목적에 비추어 볼 때 구체적인 사정에 따라 경찰관이 그 권한을 행사하여 필요한 조치를 취하지 아니하는 것이 현저하게 불합리하다고 인정되는 경우에는 그러한 권한의 불행사는 직무상의 의무를 위반한 것이 되어 위법하게 된다(대법원 1998. 5. 8. 선고 97다54482 판결, 대법원 2004. 9. 23. 선고 2003다49009 판결[25] 참조).

---

24) 경찰관이 폭행사고 현장에 도착한 후 가해자를 피해자와 완전히 격리하고, 흉기의 소지 여부를 확인하는 등 적절한 다른 조치를 하지 않은 것이 피해자에게 발생한 피해의 심각성 및 절박한 정도 등에 비추어 현저하게 불합리하여 위법하므로, 국가는 위 경찰관의 직무상 과실로 말미암아 발생한 후속 살인사고로 인하여 피해자 및 그 유족들이 입은 손해를 배상할 책임이 있다고 한 원심의 판단이 정당하다고 한 사례.
25) 윤락녀들이 윤락업소에 감금된 채로 윤락을 강요받으면서 생활하고 있음을 쉽게 알 수 있는 상황이었음에도, 경찰관이 이러한 감금 및 윤락 강요행위를 제지하거나 윤락업주들을 체포·수사하는 등 필요한 조치를 취하지 아니하고 오히려 업주들로부터 뇌물을 수수하며 그와 같은 행위를 방치한 것은 경찰관의 직무상 의무에 위반하여 위법하므로 국가는 이로 인한 정신적 고통에 대하여 위자료를 지

□ 대법원 2008. 4. 10. 선고 2005다48994 판결[26]
 소방법(2003. 5. 29. 법률 제6893호 소방기본법 부칙 제2조로 폐지)은 화재를 예방·경계·진압하고 재난·재해 및 그 밖의 위급한 상황에서의 구조·구급활동을 통하여 국민의 생명·신체 및 재산을 보호함으로써 공공의 안녕질서의 유지와 복리증진에 이바지함을 목적으로 하여 제정된 법으로서, 소방법의 규정들은 단순히 전체로서의 공공 일반의 안전을 도모하기 위한 것에서 더 나아가 국민 개개인의 인명과 재화의 안전보장을 목적으로 하여 둔 것이므로, 소방공무원이 소방법 규정에서 정하여진 직무상의 의무를 게을리 한 경우 그 의무 위반이 직무에 충실한 보통 일반의 공무원을 표준으로 할 때 객관적 정당성을 상실하였다고 인정될 정도에 이른 경우에는 국가배상법 제2조에서 말하는 위법의 요건을 충족하게 된다. 그리고 소방공무원의 행정권한 행사가 관계 법률의 규정 형식상 소방공무원의 재량에 맡겨져 있다고 하더라도 소방공무원에게 그러한 권한을 부여한 취지와 목적에 비추어 볼 때 구체적인 상황 아래에서 소방공무원이 그 권한을 행사하지 않은 것이 현저하게 합리성을 잃어 사회적 타당성이 없는 경우에는 소방공무원의 직무상 의무를 위반한 것으로서 위법하게 된다.

3) 검사, 경찰관의 권한행사와 국가배상책임

 검사, 경찰관에 의한 범죄의 수사, 피의자의 체포, 공소의 제기 등 권한행사(준사법작용)는 소송결과 무죄가 되었다고 하여도 위법하다고 할 수 없다. 결국 위법성이 있다고 하더라도 직무상 요구되는 주의의무를 다하였을 때에는 배상책임을 물을 수 없게 된다.(직무행위기준설)[27]
 예컨대, 검사가 형사소송법 등에 정한 적법절차를 위반하면서까지 무리하게 수사를 강행하거나 공소를 제기하는 경우 등에는 비교적 위법성을 인정할 여지가 많다고 하겠으나, 적법절차를 위반하지는 않았으나 무죄판결이 확정된 경우 검사가 기소한 조치가 경험칙이나 논리칙에 비추어 어느 모로 보나 그 합리성을 인정할 수 없을 정도라고 보이지 아니하는 경우에는 손해배상책임을 인정할 수 없을 것이다.

□ 대법원 2006. 12. 7. 선고 2004다14932 판결
[수사기관의 조사활동과 수사 개시 여부에 관한 판단이 위법한 경우]

   급할 의무가 있다고 한 사례.
26) 유흥주점에 감금된 채 윤락을 강요받으며 생활하던 여종업원들이 유흥주점에 화재가 났을 때 미처 피신하지 못하고 유독가스에 질식해 사망한 사안에서, 소방공무원이 위 유흥주점에 대하여 화재 발생 전 실시한 소방점검 등에서 구 소방법상 방염 규정 위반에 대한 시정조치 및 화재 발생시 대피에 장애가 되는 잠금장치의 제거 등 시정조치를 명하지 않은 직무상 의무 위반은 현저히 불합리한 경우에 해당하여 위법하고, 이러한 직무상 의무 위반과 위 사망의 결과 사이에 상당인과관계가 존재한다고 한 사례.
27) 芝池義一, 237頁.

 수사의 개시에 앞서 이루어지는 조사활동과 이에 기초한 범죄의 혐의가 있는가 여부에 관한 판단, 즉 수사를 개시할 것인가 또는 조사활동을 종결할 것인가의 판단은 수사기관이 제반 상황에 대응하여 자신에게 부여된 권한을 적절하게 행사할 수 있도록 합리적인 재량에 위임되어 있는 행위이다. 그러므로 조사활동과 그에 따른 수사의 개시 여부에 관한 수사기관의 판단이 위법하다고 평가되기 위하여는 수사기관에게 이러한 권한을 부여한 형사소송법 등의 관련 법령의 취지와 목적에 비추어 볼 때 구체적인 사정에 따라 수사기관이 그 권한을 행사하여 필요한 조치를 취하지 아니한 것이 현저하게 불합리하다고 인정되거나 또는 경험칙이나 논리칙상 도저히 합리성을 긍정할 수 없는 정도에 이르렀다고 인정되는 경우라야 한다(대법원 2005. 9. 9. 선고 2003다29517 판결 참조).

□ 대법원 2005. 12. 23. 선고 2004다46366 판결
[검사 등의 수사기관이 피의자를 수사하여 공소를 제기하였으나 법원에서 무죄판결이 확정된 경우, 수사기관에게 불법행위책임이 인정되기 위한 요건]
 사법경찰관이나 검사는 수사기관으로서 피의사건을 조사하여 진상을 명백히 하고, 수집·조사된 증거를 종합하여 피의자가 유죄판결을 받을 가능성이 있는 정도의 혐의를 가지게 된 데에 합리적인 이유가 있다고 판단될 때에는 소정의 절차에 의하여 기소의견으로 검찰청에 송치하거나 법원에 공소를 제기할 수 있으므로, 객관적으로 보아 사법경찰관이나 검사가 당해 피의자에 대하여 유죄의 판결을 받을 가능성이 있다는 혐의를 가지게 된 데에 상당한 이유가 있는 때에는 후일 재판과정을 통하여 그 범죄사실의 존재를 증명함에 족한 증거가 없다는 이유로 그에 관하여 무죄의 판결이 확정되더라도, 수사기관의 판단이 경험칙이나 논리칙에 비추어 도저히 그 합리성을 긍정할 수 없는 정도에 이른 경우에만 귀책사유가 있다고 할 것이다(대법원 1993. 8. 13. 선고 93다20924 판결 참조).

□ 대법원 2002. 2. 22. 선고 2001다23447 판결
 검사는 수사기관으로서 피의사건을 조사하여 진상을 명백히 하고, 죄를 범하였다고 의심할 만한 상당한 이유가 있는 피의자에게 증거 인멸 및 도주의 염려 등이 있을 때에는 법관으로부터 영장을 발부받아 피의자를 구속할 수 있으며, 나아가 수집·조사된 증거를 종합하여 객관적으로 볼 때, 피의자가 유죄판결을 받을 가능성이 있는 정도의 혐의를 가지게 된 데에 합리적인 이유가 있다고 판단될 때에는 피의자에 대하여 공소를 제기할 수 있으므로 그 후 형사재판 과정에서 범죄사실의 존재를 증명함에 충분한 증거가 없다는 이유로 무죄판결이 확정되었다고 하더라도 그러한 사정만으로 바로 검사의 구속 및 공소제기가 위법하다고 할 수 없고, 그 구속 및 공소제기에 관한 검사의 판단이 그 당시의 자료에 비추어 경험칙이나 논리칙상 도저히 합리성을 긍정할 수 없는 정도에 이른 경우에만 그 위법성을 인정할 수 있다.

검찰청법 제4조 제1항은 검사는 공익의 대표자로서 범죄수사·공소제기와 그 유지에 관한 사항 및 법원에 대한 법령의 정당한 적용의 청구 등의 직무와 권한을 가진다고 규정하고, 같은 조 제2항은 검사는 그 직무를 수행함에 있어 그 부여된 권한을 남용하여서는 아니된다고 규정하고 있을 뿐 아니라, 형사소송법 제424조는 검사는 피고인을 위하여 재심을 청구할 수 있다고 규정하고 있고, 검사는 피고인의 이익을 위하여 항소할 수 있다고 해석되므로 검사는 공익의 대표자로서 실체적 진실에 입각한 국가 형벌권의 실현을 위하여 공소제기와 유지를 할 의무뿐만 아니라 그 과정에서 피고인의 정당한 이익을 옹호하여야 할 의무를 진다고 할 것이고, 따라서 검사가 수사 및 공판과정에서 피고인에게 유리한 증거를 발견하게 되었다면 피고인의 이익을 위하여 이를 법원에 제출하여야 한다.(강도강간의 피해자가 제출한 팬티에 대한 국립과학수사연구소의 유전자검사결과 그 팬티에서 범인으로 지목되어 기소된 원고나 피해자의 남편과 다른 남자의 유전자형이 검출되었다는 감정결과를 검사가 공판과정에서 입수한 경우 그 감정서는 원고의 무죄를 입증할 수 있는 결정적인 증거에 해당하는데도 검사가 그 감정서를 법원에 제출하지 아니하고 은폐하였다면 검사의 그와 같은 행위는 위법하다고 보아 국가배상책임을 인정한 사례)

(2) 사법작용

사법작용에 대해 제외한다는 명문의 규정이 없으므로 법관의 직무활동도 직무행위에 포함된다. 그러나 구체적인 경우 사법상의 불법행위에 대하여 배상책임을 인정하기는 용이하지 않을 것이다.[28] 특히 판결 등 재판작용이 상소심이나 재심에서 취소되었다는 것만으로는 위법성이 인정되지는 않는다. 재판행위의 위법성은 판결 자체의 위법이 아니라 법관의 재판상 직무수행에 있어서의 공정한 재판을 위한 직무상 의무의 위반으로서의 위법을 의미한다. 그리고 재판행위의 위법여부 판단의 기준을 '사회통념상 허용할 만한 상당성이 있는지 여부'에 두고 있다. 즉 판례도 재판상 직무행위가 국가배상법 제2조 제1항에서 말하는 위법한 행위로 되어 국가의 손해배상책임이 인정되려면 당해 법관이 위법 또는 부당한 목적을 가지고 재판을 하는 등 법관이 그에게 부여된 권한의 취지에 명백히 어긋나게 이를 행사하였다고 인정할 만한 특별한 사정이 있어야 한다고 판시하고 있는 바, 확정판결이 위법으로 될 수 있는 경우는 극히 드물다고 하겠다.

쟁점 **[법관의 재판에 대한 국가배상책임이 인정되기 위한 요건]**

---

[28] 법관의 재판상 불법행위에 대한 국가배상책임에 대하여는, 이일세, 법관의 불법행위와 국가배상책임, 저스티스 32권 1호(한국법학원, 1999. 3.), 53~68쪽 참조.

□ 대법원 2001. 4. 24. 선고 2000다16114 판결

 법관이 행하는 재판사무의 특수성과 그 재판과정의 잘못에 대하여는 따로 불복절차에
의하여 시정될 수 있는 제도적 장치가 마련되어 있는 점 등에 비추어 보면, 법관의 재
판에 법령의 규정을 따르지 아니한 잘못이 있다 하더라도 이로써 바로 그 재판상 직무
행위가 국가배상법 제2조 제1항에서 말하는 위법한 행위로 되어 국가의 손해배상책임
이 발생하는 것은 아니고, 그 국가배상책임이 인정되려면 당해 법관이 위법 또는 부당
한 목적을 가지고 재판을 하는 등 법관이 그에게 부여된 권한의 취지에 명백히 어긋나
게 이를 행사하였다고 인정할 만한 특별한 사정이 있어야 한다고 해석함이 상당하다
(임의경매절차에서 경매담당 법관의 오인에 의해 배당표 원안이 잘못 작성되고 그에
대해 불복절차가 제기되지 않아 실체적 권리관계와 다른 배당표가 확정된 경우, 경매
담당 법관이 위법·부당한 목적을 가지고 있었다거나 법이 법관의 직무수행상 준수할
것을 요구하고 있는 기준을 현저히 위반하였다는 등의 자료를 찾아볼 수 없어 국가배
상법상의 위법한 행위가 아니라고 한 사례).{대법원 2001. 3. 9. 선고 2000다29905
판결 참조}

□ 대법원 2003. 7. 11. 선고 99다24218 판결[29]

 법관의 재판에 법령의 규정을 따르지 아니한 잘못이 있다 하더라도 이로써 바로 그
재판상 직무행위가 국가배상법 제2조 제1항에서 말하는 위법한 행위로 되어 국가의
손해배상책임이 발생하는 것은 아니고, 그 국가배상책임이 인정되려면 당해 법관이 위
법 또는 부당한 목적을 가지고 재판을 하였다거나 법이 법관의 직무수행상 준수할 것
을 요구하고 있는 기준을 현저하게 위반하는 등 법관이 그에게 부여된 권한의 취지에
명백히 어긋나게 이를 행사하였다고 인정할 만한 특별한 사정이 있어야 한다고 해석함
이 상당하다(대법원 2001. 3. 9. 선고 2000다29905 판결, 2001. 10. 12. 선고
2001다47290 판결[30]참조).

[재판에 대한 불복절차 내지 시정절차의 유무와 부당한 재판으로 인한 국가배상책임
 인정 여부]

 재판에 대하여 따로 불복절차 또는 시정절차가 마련되어 있는 경우에는 재판의 결과
로 불이익 내지 손해를 입었다고 여기는 사람은 그 절차에 따라 자신의 권리 내지 이
익을 회복하도록 함이 법이 예정하는 바이므로, 이 경우에는 불복에 의한 시정을 구할
수 없었던 것 자체가 법관이나 다른 공무원의 귀책사유로 인한 것이라거나 그와 같은
시정을 구할 수 없었던 부득이한 사정이 있었다는 등의 특별한 사정이 없는 한, 스스
로 그와 같은 시정을 구하지 아니한 결과 권리 내지 이익을 회복하지 못한 사람은 원

---

29) 헌법재판소 재판관이 청구기간 내에 제기된 헌법소원심판청구 사건에서 청구기간을 오인하여 각하결
    정을 한 경우, 이에 대한 불복절차 내지 시정절차가 없는 때에는 국가배상책임(위법성)을 인정할 수
    있다고 한 사례.
30) 압수수색할 물건의 기재가 누락된 압수수색영장의 발부행위는 불법행위를 구성하지 않는다고 본 사례.

칙적으로 국가배상에 의한 권리구제를 받을 수 없다고 봄이 상당하다고 하겠으나, 재판에 대하여 불복절차 내지 시정절차 자체가 없는 경우에는 부당한 재판으로 인하여 불이익 내지 손해를 입은 사람은 국가배상 이외의 방법으로는 자신의 권리 내지 이익을 회복할 방법이 없으므로, 이와 같은 경우에는 위에서 본 배상책임의 요건이 충족되는 한 국가배상책임을 인정하지 않을 수 없다 할 것이다.

(3) 입법작용

입법작용도 직무행위에 포함시키는 것이 일반적이다. 그러나 이 경우도 구체적인 경우 입법상의 불법에 대하여 배상책임을 인정하기는 용이하지 않다.

1) 적극적 입법행위에 의한 경우

국회의원의 입법행위는 공무원의 직무행위로 인정되나, 입법형성의 자유와 관련하여 문제가 있다. 대법원은 제한적이기는 하지만 국회의원의 입법행위도 국가배상법상의 배상책임이 문제될 수는 있음을 선언하고 있다. 국회의원도 국민에 대하여 위헌법률을 제정해서는 안된다는 법적의무를 부담하고 있으므로 위헌법률을 제정할 경우 국가배상책임이 제한적으로 인정될 수 있다고 하겠다.

□ 대법원 1997. 6. 13. 선고 96다56115 판결
 우리 헌법이 채택하고 있는 의회민주주의하에서 국회는 다원적 의견이나 각가지 이익을 반영시킨 토론과정을 거쳐 다수결의 원리에 따라 통일적인 국가의사를 형성하는 역할을 담당하는 국가기관으로서 그 과정에 참여한 국회의원은 입법에 관하여 원칙적으로 국민 전체에 대한 관계에서 정치적 책임을 질 뿐 국민 개개인의 권리에 대응하여 법적 의무를 지는 것은 아니므로 국회의원의 입법행위는 그 입법 내용이 헌법의 문언에 명백히 위반됨에도 불구하고 국회가 굳이 당해 입법을 한 것과 같은 특수한 경우가 아닌 한 국가배상법 제2조 제1항 소정의 위법행위에 해당된다고 볼 수 없다 할 것이다.

2) 위헌적 법률에 의한 공무원의 집행행위

ⅰ) 違憲判決의 效力

헌법재판소법 제47조 제2항은 형벌에 관련한 법률 및 법률의 조항을 제외하고는 위헌으로 결정된 법률 또는 법률의 조항은 그 결정이 있는 날부터 효력을 상실한다고 규정하여 위헌판결의 장래효만을 인정하고 있다. 즉 위헌판결을 받은 법률은 처음부터 무효가 아니라 판결시점부터 무효로 된다는 것을 의미하기 때문에 판결시점까지 위헌인 법률은 합헌적이며 이에 근거한 모든 법적 행위는 적법하며 원칙적으로 위헌

판결에 의하여 영향을 받지 않는다는 것이다. 다만 헌법재판소법 제47조 제2항의 위헌결정의 장래효원칙에 대한 예외로서 당해 사건뿐만 아니라 위헌결정시점을 기준으로 헌법재판소에 위헌심판제청이 되어 있거나 또는 법원에 제청신청이 되어 있는 사건과 위헌여부가 쟁점이 되어 법원에 계속 중인 모든 일반 사건까지 제한적으로 소급효가 미친다.

□ 대법원 1991. 12. 24. 선고 90다8176 판결
[헌법재판소법 제47조 제2항의 위헌결정의 장래효원칙에 대한 예외로서 소급효가 미치는 범위]
헌법재판소법 제47조 제2항은 "위헌으로 결정된 법률 또는 법률의 조항은 그 결정이 있는 날로부터 효력을 상실한다. 다만 형벌에 관한 법률이나 법률의 조항은 소급하여 그 효력을 상실한다."고 규정하여 형벌에 관한 것이 아닌 한 위헌으로 결정된 법률 또는 법률의 조항은 그 결정이 있는 날로부터 장래에 향하여 그 효력을 상실하도록 하는 이른바 장래효주의를 채택하고 있고 당원은 일찍이 헌법재판소의 위헌결정은 적어도 법원의 제청 또는 헌법소원의 청구 등을 통하여 헌법재판소에 법률의 위헌결정을 위한 계기를 부여한 구체적인 사건 즉 당해사건에 대하여는 장래효원칙의 예외로서 소급효를 인정해야 한다는 견해를 표명한 바 있거니와(대법원 1991. 6. 11. 선고 90다5450 판결 ; 대법원 1991. 6. 28. 선고 90누9346 판결 참조) 장래효원칙의 예외로서 소급효가 미치는 범위는 위와 같은 경우의 당해 사건뿐만 아니라 위헌결정이 있기 전에 이와 동종의 위헌여부에 관하여 헌법재판소에 위헌여부심판제청이 되어 있거나 법원에 위헌여부심판제청신청이 되어 있는 경우의 당해 사건과 별도의 위헌제청신청 등은 하지 아니하였으나 위헌여부가 쟁점이 되어 법원에 계속 중인 모든 일반사건에까지 확대하는 것이 타당하다고 본다.
왜냐하면 헌법재판소가 같은 법조에 대한 여러 개의 위헌여부심판제청사건을 전부 병합하여 하나의 위헌결정을 하지 아니하고 그 중 일부에 대하여만 위헌결정을 한 경우에, 위헌결정을 하지 아니한 위헌여부심판제청사건의 당해 사건, 헌법재판소의 위헌결정이 있기 전에 법원이 같은 내용의 위헌여부심판제청을 하였으나 그 제청서가 위헌결정이 있은 후 헌법재판소에 도달한 경우의 당해 사건, 헌법재판소의 위헌결정이 있기 전에 법원에 같은 내용의 위헌여부심판제청신청을 하였으나 법원이 위헌여부심판제청을 하지 아니한 경우의 당해사건 및 별도의 위헌여부심판제청신청을 하지 아니하였으나 위헌법률인지의 여부가 쟁점이 되어 법원에 계속 중인 모든 일반사건 등은 어느 것이나 위헌결정이 있기 전에 헌법재판소의 위헌결정을 위한 계기를 부여할 수 있었던 것인데도 헌법재판소의 위헌결정을 미리 받지 못한 우연한 사정 때문에 여전히 위헌법률의 적용을 받게 되어 권리구제의 측면에서 매우 불공평하고 불합리할 뿐만 아니라 그렇게 보지 아니하면 헌법 제107조 제1항, 헌법재판소법 제111조 제1항 제1호가 규정하는 위헌법률에 대한 구체적 규범통제의 실효성도 보장하기 어려우며 또한 위헌결

정의 효력에 관하여 위와 같이 제한적인 소급효를 인정한다 하여 법적 안정성을 크게 해칠 우려도 없기 때문이다.

ii) 위헌적 법률 집행행위의 위법성

법률에 근거한 행정청의 구체적 처분이 국민에게 손해를 가한 경우, 국민은 헌법재판소에 당해 법률의 위헌심판을 제기한 뒤 그 위헌법률의 집행에 기한 국가배상을 청구하여야 하는 바, 이는 집행공무원의 위헌심사의무를 인정할 수 있느냐의 문제와 직결되는 것으로 보통 공무원에게는 법률의 위헌 여부를 심사할 권한은 없기 때문에 과실을 주관적 관념으로 파악하는 한 이 요건은 충족되지 않을 것이다. 즉 근거법률이 사후에 위헌결정된 경우 당해처분은 위법하기는 하나 공무원의 과실을 인정할 수 없어 손해배상책임을 지을 수는 없을 것이다.

다만 법에 따라 이미 납부한 사람과 납부하지 않은 사람 사이의 형평성 문제가 제기되는 바, 이 문제는 입법적 해결이 바람직하다. 학교용지확보를 위하여 공동주택 수분양자들에게 학교용지부담금을 부과할 수 있도록 하고 있는 구 학교용지확보에관한특례법(2000. 1. 28. 법률 제6219호로 개정되어 2002. 12. 5. 법률 제6744호로 개정되기 전의 것) 제2조 제2호, 제5조 제1항 중 제2조 제2호가 정한 주택건설촉진법에 의하여 시행하는 개발사업지역에서 공동주택을 분양받은 자에게 학교용지확보를 위하여 부담금을 부과·징수할 수 있다는 부분이 2005. 3. 31. 위헌판결[31]이 나자, 2008.

---

31) 헌법재판소 2005. 3. 31. 선고 2003헌가20 결정(헌법은, 모든 국민은 그 보호하는 자녀에게 적어도 초등교육과 법률이 정하는 교육을 받게 할 의무를 지고(헌법 제31조 제2항), 의무교육은 무상으로 한다(헌법 제31조 제3항)고 규정하고 있다. 이러한 의무교육제도는 국민에 대하여 보호하는 자녀들을 취학시키도록 한다는 의무부과의 면보다는 국가에 대하여 인적·물적 교육시설을 정비하고 교육환경을 개선하여야 한다는 의무부과의 측면이 보다 더 중요한 의미를 갖는다. 의무교육에 필요한 학교시설은 국가의 일반적 과제이고, 학교용지는 의무교육을 시행하기 위한 물적 기반으로서 필수조건임은 말할 필요도 없으므로 이를 달성하기 위한 비용은 국가의 일반재정으로 충당하여야 한다. 따라서 적어도 의무교육에 관한 한 일반재정이 아닌 부담금과 같은 별도의 재정수단을 동원하여 특정한 집단으로부터 그 비용을 추가로 징수하여 충당하는 것은 의무교육의 무상성을 선언한 헌법에 반한다.
의무교육이 아닌 중등교육에 관한 교육재정과 관련하여 재정조달목적의 부담금을 징수할 수 있다고 하더라도 이는 일반적인 재정조달목적의 부담금이 갖추어야 할 요건을 동일하게 갖춘 경우에 한하여 허용될 수 있다.
그런데, 학교용지부담금은 특정한 공익사업이 아니라 일반적 공익사업이거나 일반적 공익사업으로서의 성격을 함께 가지고 있는 공익사업을 위한 재정확보수단이다. 그리고 학교용지확보 필요성에 있어서 주택건설촉진법상의 수분양자들의 구체적 사정을 거의 고려하지 않은 채 수분양자 모두를 일괄적으로 동일한 의무자집단에 포함시켜 동일한 학교용지부담금을 부과하는 것은 합리적 근거가 없는 차별에 해당하고, 의무자집단 전체의 입장에서 보더라도 일반 국민, 특히 다른 개발사업에 의한 수분양자집단과 사회적으로 구별되는 집단적 동질성을 갖추고 있다고 할 수 없다. 나아가 학교용지확보의 필요성은 신규 주택의 건설·공급의 경우에 생겨나는 것이고, 그 정도는 개발사업의 목적이나 절차에 관계없이 개발사업의 결과로 공급되는 신규 주택의 수에 비례하여 결정된다고 보아야 할 것인데, 이 사건 법률조항은 학교용지부담금 부과대상 개발사업을 신규 주택의 공급 여부가 아닌 단순히 주택

3. 14. 학교용지부담금 환급 등에 관한 특별법(법률 제8886호)이 제정되어 이미 납부한 학교용지부담금을 환급하도록 하였다.

3) 처분법규에 의해 개인의 권익이 침해된 경우

處分的 法律(Massnahmegesetz)처럼 처분을 기다리지 아니하고 바로 국민에게 손해를 가하는 법률은 공무원의 집행이 개재하지 아니하므로 위헌법률심판을 통하여 그 법률의 효력을 상실시킴으로써 권리구제를 꾀해야 할 것이다.

□ 헌법재판소 1989. 12. 18. 선고 89헌마32, 33 결정
　국가보위입법회의법 부칙 제4항 후단이 규정하고 있는 "…… 그 소속 공무원은 이 법에 의한 후임자가 임명될 때까지 그 직을 가진다."라는 내용은 행정집행이나 사법재판을 매개로 하지 아니하고 직접 국민에게 권리나 의무를 발생하게 하는 법률, 즉 법률이 직접 자동집행력을 갖는 처분적 법률의 예에 해당하는 것이며 따라서 국가보위입법회의 의장 등의 면직발령은 위 법률의 후속조치로서 당연히 행하여져야 할 사무적 행위에 불과하다고 할 것이다. 그런데 위 부칙 제4항은 공무원에게 귀책사유의 유무를 불문하고 면직시키는 것으로 규정하고 있기 때문에 헌법상 보장되고 있는 공무원의 신분보장규정(구 헌법 제6조 제2항, 헌법 제7조 제2항)과의 관계에서 그 위헌여부가 문제되는 것이다. (중략) 국가보위입법회의법 부칙 제4항 전단은 "이 법 시행 당시의 국회사무처와 국회도서관은 이 법에 의한 사무처 및 도서관으로 보며……"라고 규정하고 있는 바, 같은 법 제7조와 제8조를 모두어 판단하건대, 국회사무처와 국가보위입법회의사무처 상호간, 국회도서관과 국가보위입법회의도서관 상호간에 각 그 동질성과 연속성을 인정하고 있어 적어도 규범상으로는 국가공무원법 제70조 제1항 제3호에서 직권면직사유로 규정하고 있는 직제와 정원의 개폐 등 조직변경의 사정은 인정되지 않는다. 그러함에도 그 후단에서는 "그 소속 공무원은 이 법에 의한 후임자가 임명될 때까지 그 직을 가진다."라고 규정함으로써 조직의 변경과 관련이 없음은 물론 소속공무원의 귀책사유의 유무라던가 다른 공무원과의 관계에서 형평성이나 합리적 근거 등을 제시하지 아니한 채 임명권자의 후임자임명이라는 처분에 의하여 그 직을 상실하는 것으로 규정하였으니, 이는 결국 임기 만료되거나 정년시까지는 그 신분이 보장된다는 직업공무원제도의 본질적 내용을 침해하는 것으로서 헌법에서 보장하고 있는 공무원의 신분보장 규정에 정면으로 위반된다고 아니할 수 없는 것이다. (중략) 당사자의 귀책사유없이 인사상 불이익을 받지 않는다는 공무원으로서의 법적지위를 기존의 법질서에 의하여 이미 확보하고 있었고 그와 같은 법적지위는 구 헌법의 공무원의 신분보장규정에 의하여 보호되고 있었는데 국가보위입법회의법이라는 새로운 법률에서 공무원의 위와 같은 기득권을 부칙규정으로 박탈하고 있는 것은 신뢰보호의 원칙에 위배되는 것으

공급의 근거 법률이 무엇이냐에 따라 정하고 있는바, 이는 합리성이 없는 기준에 의하여 자의적으로 제청신청인들을 불리하게 대우하는 것이다.).

로서 입법형성권(立法形成權)의 한계를 벗어난 위헌적인 것이라 할 것이다. 위와 같이 공무원의 신분보장 규정은 헌법에서 새로이 규정한 것이 아니고 신·구 헌법이 일관해서 이를 보장(헌법 제7조 제2항, 구헌법 제6조 제2항)해 오고 있었던 만큼 그 위헌성은 명백하다고 할 것이다.

4) 입법부작위[32]

입법의 부작위로 권리침해를 받은 국민이 국가에 손해배상을 청구할 수 있느냐가 문제되는데, 헌법상 입법의무를 지고 있으나 이를 이행하지 아니하는 것은 헌법위반이라 할 수 있으나, 대부분 고도의 정치성을 띤 입법형성권에 속하는 문제로서 국가배상법상 손해배상이 성립되는 경우는 드물 것이다.

□ 서울지법 남부지원 1999. 2. 25. 선고 98가합15904 판결
[국회의원의 입법부작위가 위법행위로서 불법행위를 구성하는 경우]
대의제 민주주의 헌법질서하에서 국회는 그 소속 의원들을 통하여 국민들 사이에 존재하는 다원적 의견과 제반 이익을 입법과정에 공정하게 반영하고 의원들 간의 자유스러운 토론을 통하여 그것을 조정하며 궁극적으로는 다수결의 원리에 의한 통일적인 국가의사를 형성하는 역할을 부담하는 것이므로 국회의원들에게는 다양한 국민의 의사를 수렴·반영하고 국민 전체의 복지실현을 목표로 하여 행동하는 것이 요청되는데, 대의제 민주주의가 적정하고 효율적으로 기능하기 위하여는 국회의 개회 여부(개회된 국회 의사일정의 진행도 포함한다) 등의 입법과정을 국회의원 각자의 정치적 판단에 일임하고, 그 당부는 종국적으로 자유언론과 선거과정에 의한 정치적 평가에 맡기고 있는 것이므로, 결국 우리 헌법질서 내에서 국회의 입법행위는 본질적으로 정치적인 것이고 그 성격상 실정법적 규제로부터 자유로운 것이며 그러기에 소속 국회의원들 개개인에게 선거 등에 의하여 정치적 책임을 추궁하는 것을 넘어서서 실정법질서의 관점에서 입법행위 또는 그 부작위에 대하여 법적 책임을 귀속시키는 것은 원칙적으로 가능하지 않다고 볼 것이고, 다만 국회의원이 이념적 통일체로서의 전체 국민을 대표하고 전체 국민에 대하여 법적인 의무를 부담하여 개별 국민에 대하여는 어떠한 구체적인 법적

32) 行政立法不作爲에 대해 자세한 내용은, 朴均省, 「行政立法不作爲에 관한 考察」(人權과 正義 通卷 第225號, 1995. 5.), 67쪽 이하 ; 「行政立法不作爲에 대한 法的 救濟」(判例月報 302號, 1995. 11.), 27쪽 이하 참조. 한편 대법원은 "행정소송은 구체적 사건에 대한 법률상 분쟁을 법에 의하여 해결함으로써 법적 안정을 기하자는 것이므로 부작위위법확인소송의 대상이 될 수 있는 것은 구체적 권리의무에 관한 분쟁이어야 하고 추상적인 법령에 관하여 제정의 여부 등은 그 자체로서 국민의 구체적인 권리의무에 직접적인 변동을 초래하는 것이 아니어서 행정소송의 대상이 될 수 없다"(대법원 1992. 5. 8. 선고 91누11261 판결)고 판시하고 있다. 하지만 대법원 2002. 6. 28. 선고 2000두4750 판결에서는 조례는 지방의회의 의결을 거쳐 제정되는 자치입법임에도 행정소송의 대상임을 전제로 판시한 바 있다.

책임을 부담하지 않는 것이 원칙이라고 할지라도 국회의 입법형성권도 헌법에 의하여 부여된 것이기 때문에 헌법질서 내에서만 그 정당성이 인정되는 것이므로 헌법에서 기본권 보장을 위하여 법령에 명시적인 입법위임을 하였을 때, 헌법해석상 특정인에게 구체적인 기본권이 생겨 이를 보장하기 위한 국가의 행위의무 내지 보호의무가 발생하였을 때에는 입법권자인 국회에게 헌법상의 입법의무가 부여되었다고 할 수 있는 예외적인 경우에는 헌법에 의하여 부여된 입법의무를 행하지 않는 입법부작위가 위헌 내지 위법한 것으로 평가될 수 있다.

□ 대법원 2008. 5. 29. 선고 2004다33469 판결
[국회의 입법행위 또는 입법부작위가 위법행위에 해당하는 경우]
 우리 헌법이 채택하고 있는 의회민주주의하에서 국회는 다원적 의견이나 각가지 이익을 반영시킨 토론과정을 거쳐 다수결의 원리에 따라 통일적인 국가의사를 형성하는 역할을 담당하는 국가기관으로서 그 과정에 참여한 국회의원은 입법에 관하여 원칙적으로 국민 전체에 대한 관계에서 정치적 책임을 질 뿐 국민 개개인의 권리에 대응하여 법적 의무를 지는 것은 아니므로, 국회의원의 입법행위는 그 입법 내용이 헌법의 문언에 명백히 위배됨에도 불구하고 국회가 굳이 당해 입법을 한 것과 같은 특수한 경우가 아닌 한 국가배상법 제2조 제1항 소정의 위법행위에 해당한다고 볼 수 없고(대법원 1997. 6. 13. 선고 96다56115 판결 참조), 같은 맥락에서 국가가 일정한 사항에 관하여 헌법에 의하여 부과되는 구체적인 입법의무를 부담하고 있음에도 불구하고 그 입법에 필요한 상당한 기간이 경과하도록 고의 또는 과실로 이러한 입법의무를 이행하지 아니하는 등 극히 예외적인 사정이 인정되는 사안에 한정하여 국가배상법 소정의 배상책임이 인정될 수 있으며, 위와 같은 구체적인 입법의무 자체가 인정되지 않는 경우에는 애당초 부작위로 인한 불법행위가 성립할 여지가 없다.

(4) 기타 직무행위

 준법률행위적 행정행위는 판단·인식 등 정신작용의 표현에 대하여 법규에 따라 법률효과가 발생하기 때문에 손해발생의 원인행위가 되는 경우가 드물다. 그러나 허위의 인감증명서발급과 같이 손해배상의 원인행위가 되는 경우에는 직무행위에 포함된다. 권력적 사실행위도 당연히 직무행위에 해당한다.

□ 대법원 2004. 3. 26. 선고 2003다54490 판결[33]
[인감증명사무를 처리하는 공무원의 직무상 의무]

---

33) 위조인장에 의하여 타인 명의의 인감증명서가 발급되고 이를 토대로 소유권이전등기가 경료된 부동산을 담보로 금전을 대여한 자가 손해를 입게 된 경우, 인감증명 발급업무 담당 공무원의 직무집행상의 과실을 인정한 사례.

인감증명은 인감 자체의 동일성과 거래행위자의 의사에 의한 것임을 확인하는 자료로서 일반인의 거래상 극히 중요한 기능을 갖고 있는 것이므로 인감증명사무를 처리하는 공무원으로서는 그것이 타인과의 권리의무에 관계되는 일에 사용되어 지는 것을 예상하여 그 발급된 인감으로 인한 부정행위의 발생을 방지할 직무상의 의무가 있다(대법원 1991. 3. 22. 선고 90다8152 판결 참조).

Ⅲ. 직무를 집행하면서(직무행위의 판단기준, 직무관련성)

국가배상법 제2조 제1항의 '직무를 집행하면서'라고 함은, 민법 제35조, 제756조의 '직무에 관하여'와 같은 의미로 직무행위 자체는 물론 객관적으로 직무의 범위에 속한다고 판단되는 행위 및 직무와 밀접한 관련이 있는 행위를 말한다. 직무행위인지의 여부는 주관적인 의사와는 관계없이 객관적으로 직무행위의 외관을 갖추고 있는지의 여부에 따라 판단해야 한다는 것(外形說)이 통설·판례이다. 즉 공무원의 주관적 의사에 불구하고 외부에서 통상적 인식능력을 갖춘 일반인의 입장에서 보아 그것이 외형상 직무집행과 관련이 있는 행위는 직무관련성이 있다고 본다.

쟁점 **['직무를 집행하면서'의 의미]**

□ 대법원 2008. 6. 12. 선고 2007다64365 판결
구 국가배상법(2008. 3. 14. 법률 제8897호로 개정되기 전의 것) 제2조 제1항의 '직무를 집행함에 당하여'라 함은 직접 공무원의 직무집행행위이거나 그와 밀접한 관련이 있는 행위를 말하고, 이를 판단함에 있어서는 행위 자체의 외관을 관찰하여 객관적으로 공무원의 직무행위로 보여 질 때에는 비록 그것이 실질적으로 직무행위가 아니거나 또는 행위자로서는 주관적으로 공무집행의 의사가 없었다고 하더라도 공무원이 '직무를 집행함에 당하여'한 행위로 보아야 한다(대법원 1995. 4. 21. 선고 93다14240 판결, 대법원 2001. 1. 5. 선고 98다39060 판결, 대법원 2005. 1. 14. 선고 2004다26805 판결 참조).

□ 대법원 1993. 1. 15. 선고 92다8514 판결
국가 또는 지방자치단체가 소속 공무원의 고의 과실에 의한 불법행위에 기하여 손해배상책임을 부담하기 위하여는 공무원의 불법행위가 직무를 집행함에 당하여 행하여진 것이어야 하고, 공무원의 행위가 본래의 직무와는 관련이 없는 행위로서 외형상으로도 직무범위 내에 속하는 행위라고 볼 수 없을 때에는 공무원의 행위에 의한 손해에 대하여 국가배상법에 의한 국가 또는 지방자치단체의 책임을 인정할 수 없다.

IV. 법령을 위반하여(위법성)

1. 문제소재

① 위법의 개념, ② 법령의 범위문제, ③ 재량행위와 관련하여 위법과 부당의 구별문제, ④ 행정처분의 구성요건적 효력과 관련하여 손해배상사건의 관할법원이 행정처분의 위법여부를 심사할 수 있느냐의 문제, ⑤ 위법성의 입증책임의 문제, ⑥ 국가배상에서의 위법성과 취소소송의 위법성의 이동 등이 제기된다.

2. 위법성의 관념논쟁

(1) 학설

국가배상법상 '위법성'의 판단기준과 관련하여 학설은 대립하고 있다.

1) 結果違法性說

이 견해는 국가배상법상의 위법성을 가해행위의 결과인 손해의 불법성을 의미한다고 보아 가해행위의 위법성 여부는 고려할 필요가 없다고 한다. 이 견해는 취소소송에서는 행정처분의 법정행위규범에의 위반 여부가 문제되는 데 대하여, 국가배상법상의 위법성은 국민이 받은 손해가 결과적으로 시민법상 수인되어야 할 것인지 여부가 그 판단기준이 된다고 보는 것으로 국가배상책임을 민법상 불법행위책임과 본질적으로 동일하게 본다.

이 견해 의하면 권리가 침해된 이상 그 결과를 정당화할 만한 사유가 없는 한 국가배상책임을 인정하게 된다.

2) 行爲違法性說

이 견해는 국가배상소송의 위법성 판단에 있어서는 행위규범에의 합치 여부가 그 기준이 된다고 본다. 이 견해에 의하면 행정작용에서는 법규범에의 적합여부, 즉 법규범에 적합하게 행해진 이상 비록 권리침해가 있었다고 하더라도 위법은 아니라고 한다.[34]

ⅰ) 협의의 행위위법성설

국가배상법상의 위법성을 항고소송에서와 같이 행위자체의 행위규범에의 위반, 즉 엄격한 의미의 법령위반만으로 이해하는 견해로, 양자의 위법개념을 같은 개념으로 보아 취소소송의 기판력은 인용판결이든 기각판결이든 국가배상청구소송에 미친다고 한다.

---

34) 박균성, 570~572쪽 ; 박윤흔, 710쪽.

ii) 광의의 행위위법성설

국가배상법상의 위법성을 행위자체의 위법뿐만 아니라 공무원의 직무상 일반적 손해방지의무와의 관계에서 행위의 태양(방법 또는 수단)도 위법성판단의 대상으로 보는 견해이다. 이 견해에 의하면 공무원은 법령준수의무뿐만 아니라 일반적으로 그 권한행사에 있어서 국민에 대하여 손해의 발생을 방지하거나 안전을 배려하여야 할 직무상의무가 있다는 점을 전제로 이 직무상의무위반이 국가배상법상의 위법성을 구성한다는 것이다. 여기서는 국가배상책임요건으로서의 위법성이 취소소송의 위법개념을 포함하는 개념으로 취소소송의 인용판결의 기판력만 국가배상청구소송에 미치고 기각판결의 기판력은 미치지 않는다.

3) 相對的 違法性說

이 견해는 국가배상법상의 위법성은 행위 자체의 위법뿐만 아니라, 피침해이익의 성질과 침해의 정도 및 가해행위의 양태 등도 종합적으로 고려하여 행위가 객관적 정당성을 결한 경우를 의미한고 본다. 이 견해는 국가배상법상의 위법성은 손해의 전보·방지 등과의 관련에서 문제되는 것이므로, 공평부담의 견지에서 침해행위의 양태뿐만 아니라, 피침해이익의 성질, 손해의 정도, 피해자의 사정 등을 종합적으로 고려하여 판단되어야 한다고 보는 것이다.

이 견해는 국가배상법과 취소소송의 위법성 범위를 다르게 보므로 취소소송의 본안판결의 기판력이 후소인 국가배상청구소송에 미치지 않는다고 본다.

(2) 판례

> 1. 광의의 행위위법성설적 입장
> □ 대법원 2000. 11. 10. 선고 2000다26807, 26814 판결
> 국가배상책임은 공무원의 직무집행이 법령에 위반한 것임을 요건으로 하는 것으로서, 공무원의 직무집행이 법령이 정한 요건과 절차에 따라 이루어진 것이라면 특별한 사정이 없는 한 이는 법령에 적합한 것이고 그 과정에서 개인의 권리가 침해되는 일이 생긴다고 하여 그 법령적합성이 곧바로 부정되는 것은 아니다{대법원 1997. 7. 25. 선고 94다2480 판결[35])(불법시위를 진압하는 경찰관들의 직무집행이 법령에 위반한 것이라고 하기 위하여는 그 시위진압이 불필요하거나 또는 불법시위의 태양 및 시위 장소의 상황 등에서 예측되는 피해 발생의 구체적 위험성의 내용에 비추어 시위진압의 계속 수행 내지 그 방법 등이 현저히 합리성을 결하여 이를 위법하다고 평가할 수 있는 경우이어야 한다) 참조}.
> 경찰관은 수상한 거동 기타 주위의 사정을 합리적으로 판단하여 어떠한 죄를 범하였

---

35) 경찰관들의 시위진압에 대항하여 시위자들이 던진 화염병에 의하여 발생한 화재로 인하여 손해를 입은 주민의 국가배상청구를 인정한 원심판결을 법리오해를 이유로 파기한 사례.

거나 범하려 하고 있다고 의심할 만한 상당한 이유가 있는 자 또는 이미 행하여진 범죄나 행하여지려고 하는 범죄행위에 관하여 그 사실을 안다고 인정되는 자를 정지시켜 질문할 수 있고, 또 범죄를 실행중이거나 실행 직후인 자는 현행범인으로, 누구임을 물음에 대하여 도망하려 하는 자는 준현행범인으로 각 체포할 수 있으며, 이와 같은 정지 조치나 질문 또는 체포 직무의 수행을 위하여 필요한 경우에는 대상자를 추적할 수도 있으므로, 경찰관이 교통법규 등을 위반하고 도주하는 차량을 순찰차로 추적하는 직무를 집행하는 중에 그 도주차량의 주행에 의하여 제3자가 손해를 입었다고 하더라도 그 추적이 당해 직무 목적을 수행하는 데에 불필요하다거나 또는 도주차량의 도주의 태양 및 도로교통 상황 등으로부터 예측되는 피해발생의 구체적 위험성의 유무 및 내용에 비추어 추적의 개시·계속 혹은 추적의 방법이 상당하지 않다는 등의 특별한 사정이 없는 한 그 추적행위를 위법하다고 할 수는 없다.

2. 상대적위법성설적 입장

□ 대법원 2007. 5. 10. 선고 2005다31828 판결

어떠한 행정처분이 후에 항고소송에서 취소되었다고 할지라도 그 기판력에 의하여 당해 행정처분이 곧바로 공무원의 고의 또는 과실로 인한 것으로서 불법행위를 구성한다고 단정할 수는 없는 것이고, 그 행정처분의 담당공무원이 보통 일반의 공무원을 표준으로 하여 볼 때 객관적 주의의무를 결하여 그 행정처분이 객관적 정당성을 상실하였다고 인정될 정도에 이른 경우에 국가배상법 제2조 소정의 국가배상책임의 요건을 충족하였다고 봄이 상당할 것이며, 이때에 객관적 정당성을 상실하였는지 여부는 피침해이익의 종류 및 성질, 침해행위가 되는 행정처분의 태양 및 그 원인, 행정처분의 발동에 대한 피해자측의 관여의 유무, 정도 및 손해의 정도 등 제반 사정을 종합하여 손해의 전보책임을 국가 또는 지방자치단체에 부담시켜야 할 실질적인 이유가 있는지 여부에 의하여 판단하여야 한다(대법원 2000. 5. 12. 선고 99다70600 판결, 2004. 6. 11. 선고 2002다31018 판결 참조).

(3) 평가

구체적인 손해배상사건에서 손해배상제도가 지향하는 공평과 정의의 이념을 실현하기 위한 탄력적인 결론을 도출해내기 위해서는 위법성을 완화하여 해석함으로써 피해자 구제에 만전을 구할 수 있다는 점에서 상대적위법성설이 타당하다고 하겠다.

3. 법령위반

(1) 법령위반의 의미

국가배상법 제2조 제①항에 규정된 '법령을 위반하여' 의의에 대하여, 법령은 엄격한

의미의 법령만을 의미한다(성문법과 불문법을 포함한 모든 법규위반을 의미한다고 한다.)며 엄격히 법령위반에 한정해서 해석하는 견해,[36] 엄격한 의미의 법령뿐 아니라 인권존중, 권리남용 금지, 신의성실, 공서양속 등 법의 일반원칙에 반하는 경우도 포함된다는 견해[37] 등이 있다.

다수설·판례에 의하면 법령위반의 의미와 관련하여 엄격한 의미의 법령 외에 신의칙위반, 권리남용 등 널리 성문·불문의 법, 즉 법질서 전체에 비추어 객관적 정당성을 결여하고 있는 경우를 말한다.[38]다만 판례는 '공무원이 그와 같은 직무상 의무를 위반함으로 인하여 피해자가 입은 손해에 대하여는 상당인과관계가 인정되는 범위 안에서 국가가 배상책임을 지는 것이다'(대법원 1993. 2. 12. 선고 91다43466 판결)라고 설시하여 국가배상법상의 위법을 공무원이 국민 개인의 안전과 이익을 위한 직무의무에 위반하는 것으로 보기도 한다.

따라서 국가배상법상의 위법성은 단순한 법령위반의 경우에 한하지 않고 구체적 사실관계에 입각하여 피침해법익의 종류, 성질, 침해행위의 태양은 물론 권한 근거법규의 취지, 목적, 요건 등을 종합적이고도 법적인 가치판단에 의하여 판단하여야 할 것이다.[39]

□ 대법원 2009. 12. 24. 선고 2009다70180 판결
국가배상책임에 있어서 공무원의 가해행위는 '법령에 위반한' 것이어야 하고, 법령 위반이라 함은 엄격한 의미의 법령 위반뿐만 아니라 인권존중, 권력남용금지, 신의성실, 공서양속 등의 위반도 포함하여 널리 그 행위가 객관적인 정당성을 결여하고 있음을 의미한다고 할 것이다(대법원 2002. 5. 17. 선고 2000다22607 판결 참조).

□ 대법원 2001. 4. 24. 선고 2000다57856 판결
국가배상법 제2조 제1항의 '법령에 위반하여'라고 하는 것이 엄격하게 형식적 의미의 법령에 명시적으로 공무원의 작위의무가 규정되어 있는데도 이를 위반하는 경우만을 의미하는 것은 아니고, 국민의 생명, 신체, 재산 등에 대하여 절박하고 중대한 위험상태가 발생하였거나 발생할 우려가 있어서 국민의 생명, 신체, 재산 등을 보호하는 것을 본래적 사명으로 하는 국가가 초법규적·일차적으로 그 위험 배제에 나서지 아니하면 국민의 생명, 신체, 재산 등을 보호할 수 없는 경우에는 형식적 의미의 법령에 근거가 없더라도 국가나 관련 공무원에 대하여 그러한 위험을 배제할 작위의무를 인정할 수 있을 것이다.

36) 김남진, 575쪽 ; 윤세창, 430쪽.
37) 박윤흔, 686~687쪽 ; 이상규, 518쪽.
38) 이에 대한 자세한 내용과 비판은, 김광수, 국가배상법 제2조의 '법령위반'-국가배상의 법치국가적 적법성회복기능을 중심으로-, 공법연구 제26집 제1호(한국공법학회), 329쪽 이하 참조.
39) 선재성, 행정의 부작위와 국가배상책임 - 위법성과 과실의 문제를 중심으로 - 민사법연구 4집(1995), 134~135쪽 참조.

□ 대법원 1995. 7. 14. 선고 93다116819 판결

소속 부대장이 육군참모총장 명의로 발령된 무효인 병인사관리규정이 상위 법령에 위배되어 무효임을 알았다고 하더라도 소속 부대장으로서는 육군참모총장이 발령한 병인사관리규정의 적용을 거부할 수는 없는 것이므로 소속 부대장이 이를 적용한 행위가 과실로 법령을 위반한 행위에 해당한다고 할 수 없고, 따라서 소속 부대장의 행위는 직무상 불법행위를 구성한다고 볼 수 없다.

그러나, 그러한 행정규칙을 발한 육군참모총장의 책임에 관해 보건대, 병인사관리규정은 입법의 미비를 해결하기 위하여 발령된 것임을 부인할 수 없지만, 원고가 구속되어 있던 기간을 제외하고도 잔여 복무일수를 복무한 때(석방 후 60일이 경과)로부터 실제로 전역명령을 받은 때까지 전역이 지연되도록 한 육군참모총장의 행위는 전체 법질서의 관점에서 보아 위법한 것임을 면할 수 없다 할 것이므로 피고는 그 소속 공무원인 육군참모총장의 불법행위로 인한 손해배상책임을 진다.

(2) 행정규칙의 위반

행정규칙위반에 대하여 행정규칙을 법규로 보는 견해와 부정하는 견해에 따라 결론을 달리 할 수 있다.

그런데 대체로 판례는 행정규칙위반은 법령위반에 해당되지 아니한다고 보는 데 반해 학설은 반드시 일치하지 않지만 행정규칙도 법령위반에 해당한다고 보는 것이 다수의 견해로 보인다.

한편 법규성을 부정하더라도 법령위반을 광의로 이해한다면 행정작용의 객관적 기준을 설정하고 있는 행정규칙을 합리적 이유없이 평등원칙에 위반하여 특정인에게 불리한 처분을 한 행위는 본조의 법령위반에 해당한다는 견해도 있다.[40]

□ 대법원 1973. 1. 30. 선고 72다2062 판결

타인의 물품을 점유하는 것을 내용으로 하는 직무에 종사하는 공무원은 그 물품을 인도받을 수 있는 정당한 권리있는 타인에게 인도할 직무상 의무가 있으므로 법률상 그 인도를 받을 권리없는 자에게 이를 인도함은 위법이라 할 것이니 그로 인하여 정당한 권리자의 법익을 침해하였다면 이는 불법행위가 된다.

타인물품점유를 내용으로 하는 직무에 종사하는 공무원인 세관공무원은 수입원자재의 반입물품 확인검사를 실시할 때에는 그 신청서에 선박회사에서 선화증권 원본소지인에게 발급하는 물품인도지시서나 위 은행이 대조 확인한 선하증권 사본을 첨부케 하는 것을 관례로 하고 있는 바 위 관례나 사정을 잘 아는 서울세관 구로출장소 특파공무원이 이 사건 원자재의 반입물품확인검사를 함에 있어 위의 물품인도지시서의 첨부없이

---

40) 김동희, 496쪽.

그대로 검사를 하여 소외 회사에게 내어주는 등을 통해 원고 은행에 손해를 야기하였
는바, 국가배상법 제2조의 '법령에 위반하여'라 함은 일반적으로 위법행위를 함을 말하
는 것이고, 단순한 행정규칙인 내부규칙에 위배되는 것을 포함하지 아니함은 소론과
같고, 이 사건에 있어 원심은 소론의 보세공장운영에관한임시조치및동요강(행정규칙)
에 위배되었다는 것만으로 공무원의 불법행위가 된다는 취지의 이유설시를 한 것은 아
니다.

(3) 부당한 재량처분

재량행위는 재량권을 일탈·남용하면 법령위반, 즉 위법이 된다. 그러나 단순히 재량
을 그르친 경우에는 법령위반에 포함되지 않는다. 부당행위는 재량권 범위 내 행위로
서 부당여부 판단에서 객관적 기준이 발견되기 어렵기 때문에 위법이 아니라는 게 다
수설이다. 그러나 부당한 처분의 경우에도 구체적 사정과 관련해서 예외적으로 위법
성이 인정되는 경우를 인정하는 견해도 있다.[41]

> □ 대법원 2002. 5. 10. 선고 2001다62312 판결
> [편의(공익, 합목적)재량의 경우에 있어서의 처분이 재량권남용에 해당하는 경우 공무
> 원의 직무상 과실 유무의 판단 기준]
>   행정법규가 행정청으로서 지켜야 할 일정한 준칙을 규정함에 불과하고 그 범위 안에
> 서 행정청의 재량에 일임하여 그 법규가 정하는 행정목적의 달성을 위하여 객관적으로
> 구체적 타당성에 적합하도록 하는 이른바 편의재량(공익재량, 합목적재량)의 경우에는
> 공익상의 필요, 합목적성의 여부는 행정청의 자유재량에 따라 결정하고 그에 적합하다
> 고 인정되는 처분을 선택하는 것이므로, 그 경우에 한 처분에 있어 관계공무원이 공익
> 성, 합목적성의 인정·판단을 잘못하여 그 재량권의 범위를 넘어선 행정행위를 한 경우
> 가 있다 하더라도 공익성 및 합목적성의 적절 여부의 판단 기준은 구체적 사안에 따라
> 각각 동일하다 할 수 없을 뿐만 아니라, 구체적인 경우 어느 행정처분을 할 것인가에
> 관하여 행정청 내부에 일응의 기준을 정해 둔 경우 그 기준에 따른 행정처분을 하였다
> 면 이에 관여한 공무원에게 그 직무상의 과실이 있다고 할 수 없다(대법원 1984. 7.
> 24. 선고 84다카597 판결 참조).

> □ 대법원 1994. 11. 8. 선고 94다26141 판결
>   영업허가취소처분이 나중에 행정심판에 의하여 재량권을 일탈한 위법한 처분임이 판
> 명되어 취소되었다고 하더라도 그 처분이 당시 시행되던 공중위생법시행규칙에 정하여
> 진 행정처분의 기준에 따른 것인 이상 그 영업허가취소처분을 한 행정청 공무원에게

---

41) 김동희, 497쪽.

그와 같은 위법한 처분을 한 데 있어 어떤 직무집행상의 과실이 있다고 할 수는 없다.

□ 대법원 2009. 5. 28. 선고 2006다16215 판결
[공무원에 대한 불이익한 전보인사 조치가 해당 공무원에 대하여 불법행위를 구성하는 경우]

 공무원에 대한 전보인사는 국가공무원법, 지방공무원법 등 공무원 관련 법령에 근거한 것으로서, 인사대상 공무원의 직급과 직종을 고려하여 그 직급에 상응하는 지위를 부여하고 인사대상 공무원의 전공분야·훈련·근무경력·전문성 및 적성 등을 고려하는 등 위 법령이 정한 기준과 원칙에 따라야 한다. 그러나 한편으로 전보인사는 인사권자의 권한에 속하므로 인사권자는 위와 같은 법령의 제한 내에서 업무상 필요한 범위 내에서는 상당한 재량을 가지는바, 인사권자가 행한 전보인사는 법령이 정한 기준과 원칙에 위반하여 인사재량권을 일탈·남용하는 등 특별한 사정이 없는 한 유효하다. 또한, 공무원에 대한 전보인사가 법령이 정한 기준과 원칙에 위배되거나 인사권을 다소 부적절하게 행사한 것으로 볼 여지가 있다 하더라도 그러한 사유만으로 그 전보인사가 당연히 불법행위를 구성한다고 볼 수는 없고, 인사권자가 당해 공무원에 대한 보복감정 등 다른 의도를 가지고 인사재량권을 일탈·남용하여 객관적 정당성을 상실하였음이 명백한 전보인사를 한 경우 등 전보인사가 우리의 건전한 사회통념이나 사회상규상 도저히 용인될 수 없음이 분명한 경우에, 그 전보인사는 위법하게 상대방에게 정신적 고통을 가하는 것이 되어 당해 공무원에 대한 관계에서 불법행위를 구성한다(대법원 2007. 12. 28. 선고 2006다33999 판결 참조). 그리고 이러한 법리는 구 부패방지법 (2001. 7. 24. 법률 제6494호)에 따라 다른 공직자의 부패행위를 부패방지위원회에 신고한 공무원에 대하여 위 신고행위를 이유로 불이익한 전보인사가 행하여진 경우에도 마찬가지이다.

(4) 부작위와 위법

 재량권이 0으로 수축하여 공무원이 적극적인 처분을 하여야 함에도 불구하고 이를 행하지 않으면 위법이 되어 국가배상책임을 진다.
 또한 조리에 의한 작위의무를 인정할 수 있는지 여부에 대하여 법률에 의한 행정의 원리에 의하면 인정할 수 없으나, 인권보장 및 생명과 재산을 보호하여야 한다는 점에서 조리에 의한 위험방지의무를 인정할 수 있다는 견해42)도 있다.

□ 대법원 2008. 6. 12. 선고 2007다64365 판결
 가. 국가배상책임에 있어 공무원의 가해행위는 법령을 위반한 것이어야 하고, 법령을

---

42) 박윤흔, 712쪽.

위반하였다 함은 엄격한 의미의 법령 위반뿐 아니라 인권존중, 권력남용금지, 신의성실과 같이 공무원으로서 마땅히 지켜야 할 준칙이나 규범을 지키지 아니하고 위반한 경우를 포함하여 널리 그 행위가 객관적인 정당성을 결여하고 있음을 뜻하는 것이므로, 경찰관이 범죄수사를 함에 있어 경찰관으로서 의당 지켜야 할 법규상 또는 조리상의 한계를 위반하였다면 이는 법령을 위반한 경우에 해당한다(대법원 2002. 5. 17. 선고 2000다22607 판결, 대법원 2005. 6. 9. 선고 2005다8774 판결 등 참조).

나. 경찰관은 그 직무를 수행함에 있어 헌법과 법률에 따라 국민의 자유와 권리를 존중하고 범죄피해자의 명예와 사생활의 평온을 보호할 법규상 또는 조리상의 의무가 있고, 특히 이 사건과 같이 성폭력범죄의 피해자가 나이 어린 학생인 경우에는 수사과정에서 또 다른 심리적·신체적 고통으로 인한 가중된 피해를 입지 않도록 더욱 세심하게 배려할 직무상 의무가 있다.
(성폭력범죄의 담당 경찰관이 경찰서에 설치되어 있는 범인식별실을 사용하지 않고 공개된 장소인 형사과 사무실에서 피의자들을 한꺼번에 세워 놓고 나이 어린 학생인 피해자에게 범인을 지목하도록 한 행위가 국가배상법상의 '법령 위반' 행위에 해당한다고 한 사례)

4. 선결문제로서의 위법성 판단

행정행위의 구성요건적 효력[43]과 관련하여 국가배상사건을 다루는 민사법원이 당해 행정행위의 위법 여부를 판단할 수 있는지가 문제된다. 이에 대해 행정행위가 무효가 아닌 한 민사법원은 그 위법성을 스스로 판단할 수 없다는 소극설[44]도 있으나, 통설·판례인 유효성추정설에 의할 때 심사가능하다고 하겠다.

□ 대법원 1972. 4. 28. 선고 72다337 판결
공무원이 그 직무를 집행함에 당하여 고의 또는 과실로 법령에 위반하여 손해를 가하였을 때에는 국가 또는 지방자치단체에 대하여 배상청구를 할 수 있다 할 것인바, 본건 계고처분 또는 행정 대집행 영장에 의한 통지와 같은 행정처분이 위법인 경우에는 그 각 처분의 무효확인 또는 취소를 소구할 수 있으나 행정대집행이 완료한 후에는 그 처분의 무효확인 또는 취소를 구할 소익이 없다 할 것이며 변론의 전 취지에 의하여 본건 계고처분 행정처분이 위법임을 이유로 배상을 청구하는 취의로 인정될 수 있는 본건에 있어 미리 그 행정처분의 취소판결이 있어야만 그 행정처분의 위법임을 이유로 피고에게 배상을 청구할 수 있는 것은 아니다.

---

43) 구성요건적 효력은 공정력의 범위를 처분청, 상대방에 대한 유효성추정력으로 볼 경우에만 논의되는 것이다.
44) 이상규, 519~520쪽 ; 한견우, 612쪽.

□ 대법원 2010. 4. 8. 선고 2009다90092 판결

  민사소송에 있어서 어느 행정처분의 당연무효 여부가 선결문제로 되는 때에는 이를 판단하여 당연무효임을 전제로 판결할 수 있고 반드시 행정소송 등의 절차에 의하여 그 취소나 무효확인을 받아야 하는 것은 아니며(대법원 1972. 10. 10. 선고 71다2279 판결 참조), 한편, 원고 조합의 조합설립결의나 관리처분계획에 대한 결의가 당연무효라는 위 피고들의 주장 속에는 조합설립 인가처분이나 관리처분계획에 당연무효 사유가 있다는 주장도 포함되어 있다고 봄이 상당하다고 할 것이므로, 원심으로서는 더 나아가 위 조합설립 인가처분이나 관리처분계획에 당연무효사유가 있는지를 심리하여 위 피고들 주장의 당부를 판단하였어야 할 것임에도, 원심이 그에 대해서는 아무런 판단도 하지 아니한 채, 단지 위 피고들이 항고소송의 방법으로 원고 조합의 조합설립 인가처분이나 관리처분계획에 대하여 취소 또는 무효확인을 받았음을 인정할 증거가 없다는 이유만으로 위 피고들의 주장을 모두 배척한 데에는 필요한 심리를 다하지 아니하고 판단을 유탈하여 판결에 영향을 미친 위법이 있다.

5. 위법성의 입증책임

  공정력에 관해 적법성추정설을 취하면 원고가 입증책임을 부담해야 하지만, 유효성추정설에 의하면 입증책임의 일반원리에 따른다.

  한편, 피해자는 그 위법성을 입증할 필요는 없으며, 가해행위를 입증하면(고의·과실이 입증되면) 충분하다는 견해45)도 있다.

6. 취소소송의 위법성과 국가배상소송의 위법성의 개념 이동(異同)

  이에 대하여 양자의 위법이 동일하다는 견해(一元的 違法性說, 違法性同一說)46)와 양소송의 역할이 다르므로 국가배상소송상의 위법개념이 더 넓다는 견해(相對的 違法性說)가 있다.47) 취소소송은 행정처분의 유효성 판단에 의한 처분의 확정에 중점이 있는데 대하여 국가배상소송은 위법성의 판단에 의한 손해의 귀속에 있다고 할 것인바, 국가배상법상의 위법이 더 넓다고 할 것이다.48)국가배상소송에 있어서 위법성을

---

45) 박윤흔, 713쪽 ; 한견우, 611쪽. 一元的 違法性說은 '법률에 의한 행정'의 원리로부터 양 소송에 있어서 위법성을 달리 해석할 이유가 없다는 점, 위법개념의 다원화는 무용의 혼돈을 가져올 염려가 있다는 점, 항고소송에서나 국가배상소송에서나 위법이란 행위의 법규범에의 위반이라고 이해하여야 하고, 취소청구인용판결은 처분의 위법, 그 기각판결은 처분의 적법을 확정하는 것이므로 동일한 위법이 문제되는 경우에는 취소소송판결의 기판력이 국가배상소송에 미친다고 볼 수 있는 점 등을 그 근거로 든다(蔡東憲, 국가시험에 있어 출제 및 정답 결정의 오류로 인한 국가배상책임의 성립 여부(2003. 12. 11. 선고 2001다65236 판결), 대법원판례해설 47호(법원도서관, 2004. 7.), 601~602쪽).

46) 김성수, 591쪽 ; 홍정선, 541쪽.

47) 이에 대한 학설정리는 阿部泰隆, 國家賠償訴訟における違法と抗告訴訟における違法, 行政法の爭點, 176~179頁 참조.

판단함에 있어서는 단지 행정처분의 법적요건 충족 유무를 심리하는 것만으로는 부족하고 나아가 피침해 이익의 종류 성질, 침해행위의 태양 및 그 원인, 행정처분의 발동에 대한 피해자의 관여 유무 정도, 손해의 정도 등 제반 사정을 종합적으로 판단할 필요가 있기 때문이다.[49]

> □ 대법원 2007. 5. 10. 선고 2005다31828 판결
> 어떠한 행정처분이 후에 항고소송에서 취소되었다고 할지라도 그 기판력에 의하여 당해 행정처분이 곧바로 공무원의 고의 또는 과실로 인한 것으로서 불법행위를 구성한다고 단정할 수는 없는 것이고, 그 행정처분의 담당공무원이 보통 일반의 공무원을 표준으로 하여 볼 때 객관적 주의의무를 결하여 그 행정처분이 객관적 정당성을 상실하였다고 인정될 정도에 이른 경우에 국가배상법 제2조 소정의 국가배상책임의 요건을 충족하였다고 봄이 상당할 것이며, 이때에 객관적 정당성을 상실하였는지 여부는 피침해 이익의 종류 및 성질, 침해행위가 되는 행정처분의 태양 및 그 원인, 행정처분의 발동에 대한 피해자측의 관여의 유무, 정도 및 손해의 정도 등 제반 사정을 종합하여 손해의 전보책임을 국가 또는 지방자치단체에 부담시켜야 할 실질적인 이유가 있는지 여부에 의하여 판단하여야 한다(대법원 2000. 5. 12. 선고 99다70600 판결, 대법원 2004. 6. 11. 선고 2002다31018 판결 참조).

7. 취소소송의 기판력과의 관계

국가배상청구소송이 독자적으로 제기된 후 후소로 취소소송이 제기되더라도 전소의 기판력이 후소에 미치지 아니한다.

기본적으로 선결문제는 종국판결의 이유 중에서 판단되더라도 기판력이 미치지 않기 때문에 선결적 법률관계에 대하여 기판력 있는 판결을 받으려면 중간확인의 소를 제기할 수밖에 없다는 것이 통설·판례이다.

> □ 대법원 1984. 6. 26. 선고 83누554,555 판결
> 중간확인의 소는 소송계속 중 본래의 청구의 판단에 대하여 선결관계에 있는 법률관계의 존부에 관하여 당사자간에 다툼이 있는 때 그 소송절차에 병합하여 그 법률관계의 확인을 구하는 것을 말한다.

다음으로 취소소송의 기판력이 후소인 국가배상청구소송에 미치는지 여부가 문제된다.

---

48) 강구철, 659쪽 ; 김동희, 720쪽.
49) 上野 至, "行政訴訟と國家賠償訴訟との關係", 裁判實務大系(18), 靑林書院, 125~126頁.

이는 국가배상청구소송과 항고소송의 위법의 개념을 어떻게 보느냐에 따라 그 결론이
달라진다.

(1) 학설

1) 기판력 부정설

위법성 개념의 상대화론 또는 취소소송의 소송물은 위법성 사유마다 별개의 소송물
이라는 견해에서는 취소소송의 인용판결이든 기각판결이든 후소인 국가배상청구소송
에 그 기판력이 미치지 않는다고 한다.

2) 기판력 긍정설50)

국가배상소송의 위법성사유와 취소소송의 위법성 사유는 구체적으로 볼 때 거의 차
이가 없으며 법령위반을 성문법과 불문법을 종합한 모든 법규의 위반을 의미한다고
하면서, 취소소송에서 위법성이 부정된 처분을 국가배상소송에서 위법성이 있는 것으
로 판단하는 것은 전체 법질서의 통일성, 분쟁의 일회적 해결의 저해 결과를 초래한
다는 것이다.

후소의 소송물이 전소와 동일하거나 전소의 소송물이 후소에서 단지 선결문제로서
나타나는 경우에 기판력은 인정된다고 본다. 즉 후소인 국가배상청구소송 법원은 전
소의 취소소송에 제기된 행정행위의 위법성이나 적법성의 결정에 기속된다. 다만 앞
서 본대로 위법성의 개념의 차이는 있을 수 있다.

3) 제한적 긍정설51)

위법성 개념의 상대화론에 입각하여 손해배상청구의 위법성은 법령위반 외 기본권
존중, 권리남용금지, 사회질서위반 등도 포함하는 것으로 보아 취소소송이 인용된 경
우에는 기판력이 긍정되나 취소소송이 기각된 때에는 기판력이 부정된다고 한다.

(2) 판례

□ 대법원 2000. 2. 25. 선고 99다55472 판결
전소와 후소의 소송물이 동일하지 아니하여도 전소의 기판력 있는 법률관계가 후소의
선결적 법률관계가 되는 때에는 전소의 판결의 기판력이 후소에 미쳐 후소의 법원은
전에 한 판단과 모순되는 판단을 할 수 없음은 상고이유에서 지적하는 바와 같으나(대

---

50) 김남진, 816쪽 ; 김동희, 720쪽 ; 김성수, 591쪽 ; 김철용, 465쪽 ; 유지태, 597쪽 ; 한견우, 864쪽
; 홍정선, 541쪽. 김향기, 항고소송에서 취소된 처분의 국가배상법상 불법행위 구성여부, 고시연구
(2005. 11.), 33쪽.
51) 홍준형, 673쪽.

법원 1994. 12. 27. 선고 93다34183 판결, 대법원 1994. 12. 27. 선고 94다4684 판결, 대법원 1999. 12. 10. 선고 99다25785 판결 참조), 확정판결의 기판력은 그 판결의 주문에 포함된 것, 즉 소송물로 주장된 법률관계의 존부에 관한 판단의 결론 그 자체에만 미치는 것이고 판결이유에서 설시된 그 전제가 되는 법률관계의 존부에까지 미치는 것은 아니다(대법원 1996. 11. 15. 선고 96다31406 판결, 대법원 1999. 7. 27. 선고 99다9806 판결, 대법원 1999. 10. 12. 선고 98다32441 판결 참조).

□ 대법원 1963. 10. 22. 선고 63다295 판결
 판결의 기판력이란 제도는 동일소송물에 대한 심리를 변복하여 분쟁의 연속을 방지하는데 그 취지의 하나가 있는 것이므로 동일 당사자간에 전소송과 동일한 소송이 제기된 경우에 전소송의 기판력을 주장할 수 있음은 물론이나 그 전후의 양소송이 청구원인 또는 청구목적물이 다르다 하여도 전소의 소송물이 후소와 관련되어 후소송에 있어서의 주장과 항변으로서 전소송물의 존재 부존재를 주장하는 경우에도 당사자는 전 소송의 확정판결에 반대된 주장을 할 수 없는 것이므로 만일 당사자가 이에 반대된 주장을 한 경우에는 상대방은 기판력의 항변을 할 수 있고 법원도 위 확정판결에 반대되는 판단을 할 수 없는 것이다.

□ 대법원 1996. 4. 26. 선고 95누5820 판결
 취소판결의 기판력은 소송물로 된 행정처분의 위법성 존부에 관한 판단 그 자체에만 미치는 것이므로 전소와 후소가 그 소송물을 달리하는 경우에는 전소 확정판결의 기판력이 후소에 미치지 아니한다.

V. 고의 또는 과실

1. 의의

 국가배상책임을 대위책임으로 보는 입장에서는 공무원의 고의·과실은 당해 공무원의 주관적 책임요건이며, 공무원의 주관적인 인식유무를 기준으로 하여 판단하게 된다. 즉 故意란 公務員이 職務를 執行하면서 자기의 行爲에 의하여 違法한 사실이 발생함을 인식하면서 行爲를 하는 경우를 말하며 過失이란 不注意로 그것을 인식하지 못하고 행하는 경우를 말한다고 하여 故意·過失을 엄격하게 해석한다.
 그러나 자기책임설의 입장에서는 공무원의 고의·과실에 대하여 공무원의 주관적 인식과는 관계없는 국가 등의 귀책사유가 될 수 있는 공무운영상의 흠의 발생이라고 하는 객관적 사정으로 본다. 이 견해에 의하면 故意·過失을 公務員의 違法行爲로 인한 國家作用의 瑕疵라는 정도로 완화하여 해석하는 것으로 공무원 직무행위가 위법하기만 하면 고의·과실의 존재를 불문하고 배상책임이 성립하게 되어 위험책임 내지 무과

실책임화하게 된다.

　생각건대 고의·과실(중과실, 경과실 모두 포함)은 당해 공무원을 기준으로 판단할 것이며, 국가 등의 공무원의 선임·감독상의 고의·과실을 의미하는 것이 아니다. 이 점에서 민법에 의한 사용자책임(민법 제756조)과 다르다.

　판례는 공무원의 주의의무위반, 즉 주관적 인식을 기준으로 판단하고 있다.

　□ 대법원 2003. 2. 11. 선고 2002다65929 판결

　국가배상법 제2조 제2항에 의하면, 공무원의 직무상의 위법행위로 인하여 국가 또는 지방자치단체의 손해배상책임이 인정된 경우 그 위법행위가 고의 또는 중대한 과실에 기한 경우에는 국가 또는 지방자치단체는 당해 공무원에 대하여 구상할 수 있다 할 것이나, 이 경우 공무원의 중과실이라 함은 공무원에게 통상 요구되는 정도의 상당한 주의를 하지 않더라도 약간의 주의를 한다면 손쉽게 위법, 유해한 결과를 예견할 수 있는 경우임에도 만연히 이를 간과함과 같은 거의 고의에 가까운 현저한 주의를 결여한 상태를 의미한다 할 것이다(대법원 1996. 8. 23. 선고 96다19833 판결 참조).

---

2. 과실의 객관화 경향

　국가배상법이 과실책임주의를 취하는 이상, 무과실책임을 인정하는 것은 사실상 무리이다. 따라서 피해자의 권리구제를 위하여 과실의 관념을 민법의 추상적 과실이론을 도입하여 과실을 객관화하고 있다.

　즉 과실은 직무상 요구되는 주의의무위반이며, 과실을 추상적 과실로 보는 경우 주의의무의 내용은 공무원의 직종과 직위에 의하여 객관적으로 정하여져야 하며, 특정 공무원 개인의 지식·능력·경험의 여하에 따라 주관적으로 정하여 지지 아니한다. 따라서 공무원의 직종 및 직위에 따라 객관적으로 평균적 공무원의 객관적 주의의무 위반을 평가기준으로 삼아야 할 것이다.52)

　그리고 공무원의 과실을 입증하기 위하여 보통은 가해 공무원을 특정하여야 할 것이나, 가해 공무원을 반드시 특정할 필요는 없고 조직과실을 인정하여 공무원의 행위인 이상 손해배상책임이 인정된다고 할 것이다(예컨대, 시위현장을 지나가던 행인이 전투경찰의 최루탄에 맞아 상해를 입었으나 누구의 행위인지 불분명할 때).

　국가배상의 과실개념은 행위자 개인의 책임귀속을 밝히려는 것이 목적이라기보다는 국가의 배상책임의 성립을 위한 것이므로 과실의 객관화 시도는 의미가 있다. 다만 이와 관련하여 국가배상법 제5조의 책임과 관련 국가배상책임의 통일적 이해가 문제

---

52) 대법원 1987. 9. 22. 선고 87다카1164 판결(공무원의 직무집행상의 과실이라 함은 공무원이 그 직무를 수행함에 있어 당해직무를 담당하는 평균인이 보통(통상) 갖추어야 할 주의의무를 게을리 한 것을 말한다.)

된다.

3. 고의·과실의 입증책임

 일반적으로 고의·과실의 입증책임은 원고에게 있다고 할 것이나 원고가 이를 입증하는 것은 용이한 일이 아니므로, 민법상의 일응 추정의 법리(Prima facie 理論)에 따라 과실이 있는 것으로 추정하고 피고가 무과실을 반증하도록 하여 피해자의 입증책임의 부담을 경감시켜야 할 것이다.

 그리고 위법성과 과실 중 어느 하나가 입증되면 다른 요건은 당연히 인정된다고 보아야 할 것이나,[53] 대법원은 부정적 입장을 취하고 있다.

> □ 대법원 2004. 6. 11. 선고 2002다31018 판결
> 어떠한 행정처분이 위법하다고 할지라도 그 자체만으로 곧바로 그 행정처분이 공무원의 고의 또는 과실로 인한 불법행위를 구성한다고 단정할 수는 없고, 공무원의 고의 또는 과실의 유무에 대하여는 별도의 판단을 요한다고 할 것이다. 왜냐하면 행정청이 관계 법령의 해석이 확립되기 전에 어느 한 설을 취하여 업무를 처리한 것이 결과적으로 위법하게 되어 그 법령의 부당집행이라는 결과를 빚었다고 하더라도 처분 당시 그와 같은 처리방법 이상의 것을 성실한 평균적 공무원에게 기대하기 어려웠던 경우라면 특별한 사정이 없는 한 이를 두고 공무원의 과실로 인한 것이라고 볼 수는 없기 때문이다(대법원 1995. 10. 13. 선고 95다32747 판결, 대법원 2001. 3. 13. 선고 2000다20731 판결 참조).

4. 공무원의 법령해석의 하자와 고의·과실

 법규해석에 대한 다툼이 있어 그 중 어느 한 견해를 따라 내린 행정청의 법령해석 및 그에 따른 처분이 후에 대법원 판결에 의하여 부당한 것으로 판명된 경우 당해 공무원의 직무상 귀책사유 유무에 대한 판례의 입장은 다음과 같다.

(1) 부정한 판례

> □ 대법원 1995. 10. 13. 선고 95다32747 판결
> 일반적으로 공무원이 직무를 집행함에 있어서 관계법규를 알지 못하거나 필요한 지식을 갖추지 못하여 법규의 해석을 그르쳐 잘못된 행정처분을 하였다면 그가 법률전문가가 아닌 행정직 공무원이라고 하여 과실이 없다고 할 수 없으나, 법령에 대한 해석이

53) 홍준형, 95쪽.

그 문언 자체만으로는 명백하지 아니하여 여러 견해가 있을 수 있는데다가 이에 대한 선례나 학설, 판례 등도 귀일된 바 없어 의의(疑義)가 없을 수 없는 경우에 관계 공무원이 그 나름대로 신중을 다하여 합리적인 근거를 찾아 그 중 어느 한 견해를 따라 내린 해석이 후에 대법원이 내린 입장과 같지 않아 결과적으로 잘못된 해석에 돌아가고, 이에 따른 처리가 역시 결과적으로 위법하게 되어 그 법령의 부당집행이라는 결과를 가져오게 되었다고 하더라도 그와 같은 처리방법 이상의 것을 성실한 평균적 공무원에게 기대하기는 어려운 일이고, 따라서 이러한 경우에까지 국가배상법상 공무원의 과실을 인정할 수는 없다 할 것인바(대법원 1973. 10. 10. 선고 72다2583 판결 참조), (중략) 원고가 서울고등법원에 위 노동조합설립신고서 반려처분취소 소송(90구587 사건)을 제기하여 대법원의 확정판결(91누6726 판결)이 선고되기 이전까지는 위와 같은 노동부의 업무처리 지침 내지 관행 등이 행정소송, 기타 관련기관의 유권해석 등을 통하여 현실적으로 명백하게 위법 내지 부당한 것으로 논의되어진 바 없으며, 위 대법원 확정판결을 통하여 비로소 위와 같은 관행 내지 업무처리지침에 근거한 행정처분이 위법한 것으로 밝혀지게 되었다면, 비록 노동부장관의 이 사건 노동조합설립신고서 반려처분이 위법한 행정처분에 해당한다 하더라도 그와 같은 사유만으로는 노동부장관의 업무집행에 어떠한 과실이 있다고 볼 수는 없다 할 것이다.

□ 대법원 1996. 11. 15. 선고 96다30540 판결

토지초과이득세법(1998. 12. 28. 법률 제5586호로 폐지) 제8조 제3항은 토지의 취득 후 법령의 규정으로 인한 사용의 금지, 지상건축물의 소실·도괴 기타 대통령령이 정하는 부득이한 사유로 유휴토지 등에 해당하게 된 토지에 대하여는 대통령령이 정하는 기간 이를 유휴토지 등으로 보지 아니한다고 규정하고 있고, 같은 법 시행령(1994. 12. 31. 대통령령 제14470호로 개정되기 전의 것) 제23조 제1호는 토지의 취득 후 법령의 규정에 의하여 사용이 금지되거나 제한된 경우에는 그 사용이 금지 또는 제한된 날로부터 3년간 유휴토지 등으로 보지 아니한다고 규정하고 있는바, 원심이 확정한 바와 같이 서울특별시장이 이 사건 토지를 포함한 일대의 토지에 대하여 1984. 3. 23. 강서구청장에게 일체의 건축행위의 허가를 유보하도록 지시한 이후 건설부장관에게 택지개발예정지구로 지정하여 줄 것을 요청하여 그 지정이 이루어지고 사업이 시행됨으로써 이 사건 토지에 대하여는 위 일시 이후 일체의 건축행위가 허가되지 아니하였다면, 법령의 규정 그 자체에 의하여 직접 이 사건 토지의 사용이 금지되거나 제한된 것은 아니므로, 이 사건 토지가 유휴토지 등에 해당하지 아니하는지의 여부에 관한 해석도 위 규정의 내용 자체로 명백한 것은 아니라 할 것이며, 그 이후에 선고된 대법원 판결(1994. 1. 11. 선고 93누1893 판결, 1994. 1. 25. 선고 93누2995 판결)에 의하여 비로소 이 사건의 경우와 같이 행정청이 법령에 규정된 권한에 따라 행정작용의 일환으로 건축허가를 일체 하여 주지 않고 있기 때문에 토지의 사용이 금지되거나 제한된 경우도 위의 '법령의 규정에 의하여 사용이 금지되거나 제한된

경우'에 포함된다는 해석이 확립되었다고 할 것이므로, 행정청이 위 법령의 해석이 확립되기 전에 이를 잘못 해석하여 적용한 결과 이 사건 토지초과이득세 부과처분을 하였다고 하더라도 그 과세처분이 공무원의 과실로 인한 것으로서 불법행위를 구성한다고는 할 수 없다 할 것이다.

□ 대법원 2003. 11. 27. 선고 2001다33789, 33796, 33802, 33819 판결
[행정처분이 후에 행정쟁송에서 취소된 경우 국가배상책임의 성립요건과 그 판단기준]
어떠한 행정처분이 후에 항고소송에서 취소되었다고 할지라도 그 기판력에 의하여 당해 행정처분이 곧바로 공무원의 고의 또는 과실로 인한 것으로서 불법행위를 구성한다고 단정할 수는 없는 것이고(대법원 1999. 9. 17. 선고 96다53413 판결 참조), 그 행정처분의 담당공무원이 보통 일반의 공무원을 표준으로 하여 볼 때 객관적 주의의무를 결하여 그 행정처분이 객관적 정당성을 상실하였다고 인정될 정도에 이른 경우에 비로소 국가배상법 제2조 소정의 국가배상책임의 요건을 충족하였다고 봄이 상당할 것이며, 이때에 객관적 정당성을 상실하였는지 여부는 피침해이익의 종류 및 성질, 침해행위가 되는 행정처분의 태양 및 그 원인, 행정처분의 발동에 대한 피해자측의 관여의 유무, 정도 및 손해의 정도 등 제반 사정을 종합하여 손해의 전보책임을 국가 또는 지방자치단체에게 부담시켜야 할 실질적인 이유가 있는지 여부에 의하여 판단하여야 할 것인바(대법원 1999. 3. 23. 선고 98다30285 판결, 대법원 2000. 5. 12. 선고 99다70600 판결, 대법원 2001. 12. 14. 선고 2000다12679 판결[54], 대법원 2003. 12. 11. 선고 2001다65236 판결[55]참조), 법령에 의하여 국가가 그 시행 및 관리를 담당하는 시험에 있어 시험문항의 출제 및 정답결정에 오류가 있어 이로 인하여 합격자 결정이 위법하게 되었다는 것을 이유로 공무원 내지 시험출제에 관여한 시험위원의 고의·과실로 인한 국가배상책임을 인정하기 위하여는, 해당 시험의 실시목적이 시험에 응시한 개인에게 특정한 자격을 부여하는 개인적 이해관계 이외에 일정한 수준의 적정 자격을 갖춘 자에게만 특정 자격을 부여하는 사회적 제도로서 그 시험의 실시에 일반 국민의 이해관계와도 관련되는 공익적 배려가 있는지 여부, 그와 같은 시험이 시험시행 당시의 법령이 정한 요건과 절차에 따라 국가기관 내지 소속 공무원이 구체적 시험 문제의 출제, 정답 결정, 합격 여부의 결정을 위하여 해당 시험과목별로 외부의 전문 시험위원을 적정하게 위촉하였는지 여부, 위촉된 시험위원들이 문제를 출제함에 있어

---

54) 사립대학이 공립대학으로 바뀜에 따라 교수·부교수의 임용권을 가지게 된 교육부장관 등이 지방자치 단체장이 임용제청한 기존 사립대학의 교수·부교수를 모두 공립대학의 교수·부교수로 임용하였으나, 임용제청에 앞서 이루어진 지방자치단체장의 임용심사가 합리적이고 객관적이지 못하여 기존 사립대학의 일부 교수·부교수들이 부당하게 임용제청대상에서 누락됨에 따라 결국 임용에서 제외되게 된 경우, 교육부장관 등의 임용제외처분이 국가가 손해의 전보책임을 부담하는 국가배상법 제2조의 '고의 또는 과실에 의한 위법한 행위'에 해당하지 아니한다고 본 사례.
55) 공인회계사 1차 시험 출제위원의 출제 및 정답결정의 오류로 인하여 수험생에 대한 불합격처분이 취소된 경우, 국가배상책임을 인정할 수 있을 만큼 시험관련 공무원이나 시험위원들에게 그 직무를 집행함에 있어 객관적 주의의무를 결한 고의·과실이 있다고 볼 수 없다고 한 사례.

최대한 주관적 판단의 여지를 배제하고 객관적 입장에서 해당 과목의 시험을 출제하였
는지 및 같은 과목의 시험위원들 사이에 출제된 문제와 정답의 결정과정에 다른 의견
은 없었는지 여부, 1차시험의 오류를 주장하는 응시자 본인에게 사후에 국가가 1차시
험의 합격을 전제로 2차시험의 응시자격을 부여하였는지 여부 등 제반 사정을 종합적
으로 고려하여 시험관련 공무원 혹은 시험위원이 객관적 주의의무를 결하여 그 시험의
출제와 정답 및 합격자 결정 등의 행정처분이 객관적 정당성을 상실하고, 이로 인하여
손해의 전보책임을 국가에게 부담시켜야 할 실질적인 이유가 있다고 인정되어야 할 것
이다.

 사법시험은 판사·검사·변호사 또는 군법무관이 되려는 자에게 필요한 학식과 능력의
유무를 검정하기 위한 것으로서 일정한 자격을 갖춘 자에게 법률가의 자격을 부여하기
위한 사회적 제도이므로 그 합격 여부의 결정과 관련된 행정처분으로 인하여 침해되는
법익은 개인적 이해관계 이외에 사회적 내지 공익적 법익도 포함된다고 볼 수 있는
점, 이 사건 시험에 있어서 시험의 관리를 담당하는 국가기관 내지 소관 공무원은 법
령이 정한 요건과 절차에 따라 구체적 시험문제의 출제, 정답 결정 등에 관여할 시험
위원으로서 각 과목별로 외부의 전문가를 선정, 위촉한 후 그와 같은 시험위원들에 의
하여 문제가 출제되었는데, 위 문제의 출제 당시에는 해당 과목의 시험위원들 사이에
문제의 적정성과 정답결정에 대하여 별다른 이견이 있었던 것으로 보이지 않는 점, 이
사건 시험은 수차례의 단계적 시험을 통과하여야 일정한 자격이 주어지는 경우에 있어
최초의 제1차시험으로서 다음 단계의 제2차시험에 응시할 수 있는 자격을 부여하는데
불과한 객관식 시험이고, 시험출제와 채점을 위한 일응의 기준이 제시된다고 하더라도
객관식 시험방식의 한계로 인하여 분쟁의 소지를 일정부분 안고 있는 점, 이 사건 쟁
점이 된 시험문제의 경우 출제 당시 참여한 복수의 시험위원들 사이에는 시험문제의
출제와 정답의 선정에 이견(異見)이 없었으나, 후에 법원의 재판과정을 통하여 문제의
정당성과 정답의 적정성 여부에 대하여 다른 견해가 제시된 점, 사법시험 1차시험은
그 경쟁률이 20여대 1에 이르고 이미 수십 년간 시험이 실시되면서 대부분의 사항이
이미 출제되어 새로운 문제를 출제하는 것이 매우 어려우며, 또한 법학 과목은 전문적
인 지식이 필요한 영역이고 정답이 명확한 자연과학과는 달리 법 이론이나 법령의 해
석과 관련하여 다양한 견해가 대립되어 재량성이 인정되어야 하는 분야로서 법원 상호
간에도 그 판단이 다를 수 있는 등 출제오류의 여부가 불명확한 점, 이 사건 원고들은
불합격처분에 대한 제소기간을 도과함으로써 이에 대하여 다툴 수 없게 되었음에도 불
구하고 행정자치부장관의 적극적인 구제조치에 의하여 제2차시험에 응시할 기회를 부
여받는 혜택을 받게 됨으로써 불합격처분에 따른 정신적 고통을 상당 정도 해소한 것
으로 볼 수 있는 점 등 제반 사정을 종합하면, 이 사건의 경우 손해의 전보책임을 시
험을 관리한 국가에게 부담시켜야 할 실질적인 이유가 있다고 할 수는 없으므로 이 사
건 원고들에 대한 불합격처분이 피고에게 국가배상책임을 부담시켜야 할 만큼 객관적
정당성을 상실한 정도에 이른 것으로 볼 수는 없다고 할 것이다.

(2) 긍정한 판례

□ 대법원 2001. 2. 9. 선고 98다52988 판결
　법령에 대한 해석이 복잡, 미묘하여 워낙 어렵고, 이에 대한 학설, 판례조차 귀일되어 있지 않는 등의 특별한 사정이 없는 한 일반적으로 공무원이 관계 법규를 알지 못하거나 필요한 지식을 갖추지 못하고 법규의 해석을 그르쳐 행정처분을 하였다면 그가 법률전문가가 아닌 행정직 공무원이라고 하여 과실이 없다고는 할 수 없다(대법원 1981. 8. 25. 선고 80다1598 판결56)참조).

Ⅵ. 타인에 대한 손해발생과 인과관계

1. 타인의 범위

　여기서 타인은 가해자인 공무원과 동일 또는 동종의 기관에 근무하는지의 여부는 관계가 없이 가해자인 공무원과 그의 위법한 직무행위에 가담한 자 이외의 모든 사람이 해당하며, 자연인과 법인이 포함된다. 따라서 공무원의 신분을 가진 자도 피해자로서 타인에 해당할 수 있다.
　그런데 헌법과 국가공무원법은 공무원 중에서 군인·군무원·경찰공무원·향토예비군대원에 대하여는 특례를 인정하고 있다.

2. 손해의 발생

　손해라 함은 법익침해에 의한 불이익을 말하며, 이러한 손해는 재산적 손해(有形的 損害)든 비재산적 손해(無形的 損害)든 혹은 적극적 손해든 소극적 손해든 불문한다.

□ 대법원 1992. 6. 23. 선고 91다33070 전원합의체 판결
[불법행위로 인한 재산상 손해의 의의 및 그 구분]
　불법행위로 인한 재산상 손해는 위법한 가해행위로 인하여 발생한 재산상 불이익, 즉 그 위법행위가 없었더라면 존재하였을 재산상태와 그 위법행위가 가해진 현재의 재산상태의 차이를 말하는 것이고, 그것은 기존의 이익이 상실되는 적극적 손해의 형태와 장차 얻을 수 있을 이익을 얻지 못하는 소극적 손해의 형태로 구분된다(대법원 1998.

---

56) 숙박업법 제5조 제2호는 숙박업자에 대하여 미성년자인 남녀의 혼숙을 금지하는 규정이라 볼 수 없고, 보건사회부훈령 제211호는 숙박업법에 따른 명령 또는 처분이라고 볼 수 없을 뿐만 아니라 이 건 혼숙행위 후에 제정된 훈령이므로 위 법 규정이나 위 훈령을 적용하여 한 영업허가처분 취소 처분은 위법하다. (중략) 일반적으로 공무원이 관계법규를 알지 못하거나 필요한 지식을 갖추지 못하고 법규의 해석을 그르쳐 행정처분을 하였다면 그가 법률전문가 아닌 행정직 공무원이라고 하여 과실이 없다고는 할 수 없는바, 서울특별시 중구청장이 미성년자인 남녀의 혼숙행위를 이유로 숙박업 영업허가를 취소하였다면 서울특별시는 국가배상법상의 손해배상 책임이 있다.

9. 22. 선고 98다2631 판결 참조).

□ 대법원 2010. 4. 29. 선고 2009다91828 판결

불법행위로 인한 재산상 손해는 위법한 가해행위로 인하여 발생한 재산상 불이익, 즉 그 위법행위가 없었더라면 존재하였을 재산상태와 그 위법행위가 가해진 현재의 재산상태의 차이를 말하는 것이며(대법원 1992. 6. 23. 선고 91다33070 전원합의체 판결, 대법원 2000. 11. 10. 선고 98다39633 판결 참조), 그 손해액은 원칙적으로 불법행위시를 기준으로 산정하여야 한다(대법원 1997. 10. 28. 선고 97다26043 판결, 대법원 2001. 4. 10. 선고 99다38705 판결, 대법원 2003. 1. 10. 선고 2000다34426 판결 참조). 즉, 여기에서 '현재'는 '기준으로 삼은 그 시점'이란 의미에서 '불법행위시'를 뜻하는 것이지 '지금의 시간'이란 의미로부터 '사실심 변론종결시'를 뜻하는 것은 아니다.

3. 인과관계

공무원의 직무의무위반행위(가해행위)와 손해의 발생 사이에는 상당한 인과관계가 있어야 한다. 상당인과관계설은, 객관적 개연성이라고 하는 통계적 사고 위에 근거하고 있는데 어떤 원인으로부터 어떤 결과가 발생할 객관적 개연성의 정도가 일정 수준, 즉 상당한 정도 이상이면 양자간의 인과관계를 인정하게 된다. 그러나 오늘날 손해의 공평분담이라는 불법행위제도의 목적에 비추어 생각할 때 개연성의 정도에만 의존할 경우 불합리한 경우가 발생할 수 있으므로 상당인과관계설을 수정하는 이론으로 규범목적설57), 보호범위설58), 위험성관련설59), 분석적 방법론60) 등이 등장하게 되었다.

대법원판결도 상당인과관계의 판단에 있어 결과발생의 개연성뿐만 아니라 직무상 의무를 부과하는 법령 기타 행동규범의 목적, 그 수행하는 직무의 목적 내지 기능으로

---

57) 손해배상책임을 발생시키는 규범은 원래 그의 침해로 인하여 발생 가능한 모든 손해에 대하여 보호할 것을 목적으로 하여 만들어지는 것이 아니라 특정한 이익을 고려하여 그 보호법익의 침해에 대비하여 만들어지는 것이므로, 손해배상의 범위는 그 규범에 의하여 보호되는 손해에 한정된다고 하는 이론이다(민법주해IX, 504쪽).

58) 손해배상의 범위는 사실적 인과관계, 보호범위, 손해의 금전적 평가의 3단계 과정을 거쳐서 확정되어야 한다는 이론이다(민법주해IX, 508쪽).

59) 채무불이행 또는 불법행위의 요건을 갖춘 원인행위에 의하여 발생한 불이익을 1차 손해로, 1차 손해를 기점으로 하여 발생하는 여러 가지 손해를 후속손해로 구분한 다음, 후속손해가 손해배상의 범위에 포함되기 위하여서는 1차 손해와 위험성관련이 있어야 하고, 일반적으로 후속손해는 1차 손해와 위험성관련이 있으나 양자 사이의 관계가 우연적인 경우, 후속손해의 발생에 채권자의 위험한 행위가 개재되어 있는 경우 등에는 위험성관련이 없다고 보는 이론이다(민법주해IX, 511쪽).

60) 결과발생의 개연성, 그로 인하여 현실적으로 발생한 손해의 심각성, 행위자에게 의무를 명한 규범의 강도 등 세가지 요소를 분석, 검토하여 손해의 개연성과 심각성이 형성하는 위험의 정도가 규범이 행위자에게 지우고 있는 부담에 미치지 못한다면 행위자의 책임은 부정되어야 하고, 그 반대로 위험의 정도가 부담을 능가한다면 책임을 인정하여야 한다는 이론이다(손지열, 전게논문, 216쪽).

부터 예견가능한 행위 후의 사정, 가해행위의 태양 및 피해의 정도 등을 종합적으로 고려할 것을 요구함으로써 전통적인 상당인과관계설을 수정하고 있다.

쟁점 [공무원의 직무상 의무 위반행위와 손해 사이의 상당인과관계 유무의 판단기준]

□ 대법원 1994. 6. 10. 선고 93다30877 판결
　공무원이 법령에서 부과된 직무상 의무를 위반한 것을 계기로 하여 제3자가 손해를 입은 경우에 있어서, 제3자에게 손해배상청구권이 발생하기 위하여는 공무원의 직무상 의무 위반행위(부작위를 포함한다)와 제3자의 손해 사이의 상당인과관계가 있지 아니하면 아니 되는 것이고, 이때 상당인과관계의 유무를 판단함에 있어서는 일반적인 결과발생의 개연성은 물론 직무상 의무를 부과한 법령 기타 행동규범의 목적이나 가해행위의 태양 및 피해의 정도 등을 종합적으로 고려하여야 할 것인바, 공무원에게 직무상 의무를 부과한 법령의 보호목적이 사회 구성원 개인의 이익과 안전을 보호하기 위한 것이 아니고 단순히 공공일반의 이익이나 행정기관 내부의 질서를 규율하기 위한 것이라면 가사 공무원이 그 직무상 의무를 위반한 것을 계기로 하여 제3자가 손해를 입었다 하더라도 공무원이 직무상 의무를 위반한 행위와 제3자가 입은 손해 사이에는 법리상 상당인과관계가 있다고 할 수 없다 할 것이다(대법원 1993. 2. 12. 선고 91다43466 판결, 대법원 2001. 4. 13. 선고 2000다34891 판결 참조).

□ 대법원 2007. 12. 27. 선고 2005다62747 판결
　공무원에게 부과된 직무상 의무의 내용이 단순히 공공 일반의 이익을 위한 것이거나 행정기관 내부의 질서를 규율하기 위한 것이 아니고 전적으로 또는 부수적으로 사회구성원 개인의 안전과 이익을 보호하기 위하여 설정된 것이라면, 공무원이 그와 같은 직무상 의무를 위반함으로 인하여 피해자가 입은 손해에 대하여는 상당인과관계가 인정되는 범위 내에서 국가가 배상책임을 지는 것이고, 이 때 상당인과관계의 유무를 판단함에 있어서는 일반적인 결과발생의 개연성은 물론 직무상 의무를 부과하는 법령 기타 행동규범의 목적, 그 수행하는 직무의 목적 내지 기능으로부터 예견가능한 행위 후의 사정, 가해행위의 태양 및 피해의 정도 등을 종합적으로 고려하여야 할 것이다(대법원 1993. 2. 12. 선고 91다43466 판결, 대법원 1994. 12. 27. 선고 94다36285 판결, 대법원 1995. 4. 11. 선고 94다15646 판결, 대법원 1997. 8. 26. 선고 96다33143 판결, 대법원 1997. 9. 9. 선고 97다12907 판결, 대법원 1998. 2. 10. 선고 97다49534 판결, 대법원 1998. 5. 8. 선고 97다36613 판결, 대법원 1998. 9. 22. 선고 98다2631 판결, 대법원 1999. 12. 21. 선고 98다29797 판결, 대법원 2000. 6. 9. 선고 98다55949 판결, 대법원 2001. 10. 23. 선고 99다36280 판결, 대법원 2002. 3. 12. 선고 2000다55225, 55232 판결, 대법원 2003. 4. 25. 선고 2001다59842 판결 참조).

제2절 손해배상책임

Ⅰ. 배상주체(배상책임자)

1. 원칙

배상주체가 헌법 제29조에 의하면 국가 또는 공공단체이지만 국가배상법 제2조에 의하면 국가 또는 지방자치단체가 배상책임을 지도록 한정하고 있다.

이와 관련하여 ① 1설은 헌법의 취지는 소속 직원의 불법행위에 대해서는 당해 공공단체 스스로 배상하여야 한다는 것이지 모든 공공단체의 배상책임을 동일한 법률에 의해 규율하여야 한다는 것은 아니므로 헌법상 문제가 없다고 하고,[61] ② 2설은 국가배상법은 배상책임요건과 구상문제, 면책사유의 부인 등에 있어서 민법과 다르게 규정하고 있으므로 지방자치단체 외에 공공단체의 배상책임을 민법에 맡긴 것은 헌법의 취지에 반한다고 하며,[62] ③ 3설은 국가배상법의 규정을 예시적 규정으로 파악하여 공공단체의 경우도 국가배상이 가능하다고 파악한다.[63]

2. 공무원 선임감독자와 비용부담자가 다른 경우

공무원의 선임·감독을 맡은 자와 봉급·급여 기타의 비용을 부담하는 자가 동일하지 않을 때에는 피해자는 그 어느 쪽에 대해서도 선택적으로 배상청구권을 행사할 수 있다.

여기서 선임·감독자는 사무의 관리주체 또는 사무의 귀속주체를 의미하고, 비용부담자의 의미에 대해서는 뒤에서 보듯 학설이 대립하고 있지만 여기서는 사무의 법률상·형식상 비용부담자를 의미하는 것으로 보기로 한다.

3. 기관위임사무의 손해배상책임자

기관위임사무에 있어서 선임·감독자와 비용부담자가 다른 경우 누가 배상책임을 지는지에 관하여 기관위임사무는 원칙적으로 위임자의 비용과 책임에 의하여 수행되므로 손해배상 책임자는 위임자인 국가 또는 공공단체이다.

다만 수임자가 담당공무원의 봉급 등 비용을 부담하는 경우에는 피해자 보호의 입장에서 위임자인 국가 또는 공공단체뿐만 아니라 수임자인 지방자치단체에 대해서도 선택적으로 손해배상을 청구할 수 있다.

□ 대법원 1994. 1. 11. 선고 92다29528 판결
[비용부담자로서의 국가배상책임]
지방자치단체인 도의 장인 도지사가 그의 권한에 속하는 사무를 소속 시장 또는 군수

---

61) 김남진, 560쪽, 580쪽 ; 박윤흔, 692쪽.
62) 김동희, 484쪽 ; 홍준형, 90쪽, 126쪽.
63) 강구철, 666쪽 ; 변재옥, 506쪽 ; 한견우, 614쪽.

에게 위임하여 시장, 군수로 하여금 그 사무를 처리하게 하는 소위 기관위임의 경우에는, 지방자치단체장인 시장, 군수는 도 산하 행정기관의 지위에서 그 사무를 처리하는 것이므로, 시장, 군수 또는 그들을 보조하는 시, 군 소속 공무원이 그 위임받은 사무를 집행함에 있어 고의 또는 과실로 타인에게 손해를 가하였다면 그 사무의 귀속 주체인 도가 손해배상책임을 진다고 보아야 할 것이다(대법원 1981. 11. 24. 선고 80다2303 판결 참조).

 구 지방자치에관한임시조치법(1988. 4. 6. 법률 제4004호로 폐지) 제5조의2, 경상북도사무위임조례 제2조, 경상북도하천·공유수면점용료및사용징수조례·시행규칙 제7조의 각 규정내용 및 지방천은 수개 시·군을 흐르는 것이 보통이므로 이에 대한 관리는 각 시·군에 전적으로 맡겨 둘 수 없고 도 전체의 통일적인 관리가 필요하다는 점 등에 비추어 보면, 경상북도지사로부터 안동군수로의 지방천에 대한 허가 및 채취료징수사무의 위임은 기관위임이다. 군수가 도지사로부터 사무를 기관위임받은 경우 사무를 처리하는 담당공무원이 군 소속이라고 하여도 군에게는 원칙적으로 국가배상책임이 없지만, 위 담당공무원이 군 소속 지방공무원으로서 군이 이들에 대한 봉급을 부담한다면 군도 국가배상법 제6조 소정의 비용부담자로서 국가배상책임이 있다.[64]

□ 대법원 1994. 12. 9. 선고 94다38137 판결
[지방자치단체의 장이 기관위임된 국가행정사무를 처리하는 경우, 그 지방자치단체가 비용부담자로서 배상책임을 지는지 여부]
 구 지방자치법(1988. 4. 6. 법률 제4004호로 전문 개정되기 전의 것) 제131조(현행 제132조), 구 지방재정법(1988. 4. 6. 법률 제4006호로 전문 개정되기 전의 것) 제16조 제2항(현행 제18조 제2항)의 규정상, 지방자치단체의 장이 기관위임된 국가행정사무를 처리하는 경우 그에 소요되는 경비의 실질적·궁극적 부담자는 국가라고 하더라도 당해 지방자치단체는 국가로부터 내부적으로 교부된 금원으로 그 사무에 필요한 경비를 대외적으로 지출하는 자이므로, 이러한 경우 지방자치단체는 국가배상법 제6조 제1항 소정의 비용부담자로서 공무원의 불법행위로 인한 같은 법에 의한 손해를 배상할 책임이 있다.

Ⅱ. 배상책임의 성질

1. 학설

---

64) 대법원 1994. 1. 11. 선고 92다29528 판결의 의미를 요약하면, 비용은 공무원의 인건비만을 가리키는 것이 아니라 당해 사무에 필요한 일체의 경비를 의미하는 바, 적어도 대외적으로 그러한 경비를 지출하는 자는 경비의 실질적·궁극적 부담자가 아니더라도 그러한 경비를 부담하는 자에 포함된다는 것이다. 따라서 군은 도의 기관위임사무를 수행하는 군 소속 공무원의 봉급부담자로서 비용부담자로서의 책임을 부담하고, 군 소속 공무원 또는 군수의 기관위임사무수행을 위하여 소요되는 비용이 군으로부터 지급된다면 군은 기타의 비용부담자로서 배상책임을 진다는 것이다.

(1) 自己責任說

국가배상책임은 사회공동체의 동화적 통합을 성취시키기 위한 국가의 자기책임이라는 견해이다.65)

따라서 이 입장에서는 국가 또는 지방자치단체의 책임과 공무원 개인의 책임은 무관한 것으로 양립될 수 있으므로, 피해자는 양쪽에 선택적 청구가 가능한 것으로 보는 것이 논리적이다.

1) 의의

ⅰ) 기관이론에 입각한 자기책임설

기관이론에 입각하여 위법·적법을 불문하고 공무원의 행위의 효과는 바로 국가나 지방자치단체의 행위로 귀속되는 까닭에 국가 등이 지는 책임은 바로 그들 자신의 책임이라는 것이다. 이는 민법상의 법인실재설 및 프랑스책임법적 영향을 받은 것이라 할 수 있다. 국가배상책임은 기관(공무원)의 행위라는 형식을 통해 국가가 직접 부담하는 자기책임으로 민법 제35조의 법인의 불법행위책임에 상응하는 것이라고 한다.

ⅱ) 위험책임설적 자기책임설

공무원이 직무집행행위는 국민에게 손해를 야기할 위험성을 내포하고 있고 또한 그것은 행정기관의 지위에서 행해지는 것이므로 그로 인한 손해에 대한 책임은 공무원의 책임을 대신하여 지는 것이 아니고, 국가의 기관에 해당하는 공무원에 대한 일종의 위험부담으로서의 자기 책임을 지는 것으로 본다.

이 설에 의하면 적법·무과실의 경우도 국가배상책임을 인정하게 되어 고의·과실을 요건으로 하는 행정상 손해배상이론으로는 문제가 있다.

2) 논거

우리나라 법은 독일법과 같은 '공무원에 갈음하여(an Stelle des Beamten)'라는 규정이 없으며, 공무원의 책임은 행정기관의 지위에서 행하는 것으로 국가의 책임은 위법하게 행사될 가능성이 있는 공권력행정의 결과에 대해 지는 위험책임으로 보아야 하고, 국가무책임원칙에서 국가책임원칙으로 변화하는 역사적 흐름으로 보아 자기책임은 당연한 것이며, 대위책임설을 취하는 경우에도 국가책임의 성립요건을 확대해석하여 과실주의를 탈피하게 되면 권리구제라는 측면에서 자기책임설과 별 차이가 없다고 한다.

(2) 代位責任說

종래 국가무책임사상에 근거하여 국가자신의 책임은 아니고 원래 공무원 책임을 국

---

65) 강구철, 668쪽 ; 류지태, 392쪽 ; 석종현, 627~628쪽 ; 한견우, 600쪽.

가 또는 지방자치단체가 대신하여 지는 책임이라고 해석한다.[66]

1) 의의

공무원의 위법한 직무행위로 인한 책임은 원래 가해 공무원 개인이 부담해야 하지만, 피해자의 보호 등을 위해 국가 등이 이를 대신하여 지는 책임으로 본다. 이것은 가해 공무원에 대한 선임·감독의 주의의무를 태만히 하지 않은 경우에도 그 책임을 면할 수 없다는 점에서 선임·감독자의 책임으로 이해되고 있는 민법 제756조의 사용자책임과는 구별된다. 국가배상법 제2조의 과실은 공무원 개인에 관해 판단되는 주관적 관념으로 해석하므로 위법·무과실의 경우는 배상책임이 부인된다는 문제점이 있다. 따라서 이 입장에서는 공무원 개인의 책임은 국가 또는 지방자치단체의 자기책임으로 되어 버리므로 피해자는 양쪽에 선택적 청구를 할 수 없고 국가 또는 지방자치단체에 대해서만 청구가 가능하다고 본다.

2) 논거

공무원의 위법행위는 국가 등 기관의 행위로서 품격을 가지지 아니하므로 그 행위효과 역시 국가 등에 귀속되지 아니하나, 공무원 개인은 충분한 배상자력이 없으므로 피해자 구제의 견지에서 자력있는 국가 등이 배상책임을 진다는 것이다. 국가배상법 제2조가 공무원의 고의·과실을 배상책임의 성립요건으로 규정한 것이지 국가의 고의·과실을 성립요건으로 한 것은 아니며, 공무원은 국가 등의 대리인이므로 수권에 위반한 대리인의 행위가 수권자인 국가의 행위로 될 수 없어 국가 등이 배상을 한 경우는 구상권을 행사할 수 있다는 것이다. 우리나라법상 고의·중과실에 대해서만 구상권을 행사할 수 있도록 한 것은 공무원의 직무의욕의 저하와 사무정체를 방지하기 위한 입법·정책적 고려에 의한 것으로 본다.

(3) 中間說

고의 또는 중과실[67]에 의한 공무원의 불법행위는 기관행위로 볼 수 없으므로 그에 대한 손해배상책임은 대위책임이나 경과실[68]에 의한 경우에는 기관행위로 볼 수 있으므로 그에 대한 손해배상책임은 자기책임이라는 견해이다.[69]

따라서 이 입장에서는 자기책임으로 보는 경우에는 선택적 청구가 가능하고, 대위책임으로 보는 경우에는 선택적 청구를 할 수 없다고 보게 될 것이다.

---

66) 박윤흔, 699~700쪽 ; 변재옥, 509쪽 ; 홍정선, 547쪽.
67) 직무수행행위 흠결의 정도가 중대하거나 사적 이익의 추구 등에 기인한 때.
68) 직무수행행위 흠결이 통상 예견할 수 있는 때.
69) 윤세창 외, 434~435쪽.

⑷ 折衷說

공무원의 행위는 국가 또는 지방자치단체 기관으로서의 행위로 경과실의 경우는 국가 또는 지방자치단체의 배상책임은 자기책임이나, 고의·중과실의 경우에는 기관의 행위로 볼 수 없어 원칙적으로 공무원 개인의 책임이나 당해 행위가 직무행위로서 외형을 갖추고 있는 한 피해자 구제를 위하여 피해자와의 관계에서는 국가 또는 지방자치단체가 일종의 자기책임을 지는 것이라고 한다.[70]

2. 평가

대위책임설은 국가면책특권사상을 배경으로 한 것으로서 오늘날 민주적 법치국가 아래에서 타당하지 않으며, 공무원의 경과실까지 그 배상책임을 공무원에게 귀속시키는 것은 부당하다고 하겠고, 한편 자기책임설은 공무원의 고의·중과실에 기한 공무원의 행위를 기관행위로 보는 점에서 실질을 결한 이론이라 할 것이므로 중간설이 타당하다.

쟁점 **[국가배상책임의 성질]**

구분	국가책임의 성질	고의·과실의 주체	공무원의 개인책임	선택적 청구권 (외부책임)	구상권 (내부책임)
대위책임설	피해자 구제를 위해 공무원의 책임을 국가가 대신 부담	공무원	부정	부정	긍정
자기책임설	국가기관의 행위에 대한 국가의 자기책임	국가	긍정	긍정	부정
중간설	고의·중과실의 경우 → 대위책임	공무원	부정 (이견있음[71])	부정 (이견있음)	긍정
	경과실의 경우 → 자기책임	국가			부정
절충설[72]	고의·중과실의 경우 → 대위책임과 자기책임의 중첩(양면성)	공무원	긍정	긍정	긍정
	경과실의 경우 → 자기책임	국가	부정	부정	부정

---

70) 김동희, 508~509쪽.
71) 대법원 1996. 2. 15. 선고 95다38677 전원합의체 판결 - 고의·중과실의 경우 공무원 개인책임 인정.
72) 김동희 교수 견해로 신자기책임설이라고도 한다.

Ⅲ. 공무원 개인의 배상책임 인정여부와 선택적 청구권의 문제

1. 공무원 개인의 배상책임 인정여부

(1) 공무원 개인책임의 법적 근거

공무원 개인책임의 법적 근거는 헌법 제29조 제1항과 국가배상법에서 찾을 수 있다. 한편, 헌법 제29조 제1항 단서의 해석과 관련하여 대법원 1996. 2. 15. 선고 95다38677 전원합의체 판결에서 다수의견은 헌법 제29조 제1항 단서규정은 공무원 개인책임의 구체적이고 직접적인 법적근거가 될 수 없다고 하고, 별개의견은 헌법조항 단서는 공무원의 경과실을 포함하여 일체의 과실의 경우에 공무원의 배상책임을 구체적으로 인정한 것이라고 하며, 반대의견은 헌법조항 단서는 직무상 불법행위를 한 공무원의 국가 또는 공공단체에 대한 내부적 책임 등이 면제되지 아니한다는 취지를 규정한 것에 불과하다고 한다.

그러면서 공무원 개인책임의 실정법상의 근거로 다수의견은 국가배상법을 들고, 별개의견은 민법을 거론하고 있으며, 반대의견은 헌법 제29조 제1항과 국가배상법 제2조 제1항의 입법취지에서 공무원의 개인책임의 면책근거를 찾고 있다.

(2) 국가배상책임의 성질과 공무원 개인책임과의 관계

위 판례에서 다수의견은 중간설의 입장에서 공무원의 고의·중과실이 있는 경우에만 공무원의 개인책임을 인정하고, 별개의견은 자기책임설의 입장에서 경과실의 경우에도 공무원의 개인적 배상책임을 절대적으로 인정하며, 반대의견은 대위책임설의 입장에서 대외적인 손해배상책임이 아닌 내부적인 구상권이나 징계책임이 면책되지는 않는다고 본다.

위 다수의견은 공무원의 책임의식의 확보와 안정된 공무수행을 조화시킬 필요가 있다는 입장에서 공무원의 개인책임을 공무원이 고의 또는 중과실을 범한 경우에 한정하여 인정하는 것이 타당하다고 하여 공무원의 개인책임을 입법·정책적으로 고려하고 있다.

□ 대법원 1997. 2. 11. 선고 95다5110 판결
헌법 제29조 제1항 본문과 단서 및 국가배상법 제2조를 그 입법취지에 조화되도록 해석하면 공무원이 직무 수행 중 불법행위로 타인에게 손해를 입힌 경우에 국가나 지방자치단체가 국가배상책임을 부담하는 외에 공무원 개인도 고의 또는 중과실이 있는 경우에는 불법행위로 인한 손해배상책임을 지고, 공무원에게 경과실뿐인 경우에만 공무원 개인은 손해배상책임을 부담하지 아니한다고 할 것이다(대법원 1996. 2. 15. 선고 95다38677 전원합의체 판결 참조).

□ 대법원 1996. 3. 8. 선고 94다23876 판결

우리 헌법 제29조 제1항 본문은 공무원이 직무수행 중 불법행위로 타인에게 손해를 입힌 경우에 국가 등이 국가배상책임을 부담함을 규정하면서 단서로 "이 경우 공무원 자신의 책임은 면제되지 아니한다."라고 규정하여 공무원 개인도 민사상 책임을 부담함을 분명히 선언하되 그 책임의 내용과 범위에 관하여는 헌법에 더 이상 규정하지 아니하고 있고, 이를 직접 명시적으로 규정한 법률도 없으나, 헌법 제29조 제1항 및 국가배상법 제2조를 그 각 입법취지에 비추어 합리적으로 해석하면 공무원이 공무집행상의 위법행위로 인하여 타인에게 손해를 입힌 경우에는 공무원에게 고의 또는 중과실이 있는 때에는 공무원 개인도 불법행위로 인한 손해배상책임을 진다고 할 것이지만 공무원에게 경과실뿐인 때에는 공무원 개인은 손해배상책임을 부담하지 아니한다고 할 것이다.

2. 선택적 청구의 문제(외부적 책임 문제)

종래 선택적 청구의 문제를 국가배상책임의 성질론에 근거하여 논의하였다. 그러나 자기책임설은 연혁적으로 공무원 개인에게 책임을 묻지 않고 국가에게 직접 묻겠다는 취지에서 주장된 이론이기에 자기책임설의 입장에서 선택적 청구를 인정한다는 식의 논의는 모순이라는 지적을 하면서 선택적 청구의 문제는 배상책임의 성질론과 직접적인 관계가 없다는 견해73)가 최근 유력하게 제기되고 있다.

(1) 학설

피해자가 국가와 가해공무원에 대하여 선택적으로 배상청구를 할 수 있는지에 대하여 아래와 같이 견해가 대립된다.

1) 肯定說(選擇的請求權說)

자기책임설의 입장에서 국가배상책임은 국가 또는 지방자치단체의 자기책임인 것이며, 이는 행위자인 공무원 개인의 책임과는 관계가 없기 때문에 피해자는 그의 선택에 따라 국가 또는 지방자치단체나 공무원 개인에게 배상을 청구할 수 있다고 한다.74)

그 논거로는 ⅰ) 피해구제의 신속·확실성(다만 경과실 경우 부당하면 공무원 개인이 배상시 국가가 보상해주는 제도 등으로 해결할 입법·정책적 문제임), ⅱ) 국가배상제도의 행정통제기능(국가배상법 제2조 제2항은 내부적 구상책임규정임), ⅲ) 헌법 제29조 제1항 본문에 의해 보장된 국민의 손해배상청구권을 법률의 근거 없이 위법한 공무수행을 보호하기 위해 침해하는 것은 헌법 제37조 제2항 위반이라는 점, ⅳ) 헌

---

73) 강구철, 670쪽 ; 한견우, 618쪽.
74) 류지태, 394쪽.

법 제29조 제1항 단서에서 공무원 자신의 책임은 면제되지 않는다고 규정하고 있어 공무원의 책임을 부인하면 그 책임의식이 박약하게 될 우려가 있으며, 공무원 개인 책임을 인정함으로써 국가권력의 남용에 대한 통제효과가 있다는 점 등이 제시되고 있다.

2) 否定說(對國家的請求權說)

대위책임설의 입장에서 국가배상책임은 국가 또는 지방자치단체가 공무원을 대신하여 지는 것이기 때문에 피해자는 국가 또는 지방자치단체에 대해서만 배상을 청구할 수 있고 가해자인 공무원에게 직접 배상청구를 할 수 없다고 한다.[75] 이에 의하면 공무원은 국가 등에 의한 구상의 형태로만 책임을 질 뿐 직접 피해자에 대하여 책임을 지지 않게 된다.

그 근거로 ⅰ) 국가의 충분한 배상자력, ⅱ) 공무원의 직무의욕 고취(국가배상법 제2조 제2항의 고의·중과실 한정은 공무원의 직무의욕저하, 사무정체방지를 위한 입법정책적 고려), ⅲ) 행정작용의 복잡성, 다단계성, 익명성으로 과실을 범한 공무원 특정이 곤란한 점, ⅳ) 공무원 개인책임 추궁은 개인책임재산 부족으로 권리구제에 비현실적이라는 점, ⅴ) 국가배상의 주된 기능은 손해전보기능이며 위법억제기능은 징계책임, 구상권행사로 충분히 담보가능하다는 점, ⅵ) 헌법 제29조 제1항 단서의 면제되지 아니하는 공무원 개인의 책임은 헌법 제29조 제1항의 구체화인 국가배상법 제2조 제2항의 공무원 고의·중과실 경우 국가에 대한 구상책임, 징계책임, 형사책임을 의미한다는 점 등이 제시되고 있다.

3) 折衷說(制限的肯定說)

공무원의 행위는 국가 또는 지방자치단체의 기관으로서 국가 또는 지방자치단체의 행위이므로 경과실의 경우에는 당연히 국가 또는 지방자치단체만 책임을 지게 되고, 중과실에 의한 경우 원칙적으로 국가 또는 지방자치단체의 기관의 행위로서 품격을 상실하여 국가 또는 지방자치단체가 책임을 지지 않고 공무원 개인이 책임을 지게 되나 외형상 객관적으로 직무행위로 인정되는 경우 피해자를 보호하기 위해 국가 또는 지방자치단체가 책임을 부담하게 되어 개인과 중첩적 책임이 인정된다는 입장으로 피해자는 선택적으로 배상을 청구할 수 있다고 한다.

그 근거로 ⅰ) 고의 또는 중과실에 의해 타인에게 손해를 가한 경우까지도 피해자로부터의 면책을 인정하는 것은 필요 이상으로 공무원을 보호하고, 피해자의 권리를 박탈하는 결과가 된다는 점, ⅱ) 국가배상법 제2조 제2항이 구상권의 범위를 공무원의 고의 또는 중과실이 있는 경우로 한정하고 있는 취지로 보아 적어도 경과실의 경우에는 면책되어야 한다는 점, ⅲ) 당해 공무원의 행위에 경과실의 흠이 있는 경우에도 그

---

75) 김남진, 587쪽 ; 박윤흔, 721쪽 ; 변재옥, 507~508쪽 ; 석종현, 629쪽 ; 한견우, 618~619쪽.

것은 공무집행상 통상 예견될 수 있는 것으로 기관행위로 인정되고, 적법·무과실의 행위와 같이 자연인인 공무원 개인의 행위라는 측면은 남아 있지 아니하므로 경과실의 경우 공무원 개인에 대한 청구는 부당하다는 점 등이 거론되고 있다.

(2) 판례

우리 대법원의 판례는 종래 선택적 청구권을 긍정하는 입장76)이었으나 이를 부정한 판례77)도 있었다.

그러나 대법원이 1996. 2. 15. 선고한 95다38677 전원합의체 판결에서 종전의 판례를 변경하여 공무원의 경과실에 대해서만 대국가적 청구를 인정하고, 공무원의 고의·중과실에 대해서는 공무원 개인의 손해배상책임을 인정하고 있다. 즉 국가 등이 국가배상책임을 부담하는 외에 공무원 개인도 고의 또는 중과실이 있는 경우에는 피해자에 대하여 그로 인한 손해배상 책임을 직접부담하고, 가해 공무원 개인에게 경과실만 인정되는 경우에는 공무원 개인은 손해배상책임을 직접부담하지 아니한다고 한다.

쟁점 **[대법원 1996. 2. 15. 선고한 95다38677 전원합의체 판결 쟁점정리]**

쟁점	다수의견	별개의견	반대의견
헌법 제29조 제1항 단서의 취지	우리 헌법 제29조 제1항은" 공무원의 직무상 불법행위로 손해를 받은 국민은 법률이 정하는 바에 의하여 국가 또는 공공단체에 정당한 배상을 청구할 수 있다. 이 경우 공무원 자신의 책임은 면제되지 아니한다."고 규정하고 있는바, 위 단서 규정은 공무원의 직무상 불법행위로 인하여 타인에게 손해를 입힌 경우에 국가 또는 공공단체(이하 '국가 등'이라 한다)가 부담하는 국가배상책임과 공무원 개인의 불법행위 책임은 별개라는 전제하에 국가	다수의견이 우리 헌법 제29조 제1항의 단서규정은 직무상 불법행위를 한 공무원 개인의 책임이 면제되지 아니함을 명백히 한 것이라고 전제한 다음 그 면제되지 아니하는 공무원의 개인책임에는 민사상, 형사상 책임이나 징계책임 등 모든 법률상의 책임이 포함된다고 할 것이고 특별히 민사상의 불법행위 책임이 제외되어야 할 아무런 근거가 없다고 풀이한 데 대하여는 전적으로 동의한다. 위 헌법조항의 단서가 공무원 개인의 구체적 손해배상	헌법 제29조 제1항 단서의 규정은 직무상 불법행위를 한 공무원 개인의 손해배상책임이 면제되지 아니한다는 것을 규정한 것으로 볼 수는 없고, 이는 다만 직무상 불법행위를 한 공무원의 국가 또는 공공단체에 대한 내부적 책임 등이 면제되지 아니한다는 취지를 규정한 것으로 보아야 한다.

---

76) 대법원 1972. 10. 10. 선고 69다701 판결(공무원의 직무상 불법행위로 손해를 받은 국민은 공무원 자신에 대하여도 직접 그의 불법행위를 이유로 민사상의 손해배상을 청구할 수 있다.).

77) 대법원 1994. 4. 12. 선고 93다11807 판결(공무원의 직무상 불법행위로 인하여 손해를 받은 사람은 국가 또는 공공단체를 상대로 손해배상을 청구할 수 있고, 이 경우에 공무원에게 고의 또는 중대한 과실이 있는 때에는 국가 또는 공공단체는 그 공무원에게 구상할 수 있을 뿐, 피해자가 공무원 개인을 상대로 손해배상을 청구할 수 없다.).

등이 국가배상책임을 지는 경우에도 이를 이유로 불법행위를 한 공무원 개인의 책임이 면제되지 아니함을 명백히 한 것이라고 할 것이다.

그리고 위에서의 면제되지 아니하는 공무원 개인의 책임에는 민사상, 형사상의 책임이나 국가 등의 기관 내부에서의 징계책임 등 모든 법률상의 책임이 포함된다고 할 것이고 여기에서 특별히 민사상의 불법행위 책임이 당연히 제외된다고 보아야 할 아무런 근거가 없다고 할 것이다.

이와 같이 헌법 제29조 제1항 단서는 공무원이 한 직무상 불법행위로 인하여 국가 등이 배상책임을 진다고 할지라도 그 때문에 공무원 자신의 민·형사책임이나 징계책임이 면제되지 아니한다는 원칙을 규정한 것이나 그 조항 자체로 공무원 개인의 구체적인 손해배상책임의 범위까지 규정한 것으로 보기는 어렵다.

책임의 범위까지 규정한 것으로 보기 어렵다고 하는 다수의견의 견해에 의문이 있다. 헌법 제29조 제1항 단서의 공무원 개인책임은 그 본문과 연관하여 보면 이는 직무상 불법행위를 한 그 공무원 개인의 불법행위 책임임이 분명하며, 여기에서 말하는 불법행위의 개념은 법적인 일반개념으로서, 그것은 고의 또는 과실로 인한 위법행위로 타인에게 손해를 가한 것을 의미하고, 이 때의 과실은 중과실과 경과실을 구별하지 않는다는 일반론에 의문을 제기할 여지가 없어 보인다.

| 국가배상법 제2조 제1항 본문 및 제2항의 입법취지 | 국가배상법 제2조 제1항 본문 및 제2항의 입법 취지는 공무원의 직무상 위법행위로 타인에게 손해를 끼친 경우에는 변제자력이 충분한 국가 등에게 선임감독상 과실 여부에 불구하고 손해배상책임을 부담시켜 국민의 재산권을 보장하되, 공무원이 직무를 수행함에 있어 경과실로 타인에게 손해를 입힌 경우에는 그 직무수행상 통상 예기할 수 있는 흠이 있는 것에 불과하므로, 이러한 공무원의 행위는 여전히 국가 | 국가배상법 제2조 제2항의 입법취지가 공무원의 직무집행의 안정성 내지 효율성의 확보에 있음은 의문이 없는 바이나, 위 법 조항은 어디까지나 국가 등과 공무원 사이의 대내적 구상관계만을 규정함으로써, 즉 경과실의 경우에는 공무원에 대한 구상책임을 면제하는 것만으로써 공무집행의 안정성을 확보하려는 것이고, 대외적 관계 즉 피해자(국민)와 불법행위자(공무원) 본인 사이의 책임관계를 규율하는 취지로 볼 수 | 헌법 제29조 제1항 및 국가배상법 제2조 제1항의 규정이 공무원의 직무상 불법행위에 대하여 자기의 행위에 대한 책임에서와 같이 국가 또는 공공단체의 무조건적인 배상책임을 규정한 것은, 오로지 변제자력이 충분한 국가 또는 공공단체로 하여금 배상하게 함으로써 피해자 구제에 만전을 기한다는 것에 그치는 것이 아니라, 더 나아가 국민 전체에 대한 봉사자인 공무원들로 하여금 보다 적극적이고 능동적으로 |

구분			
	등의 기관의 행위로 보아 그로 인하여 발생한 손해에 대한 배상책임도 전적으로 국가 등에만 귀속시키고 공무원 개인에게는 그로 인한 책임을 부담시키지 아니하여 공무원의 공무집행의 안정성을 확보하고, 반면에 공무원의 위법행위가 고의·중과실에 기한 경우에는 비록 그 행위가 그의 직무와 관련된 것이라고 하더라도 그와 같은 행위는 그 본질에 있어서 기관행위로서의 품격을 상실하여 국가 등에게 그 책임을 귀속시킬 수 없으므로 공무원 개인에게 불법행위로 인한 손해배상책임을 부담시키되, 다만 이러한 경우에도 그 행위의 외관을 객관적으로 관찰하여 공무원의 직무집행으로 보여질 때에는 피해자인 국민을 두텁게 보호하기 위하여 국가 등이 공무원 개인과 중첩적으로 배상책임을 부담하되 국가 등이 배상책임을 지는 경우에는 공무원 개인에게 구상할 수 있도록 함으로써 궁극적으로 그 책임이 공무원 개인에게 귀속되도록 하려는 것이라고 봄이 합당하다.	는 없다. 그것은 국가배상법의 목적이 그 제1조가 밝히고 있는 바와 같이 국가 등의 손해배상책임과 그 배상절차 즉 국가 등과 피해자인 국민 간의 관계를 규정함에 있고 가해자인 공무원과 피해자인 국민 간의 관계를 규정함에 있는 것이 아닌 점에 비추어 보아도 명백하다.	공무를 수행하게 하기 위하여 공무원 개인의 배상책임을 면제한다는 것에 초점이 있는 것으로 보아야 한다.
공무원 개인의 손해배 상책임 유무	공무원이 직무수행 중 불법행위로 타인에게 손해를 입힌 경우에 국가 등이 국가배상책임을 부담하는 외에 공무원 개인도 고의 또는 중과실이 있는 경우에는 불법행위로 인한 손해배상책임을 진다고 할 것이지만, 공무원에게 경과실뿐인 경우에는 공무원 개인은 손해배상책임을 부담하지 아니한다고 해	아무리 공무집행의 안정성이 공공의 이익에 속한다고 하더라도 그것은 어디까지나 공무집행이 적법하여야만 공공의 이익으로 되는 것이고 위법한 공무집행의 안정성이 공공의 이익에 부합될 수 없으며, 위법한 공무집행으로 손해를 입은 피해자에게 그 손해를 감수하라고 하는 것은 명분이 서지 않는다. 반대	1) 공무원이 직무상 불법행위를 한 경우에 국가 또는 공공단체만이 피해자에 대하여 국가배상법에 의한 손해배상책임을 부담할 뿐, 공무원 개인은 고의 또는 중과실이 있는 경우에도 피해자에 대하여 손해배상책임을 부담하지 않는 것으로 보아야 한다. 2) 주권을 가진 국민 전체에 대한 봉사자로서 공공이익을

석하는 것이 헌법 제29조 제1항 본문과 단서 및 국가배상법 제2조의 입법취지에 조화되는 올바른 해석이다.(=제한적 긍정설)

공무원의 직무상 위법행위가 경과실에 의한 경우에는 국가배상책임만 인정하고 공무원 개인의 손해배상책임을 인정하지 아니하는 것이 피해자인 국민의 입장에서 보면 헌법 제23조가 보장하고 있는 재산권에 대한 제한이 될 것이지만, 이는 공무수행의 안정성이란 공공의 이익을 위한 것이라는 점과 공무원 개인책임이 인정되지 아니하더라도 충분한 자력이 있는 국가에 의한 배상책임이 인정되고 국가배상책임의 인정 요건도 민법상 사용자책임에 비하여 완화하고 있는 점 등에 비추어 볼 때, 헌법 제37조 제2항이 허용하는 기본권 제한 범위에 속하는 것이라고 할 것이다.

로 위법행위의 억제 기능이 느슨해져서 국가의 재정 부담이 증가하면 그것이 공공의 이익에 반하는 결과가 될 것이다. 뿐만 아니라 공공복리를 위하여 필요한 경우에도 국민의 기본권 제한은 반드시 법률로써 하여야 할 것인데, 그러한 법률로써 하여야 할 것인데, 그러한 법률이 없는데도 해석으로 이를 제한하는 것은 경계할 일이다.

공무원의 직무상 경과실로 인한 불법행위의 경우에도 공무원 개인의 피해자에 대한 손해배상책임은 면제되지 아니한다고 해석하는 것이, 우리 헌법의 관계 규정의 연혁에 비추어 그 명문에 충실한 것일 뿐만 아니라 헌법의 기본권보장 정신과 법치주의의 이념에도 부응하는 해석이다.

위하여 성실히 근무해야 할 공무원이 공무수행 중 국민에게 손해를 가한 경우, 국민의 봉사자인 공무원이 봉사 대상이 되는 피해자인 국민과 직접 소송으로 그 시비와 손해액을 가리도록 그 갈등관계를 방치하는 것보다는 국가가 나서서 공무원을 대위하여 그 손해배상책임을 지고, 국가가 다시 내부적으로 공무원의 직무상 의무의 불이행 내용에 따라 고의·중과실이 있는 경우에만 구상의 형태로 그 책임을 물어 공무원의 국민과 국가에 대한 성실의무와 직무상 의무의 이행을 제도적으로 확보하겠다는 것이, 헌법 제29조 제1항 단서와 국가배상법 제2조 제2항의 취지라고 해석함이 이를 가장 조화롭게 이해하는 길이 될 것이다.

(3) 평가

위 판결의 다수의견은 절충설적 태도를 취하면서 고의·중과실의 경우에만 선택적 청구가 가능하다는 것이고, 별개의견은 자기책임설에 입각하여 경과실의 경우에도 선택적 청구를 인정하며, 반대의견은 대위책임설에 입각하여 고의·중과실의 경우에도 선택적 청구는 불가하다는 것이다.

자기책임설이 등장하게 된 역사적 배경 내지 취지가 공무원 개인에게는 손해배상책임을 묻지 않고 국가 또는 지방자치단체에게 직접 묻겠다는 점에 있다고 할 것이어서 대위책임설은 선택적 청구를 인정하고, 자기책임설은 선택적 청구를 부정하게 되는 것이 오히려 논리적 일관성이 있다고 하겠다.

Ⅳ. 구상문제(내부적 책임문제)

1. 공무원에 대한 구상

(1) 규정내용

국가배상법에 "공무원에게 고의 또는 중대한 과실이 있으면 국가나 지방자치단체는 그 공무원에게 구상(求償)할 수 있다."(제2조 제②항) 고 규정되어 있으므로 공무원은 고의 또는 중과실이 있는 경우에 한하여 국가 등에 대하여 책임을 진다. 이 경우 국가 등의 구상의무는 성립하지 않으며(구상권 행사의 재량행위적 성격) 구상권 행사는 신의칙상 상당하다고 인정되는 한도 내에서만 당해공무원에게 할 수 있다. 경과실의 경우에는 구상할 수 없는 바, 이는 공무원에게 가혹함은 물론 집무의욕의 저하와 사무정체를 방지하기 위한 입법·정책적 견지에서 비롯한 것이다.

(2) 구상권의 법적 성격(배상책임의 성질과의 관계)

국가배상법 제2조 제2항은 공무원의 과실이 중과실인 경우에 국가의 공무원에 대한 구상권을 인정하고 있다. 이에 구상권의 법적성격이 불당이득반환청구권인가 아니면 공무원의 국가에 대한 직무의무위반에 대한 채무불이행책임인가 하는 점에 관하여 논의의 여지가 있다. 국가배상책임의 성질을 어떻게 보는가에 따라 구상권의 법적성격이 달라진다는 것이 학설의 일반적 견해이다.78)

1) 부당이득반환청구권으로 보는 견해

대위책임설에 의하면 국가의 본래의 배상책임자인 당해 공무원에 대한 구상권은 논리상 당연하며 그 법적성격은 일종의 부당이득반환청구권이라고 한다. 논리적으로는 공무원의 경과실의 경우에도 국가의 공무원에 대한 구상권이 인정되어야 하겠지만 경과실의 경우에 면책을 규정한 것은 공무원의 직무의욕의 저하와 사무정체를 방지하기 위한 입법정책적 고려라고 본다.

중간설(절충설)에 의하면 경과실의 경우 공무원의 행위는 국가기관행위의 성격을 갖고 그 행위의 효과는 전적으로 국가에 귀속되는 것이므로 피해자인 국민에 대하여 국가만이 책임을 지고 공무원은 개인적으로 책임이 없다고 본다. 그러나 고의·중과실의 경우에는 공무원의 행위는 기관행위로 볼 수 없으므로 공무원이 피해자에 대하여 책임을 져야 하지만 피해자구제의 견지에서 국가가 대신 책임을 진 것이므로 이 경우에는 국가의 공무원에 대한 구상권이 당연히 인정되고 그 구상권의 법적성격은 부당이득반환청구권이라고 본다.

2) 채무불이행책임으로 보는 견해

---

78) 영조물의 하자로 인하여 국가 또는 지방자치단체가 배상한 경우에 그 하자가 공무원의 고의 또는 중과실에 의하여 발생한 경우에 국가 또는 지방자치단체의 공무원에 대한 구상권은 공무원의 채무불이행에 근거한 손해배상청구권이라고 본다(박윤흔, 712쪽).

자기책임설에 의하는 경우에도 궁색하지만 공무원은 국가에 대하여 직무상 성실의무를 지며 이 성실의무를 위반한 공무원은 국가에 대해 징계책임 내지는 손해배상책임을 지는데, 구상권은 바로 이 성실의무를 위반한 공무원에 대한 제재적 성격을 가지는 것이라고 설명한다. 구상권은 직무의무 위반에 대한 채무불이행책임 즉, 행정내부적 변상책임으로서 채무불이행에 근거한 손해배상청구권에 유사한 것으로 본다. 자기책임설에 의하더라도 이론적으로는 경과실의 경우에도 국가의 공무원에 대한 구상권은 인정되어야 하겠지만, 중과실에 한하여 구상권을 인정한 것은 대위책임설에서와 같은 입법정책적 고려에 의한 것이라고 한다.[79]

한편 판례(대법원 2008. 3. 27. 선고 2006다70929, 70936 판결)는 기본적으로 손해의 발생에 기여한 정도에 따라 국가와 공무원 사이의 손해의 공평부담, 공무원에 대한 징계적 성격에서 구상권의 법적 성격을 파악하고 있다.

(3) 구상권행사의 요건

1) 공무원의 고의 또는 중과실

□ 대법원 2003. 2. 11. 선고 2002다65929 판결
[공무원에 대한 구상권 발생요건으로서의 '중과실'의 의미]
　국가배상법 제2조 제2항에 의하면, 공무원의 직무상의 위법행위로 인하여 국가 또는 지방자치단체의 손해배상책임이 인정된 경우 그 위법행위가 고의 또는 중대한 과실에 기한 경우에는 국가 또는 지방자치단체는 당해 공무원에 대하여 구상할 수 있다 할 것이나, 이 경우 공무원의 중과실이라 함은 공무원에게 통상 요구되는 정도의 상당한 주의를 하지 않더라도 약간의 주의를 한다면 손쉽게 위법·유해한 결과를 예견할 수 있는 경우임에도 만연히 이를 간과함과 같은 거의 고의에 가까운 현저한 주의를 결여한 상태를 의미한다 할 것이다(대법원 1996. 8. 23. 선고 96다19833 판결 참조).

2) 배상금의 현실적 지급유무

국가배상법 시행령 제25조 제1항은 "행정기관의 장은 소속공무원의 가해행위 또는 영조물의 설치·관리의 하자로 인하여 국가 또는 지방자치단체가 배상금을 지급한 때에는 법 제2조제2항, 법 제5조 제2항 또는 법 제6조 제2항의 규정에 의하여 구상권 행사를 위한 조치를 할 수 있다."고 규정하여 구상권을 행사하려면 국가 등이 현실적으로 배상금을 지급하여야 한다.

---

79) 서원우, 687, 701쪽.

(4) 공무원의 배상범위

1) 구상권의 범위

공무원이 국가에 대하여 또는 국가가 공무원에 대하여 구상권을 행사하는 경우 그 구상이 전액구상을 의미하는지, 행위자의 배상책임에 대한 기여, 즉 책임부담부분에 상응하는 범위 내에서의 구상을 의미하는지가 문제인데, 자신의 부담부분을 넘는 부분에 관하여 국가로부터 또는 공무원 개인으로부터 구상할 수 있다고 새김이 구상권제도의 취지에 맞을 것이다.

> □ 대법원 1991. 5. 10. 선고 91다6764 판결
> [공무원에 대한 구상권 행사의 범위]
> 국가 또는 지방자치단체의 산하 공무원이 그 직무를 집행함에 당하여 중대한 과실로 인하여 법령에 위반하여 타인에게 손해를 가함으로써 국가 또는 지방자치단체가 손해배상책임을 부담하고, 그 결과로 손해를 입게 된 경우에는 국가 등은 당해공무원의 직무내용, 당해 불법행위의 상황, 손해발생에 대한 당해 공무원의 기여정도, 당해 공무원의 평소 근무태도, 불법행위의 예방이나 손실분산에 관한 국가 또는 지방자치단체의 배려의 정도 등 제반사정을 참작하여 손해의 공평한 분담이라는 견지에서 신의칙상 상당하다고 인정되는 한도 내에서만 당해 공무원에 대하여 구상권을 행사할 수 있다고 봄이 상당하다 할 것이다.
>
> □ 대법원 2008. 3. 27. 선고 2006다70929,70936 판결
> 국가배상법 제2조 제2항에 의하여 국가 또는 지방자치단체가 산하 공무원에 대하여 구상권을 행사하는 경우 국가 등은 당해 공무원의 직무내용, 당해 불법행위의 상황, 손해발생에 대한 당해 공무원의 기여 정도, 당해 공무원의 평소 근무태도, 불법행위의 예방이나 손실분산에 관한 국가 또는 지방자치단체의 배려의 정도 등 제반 사정을 참작하여 손해의 공평한 분담이라는 견지에서 신의칙상 상당하다고 인정되는 한도 내에서만 당해 공무원에 대하여 구상권을 행사할 수 있다고 봄이 상당하다.

2) 공동불법행위자 사이의 연대책임의 문제

공무원이 제3자가 공동불법행위로 피해자에게 손해를 가하여 그 손해배상채무를 부담하는 경우에 당해 공무원과 제3자는 공동불법행위자로서 서로 부진정연대관계에 있고, 한편 국가 또는 지방자치단체의 손해배상책임은 공무원의 배상책임에 대한 대체적 책임이어서 국가 등도 제3자와 부진정연대관계에 있다고 보아야 할 것이다. 따라서 국가 등이 공무원과 제3자의 책임비율에 의하여 정해진 당해 공무원의 부담부분을 초과하여 피해자에게 손해를 배상한 경우에는 국가 등은 제3자에 대하여도 구상권을

행사할 수 있으며, 그 구상의 범위는 제3자의 부담부분에 국한된다고 보는 것이 타당하다.80)

□ 대법원 1982. 1. 19. 선고 80다3075 판결
[지방자치단체가 소속 공무원을 위하여 변제한 경우 공동면책된 다른 부진정연대채무자에게 구상할 금액]
부산시 소속 공무원 갑이 을과 소외인 명의의 인감을 위조·행사하는 등의 직무상 불법행위에 의하여 소외인 소유 부동산을 병에게 매도하여 소유권이전등기를 마치고, 병은 소외 은행에 대한 차용금 채무 담보로 근저당권을 설정하고, 소외 은행이 임의경매를 신청하여 이를 경락받아 대출금채권과 경락대금지급채무와를 대등액에서 상계하였으나, 위 소외인의 소구에 따라 위 소유권이전등기 등 일련의 등기의 무효임이 확정되고, 부산시가 국가배상법에 따라 소외 은행의 손해를 배상한 사안에 있어서, 부산시가 소외 은행에 대하여 부진정연대채무자인 갑을 위하여 변제하였으므로 공동면책된 다른 연대채무자인 을에 대하여는 면책범위 내에서 책임부담부분 비율에 한하여 구상권을 행사할 수 있다.

(3) 피해자에게 손해를 배상한 가해공무원의 국가에 대한 역구상 여부

고의, 중대한 과실에 의한 직무상 불법행위로 인하여 피해자에게 손해를 배상한 공무원의 경우 책임의 궁극적인 주체는 가해공무원이므로 가해공무원은 국가 또는 공공단체 대하여 구상할 수는 없을 것이다. 다만, 경과실에 의한 위법한 직무집행으로 인하여 피해자에게 손해를 배상해 준 가해공무원의 경우 국가에 대하여 구상할 수 있을 것인가는 논란의 여지는 있으나 판례에 의하면 경과실의 경우 손해배상책임의 주체는 국가 또는 공공단체이므로 부당이득 또는 사무관리의 법리에 따라 국가 또는 공공단체에 구상할 수도 있겠다.81)

2. 공무원의 선임·감독자와 비용부담자가 다른 경우의 구상

양쪽 모두가 피해자에게 배상책임을 지며, 어느 한쪽이 배상을 한 때에는 내부관계에서 그 손해를 배상할 책임이 있는 자에게 구상할 수 있다(국가배상법 제6조). 여기서 '내부관계에서 손해를 배상할 책임 있는 자'는 공무원의 선임·감독자를 의미한다.

3. 공동불법행위자인 민간인이 손해배상을 한 경우 국가에 대한 구상여부

---

80) 대법원 1992. 6. 23. 선고 91다33070 전원합의체 판결 참조.
81) 양형권, 공무원의 직무상 불법행위로 인한 개인책임의 인정여부 및 구상과 관련한 문제점, 재판실무연구(광주지방법원, 2002.), 113쪽.

일반국민이 직무수행중인 군인과 공동불법행위자로서 가담하여 직무집행중인 다른 군인에게 공상을 입힌 결과 그 피해자에게 공동불법행위로 인한 손해를 배상한 경우 공동불법행위자인 군인의 부담부분에 관하여 국가에 대하여 구상권을 행사할 수 있는지 여부와 관련하여, 국가배상법 제2조 제1항 단서에 해당하는 사건의 공동불법행위자로 된 민간인도 피해 군인 등에 대한 부진정연대채무자로서 그 손해 전부를 배상할 의무가 있기 때문에, 국가와 공동불법행위의 책임이 있는 자가 국가배상법 제2조 제1항의 단서에 의하여 이중배상이 되는 군인·군무원 등에게 그 배상채무를 이행하였음을 이유로 국가에 대하여 구상권을 행사하는 것은 허용되지 아니한다고 한 취지의 종전의 판결82)은 대법원 2001. 2. 15. 선고 96다42420 전원합의체 판결에 배치되는 범위 내에서 변경되었다. 즉, 헌법재판소가 일반국민이 군인과 공동불법행위로 다른 군인에게 공상을 입혀 모든 손해를 배상한 경우 일반 국민이 국가에 대하여 구상권을 행사할 수 있는 가에 관하여 "국가배상법 제2조 제1항 단서 중 군인에 관련되는 부분을 일반 국민이 직무 집행중인 군인과의 공동불법행위로 직무 집행중인 다른 군인에게 공상을 입혀 그 피해자에게 공동의 불법행위로 인한 손해를 배상한 다음 공동불법행위자인 군인의 부담부분에 관하여 국가에 대하여 구상권을 행사하는 것을 허용하지 않는다고 해석한다면, 이는 헌법 제11조, 제29조에 위반되며, 헌법 제23조 제1항 및 제37조 제2항에도 위반된다."83)고 판시하자, 이에 2001. 2. 15. 대법원은 전원합의체 판결을 통해 종래의 판결을 변경하였는데, 피해자인 군인 등이 공동불법행위자인 사인에 대해 갖는 손해배상청구권의 범위를 사인의 부담부분에 대하여만 인정하여 사인이 국가를 상대로 구상청구를 할 필요가 없도록 이론 구성함으로써 헌법 및 국가배상법의 이중배상금지규정의 합헌·유효성을 유지함과 동시에 공동불법행위자인 사인의 권리도 보호하려고 하였다.

공무원의 직무상 불법행위로 인하여 피해를 입은 자가 일반 사인 또는 국가배상법 제2조 제1항 단서에 규정된 군인 등이 아닌 일반 공무원인 경우에는 문제가 없지만, 피해자가 국가배상법 제2조 제1항 단서에 규정된 군인 등인 경우 헌법 제29조 제2항, 국가배상법 제2조 제1항 단서에 의하여 법률이 정하는 보상 외에 국가 또는 공공단체에 공무원의 직무상 불법행위로 인한 손해배상을 청구할 수 없다고 규정되어 있는 이상 국가는 피해 군인 등에 대한 손해배상의무가 없다고 해석되기 때문에, 가해 공무원과 공동불법행위자인 민간인이 피해 군인 등에게 손해배상을 한 경우에도 국가는 손해배상의무가 없으므로 위 민간인의 구상청구에 응할 의무가 없고, 다만, 이에 따른 불공평을 막기 위하여 공동불법행위자인 민간인의 손해배상의무의 범위를 자신의 귀책비율로 한정하여야 한다는 것이다.

---

82) 대법원 1983. 6. 28. 선고 83다카500 판결(변경), 대법원 1992. 2. 11. 선고 91다12738 판결(변경), 대법원 1993. 10. 8. 선고 93다14691 판결(변경), 대법원 1994. 5. 27. 선고 94다6741 판결(변경).
83) 헌법재판소 1994. 12. 29. 선고 93헌바21 결정.

쟁점 **[직무집행중인 군인과 공동불법행위를 한 민간인이 피해 군인 등에게 손해배상을 한 경우 민간인의 국가에 대한 구상여부]**

□ 헌법재판소 1994. 12. 29. 선고 93헌바21 결정
[국가배상법 제2조 제1항 단서 중 군인에 관련되는 부분의 위헌 여부]
 국가는 국민의 기본권을 보장할 의무가 있고, 헌법 제29조 제2항은 제1항에 의하여 보장되는 국가배상청구권을 헌법 내재적으로 제한하는 규정이므로 그 적용범위에 대하여는 엄격하고도 제한적으로 해석하여야 할 것이다. 그러므로 헌법 제29조 제2항의 입법목적은, 피해자인 군인 등이 법률이 정하는 보상 외에 국가에 대하여 직접 손해배상청구권을 행사하지 못하게 하는 범위 내에서, 즉 일반국민에게 경제적 부담을 전가시키지 아니하는 범위 내에서 군인 등의 국가에 대한 손해배상청구권을 상대적으로 소멸시킴으로써 군인 등에 대한 이중배상을 금지하여 국가의 재정적 부담을 줄인다고 하는 의미로 제한하여 이해하여야 할 것이다.
 그러므로 헌법 제29조 제2항은 이 사건의 쟁점이 되고 있는 사안에서와 같이 일반국민이 직무집행 중인 군인과 공동불법행위를 한 경우에는 일반국민의 국가에 대한 구상권의 행사를 허용하지 아니한다고 해석하여서는 아니 될 것이다. (중략)
 국가배상법 제2조 제1항 단서 중 군인에 관련되는 부분을, 일반국민이 직무집행 중인 군인과의 공동불법행위로 직무집행 중인 다른 군인에게 공상을 입혀 그 피해자에게 공동의 불법행위로 인한 손해를 배상한 다음 공동불법행위자인 군인의 부담부분에 관하여 국가에 대하여 구상권을 행사하는 것을 허용하지 않는다고 해석한다면, 이는 위 단서 규정의 헌법상 근거규정인 헌법 제29조가 구상권의 행사를 배제하지 아니하는데도 이를 배제하는 것으로 해석하는 것으로서 합리적인 이유 없이 일반국민을 국가에 대하여 지나치게 차별하는 경우에 해당하므로 헌법 제11조, 제29조에 위반되며, 또한 국가에 대한 구상권은 헌법 제23조 제1항에 의하여 보장되는 재산권이고 위와 같은 해석은 그러한 재산권의 제한에 해당하며 재산권의 제한은 헌법 제37조 제2항에 의한 기본권제한의 한계 내에서만 가능한데, 위와 같은 해석은 헌법 제37조 제2항에 의하여 기본권을 제한할 때 요구되는 비례의 원칙에 위배하여 일반국민의 재산권을 과잉제한하는 경우에 해당하여 헌법 제23조 제1항 및 제37조 제2항에도 위반된다.

□ 대법원 2001. 2. 15. 선고 96다42420 전원합의체 판결
 헌법 제29조 제2항, 국가배상법 제2조 제1항 단서의 입법 취지를 관철하기 위하여는, 국가배상법 제2조 제1항 단서가 적용되는 공무원의 직무상 불법행위로 인하여 직무집행과 관련하여 피해를 입은 군인 등에 대하여 위 불법행위에 관련된 일반국민(법인을 포함한다. 이하 '민간인'이라 한다)이 공동불법행위책임, 사용자책임, 자동차운행자책임 등에 의하여 그 손해를 자신의 귀책부분을 넘어서 배상한 경우에도, 국가 등은 피해 군인 등에 대한 국가배상책임을 면할 뿐만 아니라, 나아가 민간인에 대한 국가의

귀책비율에 따른 구상의무도 부담하지 않는다고 하여야 할 것이다.

　그러나 위와 같은 경우, 민간인은 여전히 공동불법행위자 등이라는 이유로 피해 군인 등의 손해 전부를 배상할 책임을 부담하도록 하면서 국가 등에 대하여는 귀책비율에 따른 구상을 청구할 수 없도록 한다면, 공무원의 직무활동으로 빚어지는 이익의 귀속 주체인 국가 등과 민간인과의 관계에서 원래는 국가 등이 부담하여야 할 손해까지 민간인이 부담하는 부당한 결과가 될 것이고{가해 공무원에게 경과실이 있는 경우에는 그 공무원은 손해배상책임을 부담하지 아니하므로(대법원 1996. 2. 15. 선고 95다38677 전원합의체 판결 참조) 민간인으로서는 자신이 손해발생에 기여한 귀책부분을 넘는 손해까지 종국적으로 부담하는 불이익을 받게 될 것이고, 가해 공무원에게 고의 또는 중과실이 있는 경우에도 그 무자력 위험을 사용관계에 있는 국가 등이 부담하는 것이 아니라 오히려 민간인이 감수하게 되는 결과가 된다.}, 이는 위 헌법과 국가배상법의 규정에 의하여도 정당화될 수 없다고 할 것이다.

　이러한 부당한 결과를 방지하면서 위 헌법 및 국가배상법 규정의 입법 취지를 관철하기 위하여는, 피해 군인 등은 위 헌법 및 국가배상법 규정에 의하여 국가 등에 대한 배상청구권을 상실한 대신에 자신의 과실 유무나 그 정도와 관계없이 무자력의 위험부담이 없는 확실한 국가보상의 혜택을 받을 수 있는 지위에 있게 되는 특별한 이익을 누리고 있음에 반하여 민간인으로서는 손해 전부를 배상할 의무를 부담하면서도 국가 등에 대한 구상권을 행사할 수 없다고 한다면 부당하게 권리침해를 당하게 되는 결과가 되는 것과 같은 각 당사자의 이해관계의 실질을 고려하여, 위와 같은 경우에는 공동불법행위자 등이 부진정연대채무자로서 각자 피해자의 손해 전부를 배상할 의무를 부담하는 공동불법행위의 일반적인 경우와 달리 예외적으로 민간인은 피해 군인 등에 대하여 그 손해 중 국가 등이 민간인에 대한 구상의무를 부담한다면 그 내부적인 관계에서 부담하여야 할 부분을 제외한 나머지 자신의 부담부분에 한하여 손해배상의무를 부담하고, 한편 국가 등에 대하여는 그 귀책부분의 구상을 청구할 수 없다고 해석함이 상당하다 할 것이고, 이러한 해석이 손해의 공평·타당한 부담을 그 지도원리로 하는 손해배상제도의 이상에도 맞는다 할 것이다.

제3절　손해배상액

　배상은 원칙적으로는 정당한 배상을 하여야 한다. 가해행위와 상당인과관계 있는 모든 손해, 즉 재산적·정신적 손해를 배상하여야 한다.

Ⅰ. 배상기준의 성격
1. 학설
(1) 기준규정으로 보는 견해(基準額說)

생명·신체에 대한 국가배상법의 배상기준은 민법상의 배상에 비하여 균형을 잃을 정도로 불리하며, 따라서 그것을 단순한 기준액으로 보는 것이 국가배상법의 입법정신에 부합된다는 것이다. 현재의 다수설이며 판례의 입장이기도 하다.

(2) 제한규정으로 보는 견해(限定額說)

배상의 범위를 객관적으로 명백히 하여 당사자 사이의 분쟁의 소지를 없애고 배상의 범위를 법정화 한 것은 곧 그에 의한 배상액의 산정을 요구한 것이라고 할 수 있기 때문이라는 것이다.

2. 판례(기준액설)

> □ 대법원 1980. 12. 9. 선고 80다1820 판결
> 구 국가배상법 제3조의2 제2항은 동법 소정의 배상심의회에 배상을 신청하는 경우에 적용되는 규정으로서 소송에 있어서 법원을 기속하는 규정은 아니다.
>
> □ 대법원 1981. 9. 22. 선고 81다588 판결
> 라이프니츠식 계산법에 의하여 복리계산을 하지 아니하고 호프만식 계산법에 의하여 일실수익금을 계산하였다고 하여 이를 위법이라고 할 수 없다.
>
> □ 대법원 1988. 1. 12. 선고 87다카2240 판결
> 호프만식 계산법에 의하여 중간이자를 공제하여 장래의 일실이익의 현가를 산정하는 것 자체는 위법이 아니라는 것이 당원의 일괄된 견해이고(대법원 1966. 11. 29 선고 66다1871 판결 ; 대법원 1981. 9. 22 선고 81다588 판결 ; 대법원 1985. 10. 22 선고 85다카819 판결 ; 대법원 1987 .4 .14 선고 86다카1009 판결), 다만 호프만식 계산법에 의하여 중간이자를 공제하는 경우라도 중간이자 공제기간이 414개월이 초과하여 월단위 수치표상의 단리연금 현가율이 240(연단위에 있어서는 36년을 초과하여 연단위 수치표가 20인 경우)을 넘게 되면 그 수치표상의 단리연금 현가율이 얼마인지 불문하고 모두 240을 적용하여야 하는 것이나, 이는 그이상의 단리연금 현가율을 적용하여 현가를 산정하게 되면 현가를 받게 되는 금액의 이자가 매월 입게 되는 손해액보다 많게 되어 피해자가 과잉배상을 받는 결과가 되므로 이를 막으려는 취지이고, 위 현가율이 월단위에 있어서는 240, 연단위에 있어서는 20을 초과하는 경우 일률적으로 240 또는 20을 적용하여 현가를 산정하였다 하여 이를 두고 위법이라 할 수 없다.

Ⅱ. 배상기준 원칙(중간이자 공제)

피해자가 손해를 입은 동시에 이익을 얻은 경우에는 손해배상액에서 그 이익에 상당하는 금액을 공제하여야 한다.

유족배상과 장해배상 및 장래에 필요한 요양비 등을 일시에 신청하는 경우에는 중간이자를 공제하여야 하며, 중간이자 공제방식은 대통령령으로 정한다. 이에 근거하여 대통령령에서는 판례와 동일하게 호프만(Hoffman)식으로 규정하고 있다.

Ⅲ. 배상의 방법

금전, 즉 우리나라의 통화로 배상함이 원칙이다.

□ 대법원 2007. 8. 23. 선고 2007다26455,26462 판결

채무불이행으로 인한 손해배상을 규정하고 있는 민법 제394조는 다른 의사표시가 없는 한 금전으로 배상하여야 한다고 규정하고 있는바, 위 법조 소정의 금전이라 함은 우리나라의 통화를 가리키는 것이어서 채무불이행으로 인한 손해배상을 구하는 채권은 당사자가 외국통화로 지급하기로 약정하였다는 등의 특별한 사정이 없는 한 채권액이 외국통화로 지정된 외화채권이라고 할 수 없다는 것이 대법원의 확립된 판례이다(대법원 1995. 9. 15. 선고 94다61120 판결, 대법원 1997. 5. 9. 선고 96다48688 판결, 대법원 2005. 7. 28. 선고 2003다12083 판결 참조).

Ⅳ. 손익공제

타인의 신체를 해한 때에 피해자가 손해를 입은 동시에 이익을 얻은 경우에는 손해배상액에서 그 이익에 상당하는 금액을 공제하여야 한다.

Ⅴ. 군인·군무원에 대한 특례

1. 이중배상금지의 원칙

헌법 제29조 제2항은, "군인·군무원·경찰공무원 기타 법률이 정하는 자가 전투·훈련 등 직무집행과 관련하여 받은 손해에 대하여는 법률이 정하는 보상 외에 국가 또는 공공단체에 공무원의 직무상 불법행위로 인한 배상은 청구할 수 없다."고 규정하고, 국가배상법 제2조 제1항 단서는 " 다만, 군인·군무원·경찰공무원 또는 향토예비군대원이 전투·훈련 등 직무 집행과 관련하여 전사(戰死)·순직(殉職)하거나 공상(公傷)을 입은 경우에 본인이나 그 유족이 다른 법령에 따라 재해보상금·유족연금·상이연금 등의 보상을 지급받을 수 있을 때에는 이 법 및 민법에 따른 손해배상을 청구할 수 없다."고 규정하여 二重賠償禁止의 原則을 천명하고 있다.

이와 관련하여 판례는 군인, 군무원 등 국가배상법에 열거된 자가 전투, 훈련 기타

직무집행과 관련하는 등으로 공상을 입은 데 대하여 재해보상금, 유족연금, 상이연금 등 별도의 보상제도가 마련되어 있는 경우에는 이중배상의 금지를 위하여 이들의 국가에 대한 국가배상법 또는 민법상의 손해배상청구권 자체를 절대적으로 배제하는 규정이므로, 이들은 국가에 대하여 손해배상청구권을 행사할 수 없다고 한다.84)

□ 대법원 2002. 5. 10. 선고 2000다39735 판결
[헌법 제29조 제2항 및 국가배상법 제2조 제1항 단서 규정의 입법 취지]
 헌법 제29조 제2항 및 이를 근거로 한 국가배상법 제2조 제1항 단서 규정의 입법 취지는, 국가 또는 공공단체가 위험한 직무를 집행하는 군인·군무원·경찰공무원 또는 향토예비군대원에 대한 피해보상제도를 운영하여, 직무집행과 관련하여 피해를 입은 군인 등이 간편한 보상절차에 의하여 자신의 과실 유무나 그 정도와 관계없이 무자력의 위험부담이 없는 확실하고 통일된 피해보상을 받을 수 있도록 보장하는 대신에, 피해 군인 등이 국가 등에 대하여 공무원의 직무상 불법행위로 인한 손해배상을 청구할 수 없게 함으로써, 군인 등의 동일한 피해에 대하여 국가 등의 보상과 배상이 모두 이루어짐으로 인하여 발생할 수 있는 과다한 재정지출과 피해 군인 등 사이의 불균형을 방지하고, 또한 가해자인 군인 등과 피해자인 군인 등의 직무상 잘못을 따지는 쟁송이 가져올 폐해를 예방하려는 데에 있다(대법원 2001. 2. 15. 선고 96다42420 전원합의체 판결 참조).

□ 대법원 1996. 2. 15. 선고 95다38677 전원합의체 판결
[피해자가 헌법 제29조 제2항, 국가배상법 제2조 제1항 단서 소정의 공무원인 경우 공무원 개인의 손해배상책임 유무(=제한적 긍정설)에 관한 법리 적용 여부]
[다수의견] 공무원 개인의 손해배상책임 유무(＝제한적 긍정설)에 관한 법리는 피해자가 헌법 제29조 제2항, 국가배상법 제2조 제1항 단서 소정의 공무원으로서 위 단서 조항에 의하여 법률에 정해진 보상 외에는 국가배상법에 의한 배상을 청구할 수 없는 경우라고 하여 달리 볼 것은 아니다. 왜냐하면 헌법 제29조 제2항은 군인, 군무원, 경찰공무원, 기타 법률이 정한 공무원의 경우 전투, 훈련 등 직무집행과 관련하여 받은 손해에 대하여 법률이 정하는 보상 외에 국가 등에 대하여 공무원의 직무상 불법행위로 인한 배상을 청구할 수 없도록 규정하고 있고 국가배상법 제2조 제1항 단서도 이를 이어 받아 이를 구체화하고 있지만, 이는 군인 등이 전투, 훈련 등과 관련하여 받는 손해에 한하여는 국가의 손해배상을 인정하지 아니하고 법률이 정한 보상만을 인정함이 타당하다는 헌법적 결단에 의한 것이기 때문이다.
[반대보충의견] 군인 등은 그 직무의 특수성으로 직무상 사고를 당할 고도의 위험성이 있으므로 그 직무집행 중의 사고에 의한 위험은 국가가 이를 인수하여 그 피해자를 국가유공자로 예우하면서 그 사고에 대하여는 배상이 아닌 보훈 차원에서 종합적으로 배

84) 대법원 1992. 2. 11. 선고 91다12738 판결 ; 대법원 2002. 5. 10. 선고 2000다39735 판결.

려하여 보상으로 해결하겠다는 것이 헌법 제29조 제2항의 취지라 할 것이다.

2. 헌법 제29조 제②항의 합헌성 내지는 정당성

(1) 연혁

1) 국가배상법의 변천

국가배상법을 1967. 3. 3. 개정하여 제2조 제1항 단서에 군인, 경찰의 이중배상금지 조항을 신설했다가 1981. 12. 7. 개정 때 군무원, 예비군을 포함시켰다. 이는 월남전 참전으로 인한 국고 지출 증대가 중요한 개정요인이었으나 1971. 6. 22. 대법원전원 합의체판결로 재해보상금 등은 사회보장적 목적이 있고, 손해배상제도는 불법행위로 인한 손해를 전보한다는 데 목적이 있으므로 제도 목적이 다르다는 이유로 위헌판 결85)이 내려졌다.

2) 헌법규정화

위 위헌판결로 사법파동, 위헌의견을 낸 대법관에 대한 재임용탈락 그리고 유신을 거치면서 유신헌법 조항에 동 규정을 삽입하였고 이 조항이 현재 헌법에까지 면면히 계승되고 있다.

(2) 적용요건

1) 인적범위

손해배상청구권이 배제되는 인적범위는 군인·군무원·경찰공무원 또는 향토예비군대원 으로 제한되어 있다. 대법원은 국가배상법 제2조 제1항 단서의 규정을 엄격하게 해석 하여 국가배상청구권자를 확대하려는 태도를 보이고 있다.

쟁점 **['군인·경찰 등'의 의미]**

1. 경비교도
□ 대법원 1993. 4. 9. 선고 92다43395 판결
[현역병으로 입영하여 경비교도로 전임·임용된 자가 군인 또는 경찰공무원에 해당하는 지 여부(소극)]
교정시설경비교도대설치법(1997. 1. 13. 법률 제5291호로 개정되기 전의 것) 제3 조, 동 시행령(1990. 4. 30. 대통령령 제12992호로 개정되기 전의 것) 제3조 제1항,

---

85) 대법원 1971. 6. 22 선고 70다1010 전원합의체판결.

구 병역법 제2조 제1항 제7호의 규정에 비추어 보면, 현역병으로 입영하여 소정의 군사교육을 마치고 전임되어 법무부장관에 의하여 경비교도로 임용된 자는 군인으로서의 신분을 상실하고 새로이 경비교도로서의 신분을 취득하게 되었다 할 것이며, 구 교정시설경비교도대설치법 제9조, 제10조, 동 시행령 제38조, 교정시설경비교도대운영규칙(법무부훈령 제143호) 제104호 등의 규정에 의하여 경비교도가 전사상 급여금을 지급 받는다든지 원호와 가료의 대상이 된다든지, 만기전역이 되는 등 그 처우에 있어서 군인에 준하는 취급을 받는다 하여 여전히 군인의 신분을 유지하는 것이라고는 할 수 없다.

 또한 경비교도로 근무 중 공무수행과 관련하여 사망한 자에 대하여 국가기관이 그를 구 국가유공자예우등에관한법률 제4조 제1항 제5호 소정의 순직군경(군인 또는 경찰공무원으로서 교육훈련 또는 직무수행 중 사망한 자)에 해당한다 하여 국가유공자로 결정하고 사망급여금 등이 지급되었다 하더라도 그러한 사실 때문에 그 신분이 군인 또는 경찰공무원으로 되는 것은 아니라 할 것이다(대법원 1991. 4. 26. 선고 90다15907 판결 참조).

□ 대법원 1998. 2. 10. 선고 97다45914 판결

 현역병으로 입영하여 소정의 군사교육을 마치고 병역법 제25조의 규정에 의하여 전임되어 교정시설경비교도대설치법(1997. 1. 13. 법률 제5291호로 개정되기 전의 것) 제3조에 의하여 경비교도로 임용된 자는, 군인의 신분을 상실하고 군인과는 다른 경비교도로서의 신분을 취득하게 되었다고 할 것이어서 국가배상법 제2조 제1항 단서가 정하는 군인 등에 해당하지 아니한다고 할 것이다(대법원 1991. 4. 26. 선고 90다15907 판결 참조).

2. 공익근무요원

□ 대법원 1997. 3. 28. 선고 97다4036 판결

[공익근무요원이 군인에 해당하는지 여부(소극)]

 국군조직법 제4조에 의하면 군인이라 함은 전시와 평시를 막론하고 군에 복무하는 자를 말하는 것으로, 공익근무요원은 병역법 제2조 제1항 제9호, 제5조 제1항의 규정에 의하면 국가기관 또는 지방자치단체의 공익목적수행에 필요한 경비·감시·보호 또는 행정업무 등의 지원과 국제협력 또는 예술·체육의 육성을 위하여 소집되어 공익분야에 종사하는 사람으로서 보충역에 편입되어 있는 자이기 때문에, 소집되어 군에 복무하지 않는 한 군인이라고 말할 수 없다(군인사법 제2조 참조). 따라서 병역법 제75조 제2항이 공익근무요원으로 복무 중 순직한 사람의 유족에 대하여 국가유공자등예우및지원에관한법률에 따른 보상을 하도록 규정하고 있다고 하여도, 공익근무요원이 국가배상법 제2조 제1항 단서의 규정에 의하여 국가배상법상 손해배상청구가 제한되는 군인·군무원·경찰공무원 또는 향토예비군대원에 해당한다고 할 수 없다.

3. 전투경찰순경

□ 대법원 1995. 3. 24. 선고 94다25414 판결

[전투경찰순경이 군인에 해당하는지 여부(소극)]

 전투경찰대설치법(1993. 12. 31. 법률 제4685호로 개정되기 전의 것) 제1조, 제2조, 제2조의3 제1,2항, 구 병역의무의특례규제에관한법률(1993. 12. 31. 법률 제4685호로 폐지) 제2조 제1호, 제5조의 규정을 종합하여 보면, 현역병으로 입영하여 소정의 군사교육을 마치고 전임이 되어 전투경찰순경으로 임용된 자는 군인으로서의 신분을 상실하고 전투경찰순경의 신분을 취득한다할 것이므로(대법원 1991. 4. 26. 선고 90다15907 판결 참조) 전투경찰순경은 군인이 아니라 할 것이다.

[전투경찰순경이 '경찰공무원'에 해당하는지 여부(적극)]

 공무원의 국가배상청구를 제한한 헌법 제29조 제2항은 그 입법 취지가 위험성이 높은 직무에 종사하는 자에 대하여는 사회보장적 위험부담으로서의 국가보상제도를 별도로 마련함으로써 그것과 경합되는 국가배상청구를 배제하려는 것이고, 국가배상법 제2조 제1항 단서 소정의 '경찰공무원'은 위 헌법규정을 그대로 이어 받은 규정이며, 전투경찰순경이 경찰청 산하의 전투경찰대에 소속되어 대간첩작전의 수행 및 치안업무의 보조를 그 임무로 하고 있어서 그 직무수행상 위험성이 다른 경찰공무원의 경우보다 낮지 않을 뿐 아니라, 전투경찰대설치법 제4조에서 경찰공무원법의 일부 조항을 준용하고 있는 점에 비추어 보면, 국가배상법 제2조 제1항 단서 소정의 '경찰공무원'이 '경찰공무원법상의 경찰공무원'에 한정된다고 단정하기 어렵고, 오히려 경찰업무의 위험성을 고려하여 '경찰조직의 구성원을 이루는 공무원'을 특별취급하려는 것으로 보아야 할 것이므로 전투경찰순경은 국가배상법 제2조 제1항 단서 소정의 '경찰공무원'에 해당한다고 보아야 할 것이다(대법원 1989. 4. 11. 선고 88다카4222 판결 참조).

4. 향토예비군대원

□ 대법원 1976. 12. 14. 선고 77다1441 판결

 국가배상법상 군인의 신분은 예비역인 경우에는 소집명령서를 받고 실역에 복무하기 위하여 지정된 장소에 도착하여 군통수권자의 지휘하에 들어가 군부대의 구성원이 되었을 때 비로소 시작되는 것이지 소집일시를 경과하여 소집부대의 위병소가 있는 곳에 도착한 것만으로는 아직 국가배상법상의 군인의 신분을 취득한 것은 아니다.

 2) 손해발생의 태양

 전투·훈련 등 직무 집행과 관련하여 전사(戰死)·순직(殉職)하거나 공상(公傷)을 입은 경우에 한한다. 대법원은 '국방 또는 치안유지의 목적상 사용하는 시설 및 자동차·함선·항공기·기타 운반기구안'에서 사망 또는 상이의 결과가 발생하는 것만으로는 부족

하고 '전투·훈련 등 직무집행과의 관련'이라는 요건이 충족되어야 국가배상청구권의 행사가 배제된다고 하여 국가배상법의 배제규정이 헌법규정의 위임범위를 벗어난 것은 아니라는 입장이다.

□ 대법원 1994. 12. 13. 선고 93다29969 판결
[국가배상법 제2조 제1항 단서가 헌법 제29조 제2항의 위임범위를 벗어났는지 여부]
 국가배상법 제2조 제1항 단서에는 군인, 군무원, 경찰공무원 또는 향토예비군대원이 전투, 훈련 기타 직무집행과 관련하여 전사, 순직 또는 공상을 입은 경우와 그들이 국방 또는 치안유지의 목적상 사용하는 시설 및 자동차, 함선, 항공기 기타 운반기구 안에서 전사, 순직 또는 공상을 입은 경우에 관한 것을 규정하고 있어, 헌법 제29조 제2항에서 규정하고 있는 군인, 군무원, 경찰공무원 기타 법률이 정하는 자가 전투, 훈련 등 직무집행과 관련하여 손해를 입은 경우보다 범위를 확대한 것같이 보이지만, 국가배상법에서 국방 또는 치안유지의 목적상 사용하는 시설 및 자동차, 함선, 항공기 기타 운반기구 안에서 사망하거나 부상한 경우 중 전사, 순직 또는 공상을 입은 경우에 한하여 그 배상청구를 제한하고 있어 결국 헌법 제29조 제2항에서 규정하고 있는 전투, 훈련등 직무집행과 관련하여 사망하거나 부상을 입은 경우에 해당된다 할 것이므로, 국가배상법 제2조 제1항 단서가 헌법 제29조 제2항의 위임범위를 벗어났다고 할 수 없다.

쟁점 ['전사·순직 또는 공상'의 의미]

---

1. 군인의 사망이 국가배상법 제2조 제1항 단서 소정의 '순직'에 해당하는지 여부에 대한 판단기준
□ 대법원 1994. 12. 13. 선고 93다29969 판결
 군인의 사망이 국가배상법 제2조 제1항 단서 소정의 '순직'에 해당하는지 여부는 그 군인이 자기의 직무수행과 관련하여 피해를 입었는지 여부(직무집행관련성)에 따라 판단하여야 할 것이고, 가해자인 군대 상급자의 구타행위 등이 그 징계권 또는 훈계권의 한계를 넘어 불법행위를 구성하는지 여부는 순직여부를 판단하는데 직접적인 관계가 없다(대법원 1988. 10. 11. 선고 88다카2813 판결, 대법원 1991. 8. 13. 선고 90다16108 판결, 대법원 1993. 5. 14. 선고 92다33145 판결 참조).

2. 순직 또는 공상으로 본 사례
 ① 육군일병이 직무수행을 위하여 인근 중대에 갔다가 그 중대의 상급자에게 반말을 하였다는 이유로 폭행당하여 사망한 경우(대법원 1980. 12. 23. 선고 80다1600

판결)

② 영내를 무단이탈하고 술을 마신 다음 늦게 귀대하여 예정 근무시각보다 늦게 근무지에 근무하던 군인이 주번사관에게 불려가 주의를 받고 다시 근무지로 돌아가 근무하도록 지시를 받았으나 근무지에 가지 않고 대대 행정반 사무실에 있다가 순찰감독을 하던 소대장에게 발견되어 재차 근무지에 가도록 독촉을 받았으나 이에 불복하다가 소대장으로부터 폭행을 당하여 사망한 경우(대법원 1978. 5. 23. 선고 78다523 판결)

③ 군인이 직무수행을 위하여 교육 등을 받음에 있어 태도가 불량하다는 등의 이유로 교육훈련 시간 내지는 경계근무 시간 중에 영내에서 상급자로부터 교육적 의미로 구타당하여 상해를 입은 경우(대법원 1988. 10. 11. 선고 88다카2813 판결)

④ 방위병이 영내에서 소속 중대장으로부터 근무태만을 이유로 얼차려 교육을 받던 중 반항한다는 이유로 중대장으로부터 폭행당하여 사망한 경우(대법원 1991. 8. 13. 선고 90다16018 판결)

⑤ 군 내무반에서 소대 상급자인 병장이 자신의 보급품을 분실하였으니 찾아보라고 소대원들에게 지시하였음에도 소대원들이 아무 반응이 없자 내무반 선임 상병들을 내무반 통로에 집합시켜 놓고 야전삽날 뒷면으로 폭행하는 바람에 그 중 한 명이 사망한 경우(대법원 1994. 12. 13. 선고 93다29969 판결)

⑥ 내무반장이 취침점호를 준비할 때 일직하사로부터 내무반원들이 주간 작업병 집합명령을 제대로 전달하지 못하였다는 지적을 받고 상급자로서 군기를 세워야겠다는 생각에서 취침점호를 마친 다음 훈계권을 행사하다가 그 정도를 넘어 폭력을 행사하는 바람에 내무반원 중의 한 명이 사망한 경우(대법원 1993. 5. 14. 선고 92다33145 판결)

3. 순직 또는 공상으로 보지 않은 사례

① 소대장에게 보고도 하지 아니하고 총검술교육을 받지 아니하였다는 사유로 소대장으로부터 3회에 걸쳐 폭행당하여 사망한 경우(대법원 1977. 8. 23. 선고 75다1786 판결)

② 군인이 걸어서 부대에 출근하기 위하여 가는 도중에 군부대 출근 차에 역상한 경우(대법원 1978. 6. 27. 선고 78다543 판결)

③ 전투경찰공무원이 초등학교 교정에서 다중 범죄 진압훈련을 마치고 점심을 먹기 위하여 근무하던 파출소를 향하여 걸어가다가 경찰서 소속 대형버스에 충격당하여 사망한 경우(대법원 1989. 4. 11. 선고 88다카4222 판결)

④ 경찰서지서에서 숙직근무 도중 숙직실에서 잠을 자다가 방바닥 틈에서 새어 나온 연탄가스에 중독되어 사망한 경우(대법원 1979. 1. 30. 선고 77다2389 전원합의체판결[86]))

---

86) 경찰서지서의 숙직실은 국가배상법 제2조 제1항 단서에서 말하는 전투·훈련에 관련된 시설이라고 볼

3) 다른 법령에 의한 보상가능성

군인 등에게 국가배상청구권이 배제되기 위한 또 하나의 요건은 다른 법령에 따라 재해보상금·유족연금·상이연금 등 일정한 보상을 지급받을 수 있어야 하는데, 이는 이중배상의 금지에 해당하는 요건으로서 실무상 '다른 법령'이 무엇을 말하는가에 대하여 논란이 있다. 판례에 의하면 국가유공자등예우및지원에관한법률(대법원 1998. 4. 10. 선고 97다39537 판결), 군인연금법(대법원 1994. 12. 13. 선고 93다29969 판결)의 경우는 국가배상법 제2조 제1항 단서 소정의 '다른 법령'에 해당한다고 하고, 공무원연금법(대법원 1988. 12. 27. 선고 84다카796 판결[87])은 '다른 법령'에 해당하지 아니한다고 한다.

(3) 평가

기본권침해에 있어 평등권에 반하는 점, 군인과 일반공무원 구별의 형평성이 문제되는 점, 평시 직무행위에까지 적용함은 과잉금지에 반하는 점, 재해보상이나 연금은 사회보장적 성질을 가지는 측면에서 손해배상과는 성질이 다른 점 등에 비추어 위헌적 요소가 있다고 할 것이어서 개선이 필요하다고 생각한다.

VI. 손해배상청구권의 양도·압류금지

생명·신체의 침해로 인한 국가배상을 받을 권리는 이를 양도하거나 압류하지 못한다(국가배상법 제4조). 배상청구권은 재산권이므로 법적 성질로는 양도나 압류가 금지된다고는 볼 수 없으나, 유족이나 신체의 침해를 받은 자를 보호하기 위한 사회보장적 견지에서 특히 금지한 것이다.

VII. 손해배상청구권의 소멸시효

국가배상법에 특별한 규정이 없으므로 민법의 규정에 의하여 피해자나 그 법정대리인이 손해 및 가해자를 안 날로부터 3년이다. 국가배상법 제2조 제1항 본문 전단 규정에 따른 배상청구권은 금전의 급부를 목적으로 하는 국가에 대한 권리로서 국가재정법 제96조 제2항, 제1항이 적용되므로 이를 5년간 행사하지 아니할 때에는 시효로 인하여 소멸한다. 그리고 손해배상청구 소송 제기 전 배상심의회에 배상신청을 한 경우 이는 시효중단사유에 해당한다고 볼 수 있으므로, 그 신청에 대한 배상심의회의 결정이 있은 때로부터 다시 시효기간이 진행된다고 할 것이다.

수 없으므로 위 숙직실에서 순직한 경찰공무원의 유족들은 국가배상법 제2조 제1항 본문에 의하여 국가배상법 및 민법의 규정에 의한 손해배상을 청구할 권리가 있다.

87) 공무원연금법(1982. 12. 28. 법률 제3586호로 개정되기 전의 법률) 제33조 내지 제37조는 국가배상법의 취지와 목적을 달리하는 것이어서 서로 아무런 관련이 없으므로 공무원연금법상의 장해보상금 지급규정은 국가배상법 제2조 제1항 단서 소정의 '다른 법령의 규정'에 해당하지 아니한다.

1. 국가배상책임의 단기소멸시효의 기산점인 '손해 및 가해자를 안 날'의 의미와 그 판
  단 방법
□ 대법원 2008. 5. 29. 선고 2004다33469 판결
 국가배상법 제2조 제1항 본문 전단 규정에 따른 배상책임을 묻는 사건에 대하여는
같은 법 제8조의 규정에 의하여 민법 제766조 제1항 소정의 단기소멸시효제도가 적용
되는 것인바, 여기서 가해자를 안다는 것은 피해자나 그 법정대리인이 가해 공무원이
국가 또는 지방자치단체와 공법상 근무관계가 있다는 사실을 알고, 또한 일반인이 당
해 공무원의 불법행위가 국가 또는 지방자치단체의 직무를 집행함에 있어서 행해진 것
이라고 판단하기에 족한 사실까지 인식하는 것을 의미한다(대법원 1989. 11. 14. 선
고 88다카32500 판결). 한편, 민법 제766조 제1항 소정의 '손해 및 가해자를 안 날'
이라 함은 손해의 발생, 위법한 가해행위의 존재, 가해행위와 손해의 발생 사이에 상
당인과관계가 있다는 사실 등 불법행위의 요건사실에 대하여 현실적이고도 구체적으로
인식하였을 때를 의미하고, 피해자 등이 언제 불법행위의 요건사실을 현실적이고도 구
체적으로 인식한 것으로 볼 것인지는 개별적 사건에 있어서의 여러 객관적 사정을 참
작하고 손해배상청구가 사실상 가능하게 된 상황을 고려하여 합리적으로 인정하여야
한다(대법원 2002. 6. 28. 선고 2000다22249 판결 참조).

□ 대법원 1993. 8. 27. 선고 93다23879 판결
 민법 제766조 제1항의 가해자를 안다 함은 사실에 관한 인식의 문제일 뿐, 사실에
대한 법률적 평가의 문제가 아니다(대법원 1976. 4. 27.선고 76다289 판결 참조).

2. 국가배상책임의 단기소멸시효의 적용에 있어서 기산점인 손해를 안 때의 의미
□ 대법원 2008. 11. 27. 선고 2008다60223 판결
 국가배상법 제2조 제1항 본문 전단 규정에 따른 국가에 대한 손해배상청구권은 그
불법행위의 종료일로부터 국가재정법 제96조 제2항, 제1항에 정한 5년의 기간 동안
이를 행사하지 아니하면 시효로 인하여 소멸하는 것이고(대법원 1997. 2. 11. 선고
94다23692 판결, 대법원 2008. 5. 29. 선고 2004다33469 판결 참조), 이 경우 그
소멸시효는 피해자가 손해의 결과발생을 알았거나 예상할 수 있는가 여부에 관계없이
'가해행위로 인한 손해가 현실적인 것으로 되었다고 볼 수 있는 때'로부터 진행하는 것
이다.(대법원 2005. 5. 13. 선고 2004다71881 판결 참조).

□ 대법원 1995. 6. 30. 선고 94다13435 판결
 불법행위로 인한 손해배상청구권의 단기소멸시효에 있어서 손해를 안 것이라 함은 단
순히 손해발생사실을 안 것만으로는 부족하고 그 손해가 위법행위로 인하여 발생한 것
까지도 알았음을 요하는 것이며 이 같은 손해를 안 시기에 관한 입증책임은 시효의 이

익을 주장하는 자에 있다 할 것이고(대법원 1982. 5. 25.선고 81다카1226 판결 참조), 시효제도의 존재이유는 영속된 사실상태를 존중하고 권리 위에 잠자는 자를 보호하지 않는다는 데 있고 특히 소멸시효에 있어서는 후자의 의미가 강하므로 권리자가 재판상 그 권리를 주장하여 권리 위에 잠자는 것이 아님을 표명한 때에는 시효중단사유가 된다고 보아야 한다(대법원 1992. 3. 31. 선고 91다32053 전원합의체 판결 참조).

3. 채무의 승인 또는 소멸시효이익포기 여부
□ 대법원 1996. 12. 19. 선고 94다22927 전원합의체 판결[88]
[다수의견] 헌법상 국가원수이자 행정부의 수반인 대통령이 국가의 불법적인 공권력 행사로 인하여 피해를 입은 사람들에게 피해보상을 하겠다는 취지를 밝혔다고 하더라도, 그것이 그 피해자들에 대한 사법상의 법률효과를 염두에 두고 한 것이 아니라 단순히 정치적으로 대통령으로서의 시정방침을 밝히면서 일반 국민들의 이해와 협조를 구한 것에 불과하다면, 그와 같은 행위로써 사법상으로 그 피해자들에 대한 국가배상 채무를 승인하거나 소멸시효이익을 포기한 것으로 볼 수는 없는바, 삼청교육으로 인한 피해와 관련하여 대통령이 1988. 11. 26. 발표한 담화는 그 발표 경위와 취지 및 내용 등에 비추어 보면 그것은 사법상의 법률효과를 염두에 둔 것이 아니라 단순히 정치적으로 대통령으로서의 시정방침을 밝히면서 일반 국민들의 이해와 협조를 구한 것에 불과하므로 이로써 사법상으로 삼청교육 관련 피해자들에 대한 국가배상채무를 승인하였다거나 또는 시효이익을 포기한 것으로 볼 수는 없고, 대통령에 이어 국방부장관이 1988. 12. 3. 대통령의 그와 같은 시정방침을 알리는 한편 그에 따른 보상대책을 수립하기 위한 기초자료를 수집할 목적으로 피해자 및 유족들에게 일정 기간 내에 신고할 것을 공고하는 담화를 발표하고 실제 신고를 받기까지 하였다고 해서 그 결론이 달라지는 것은 아니다.
[보충의견] 국가의 채무에 대한 소멸시효가 완성된 후에 그 시효이익을 포기하는 행위는 이미 소멸한 채무를 소급적으로 유효한 것으로 하는 행위로서 실질적으로 새로운 채무를 부담하는 것과 같은 효과가 발생하므로 국가의 채무부담행위를 할 권한이 있는 자가 채무부담의 적법한 절차에 의하여 하여야 할 것인바, 관계 법령에 비추어 보면 대통령이나 국방부장관은 소멸시효가 완성된 국가의 삼청교육 관련 피해자들에 대한 손해배상채무의 시효이익을 포기할 권한은 있다 할 것이나, 그와 같이 소멸시효의 이익을 포기하여 국가의 채무부담행위를 하려면 국무회의의 심의를 거쳐 국가예산에 편성한 후 국회가 이를 심의·확정하거나 예산 외에 국가의 부담이 될 계약에 준하여 국무회의의 심의를 거쳐 국회의 의결을 얻어야 하고 특히 대통령이 이를 행하려면 헌법 제82조에 의하여 국무총리와 관계 국무위원이 부서(副署)를 하여야 하므로, 그와 같이 법이 정한 국가 채무부담의 절차를 거치지 않은 대통령과 국방부장관의 단순한 담화 발표는 국가의 손해배상채무에 대한 소멸시효이익을 포기하고 그 손해배상채무를 부담

88) 삼청교육관련 국가배상청구사건.

하려는 의사표시로는 볼 수 없고, 삼청교육과 관련한 피해에 대하여 손해배상책임의 시효소멸 여부가 문제되는 배상이 아닌 보상차원에서 새로운 입법조치 추진의사를 밝힌 정치적 시정방침으로 보는 것이 마땅하다.

[반대의견] 채무자의 소멸시효항변권의 행사는 우리 민법의 대원칙인 신의성실의 원칙과 권리남용금지의 원칙에 따라야 할 것으로 소멸시효가 완성된 후에 채무자가 시효를 원용하지 아니할 것 같은 태도를 보여 권리자로 하여금 이를 신뢰하게 한 경우에는 채무자의 소멸시효의 항변은 신의성실의 원칙에 반하는 권리남용으로서 허용될 수 없다고 할 것인바, 삼청교육과 관련한 대통령의 1988. 11. 26.자 및 국방부장관의 1988. 12. 3.자 담화에 따라 피해신고를 한 삼청교육 관련 피해자로서는 대통령과 국방부장관의 담화와 그에 따른 신고의 접수로써 국가가 시효이익을 주장하지 않고 손해배상을 할 것으로 신뢰를 갖게 되었다고 할 것이므로, 설사 대통령의 담화와 그에 따른 일련의 행위가 다수의견이 보는 바와 같이 단순히 정치적으로 대통령으로서의 시정방침을 밝히면서 일반 국민들의 이해와 협조를 구한 것으로 해석한다고 하더라도, 채무자인 국가의 소멸시효항변은 신의성실의 원칙에 어긋난 권리남용에 해당하는 것이다. 또한 삼청교육 관련 피해는 국가 소속의 공무원이 통상적인 공무수행을 하는 과정에서 개별적으로 저지르게 된 일반적인 불법행위가 아니고, 그 당시의 비상한 시기에 국가에 의하여 대규모로 그리고 조직적으로 실시된 삼청교육 과정에서 국가 소속 공무원들이 대량으로 저지르게 된 특수한 불법행위의 경우이므로, 국민의 기본적 인권을 보호하여 국민 개개인의 인간으로서의 존엄과 가치를 보장하며 국민으로 하여금 행복을 추구할 권리를 향유하도록 하여야 할 임무가 있는 국가로서는, 삼청교육 과정에서 피해를 입었다고 주장하는 국민들에 대하여 정정당당하게 그러한 불법행위 자체가 있었는지의 여부를 다투는 것은 몰라도, 구차하게 소멸시효가 완성되었다는 주장을 내세워 그 책임을 면하려고 하는 것은 결코 용납할 수 없는 방어방식이라는 점에서도 국가의 소멸시효항변은 허용될 수 없다.

제3장 영조물의 설치·관리의 하자로 인한 배상책임

제1절 서설

Ⅰ. 의의

도로, 하천 기타 공공의 영조물의 설치 또는 관리상의 하자로 인하여 타인에게 손해가 발생한 경우 국가 또는 지방자치단체가 지는 손해배상책임을 말한다. 국가배상법 제5조는 "① 도로·하천, 그 밖의 공공의 영조물(營造物)의 설치나 관리에 하자(瑕疵)가 있기 때문에 타인에게 손해를 발생하게 하였을 때에는 국가나 지방자치단체는 그 손해를 배상하여야 한다. 이 경우 제2조제1항 단서, 제3조 및 제3조의2를 준용한다.

② 제1항을 적용할 때 손해의 원인에 대하여 책임을 질 자(者)가 따로 있으면 국가나 지방자치단체는 그 자에게 구상할 수 있다."라고 규정하고 있다.

Ⅱ. 배상책임의 성질

1. 학설

1) 제1설
국가배상법 제2조와는 달리 과실을 요건으로 하고 있지 않으므로 이를 무과실책임으로 파악하고 있다. 영조물상의 하자라는 물적 상태에 기인하여 지는 무과실책임이라는 것이다.(다수설)

2) 제2설
하자라는 물적 상태에 기인한 책임이지만 설치·관리상의 하자를 요한다는 점에서 엄격한 의미의 또는 절대적인 무과실 책임은 아니라는 견해로[89] 국가배상책임의 통일적 이해에 중점을 두고 있다.

3) 제3설
행정주체의 교통안전의무[90]에 대한 위법·무과실의 행위책임이라는 견해이다.[91]

2. 판례

판례는 국가배상법 제5조 소정의 영조물의 설치·관리상의 하자로 인한 책임은 무과실책임이라고 한다.

> □ 대법원 1994. 11. 22. 선고 94다32924 판결
> 국가배상법 제5조 소정의 영조물의 설치·관리상의 하자로 인한 책임은 **무과실책임이**고 나아가 민법 제758조 소정의 공작물의 점유자의 책임과는 달리 면책사유도 규정되어 있지 않으므로, 국가 또는 지방자치단체는 영조물의 설치·관리상의 하자로 인하여 타인에게 손해를 가한 경우에 그 손해의 방지에 필요한 주의를 해태하지 아니하였다 하여 면책을 주장할 수 없다(대법원 1992. 9. 22. 선고 93다30219 판결 참조).

---

89) 김동희, 510쪽.
90) 자신의 토지나 그의 지배영역에 공적인 교통을 허용하거나 자신의 물건을 일반의 교통에 노출시킨 사람은 교통에 참여한 다른 사람의 위험을 방지하기 위하여 필요하고도 기대가능한 조치를 취하여야 할 교통안전의 의무를 진다는 내용의 독일 판례에 의해 발전된 법원칙이다.
91) 김남진, 592쪽 ; 정하중, 275~277쪽.

Ⅲ. 민법 제758조와의 구별

 국가배상법 제5조의 영조물 책임은 민법 제758조의 공작물책임과 비교하여 공작물책임의 경우에는 점유자의 면책이 인정되지만 이런 면책규정이 없다는 점에서 구별된다.

제2절 배상책임의 요건

Ⅰ. 공공의 영조물

1. 개념

 강학상의 영조물이란 공적목적을 달성하기 위한 인적·물적 시설의 종합체를 의미한다.

 그러나 여기서 공공의 영조물은 일반적으로 행정주체가 직접적으로 공적목적을 달성하기 위하여 제공한 유체물인 공물을 의미하는 것으로 개개 물건뿐만 아니라 물건의 집합체인 유체적 설비도 포함한다. 따라서 인공공물과 자연공물, 공공용물과 공용물을 포함하고 공작물뿐만 아니라 자동차 등의 동산과 경찰견 등 동물도 포함된다. 국가배상법 제5조의 도로·하천은 인공공물과 자연공물의 예시적 규정이다. 잡종재산의 경우에는 민법 제758조가 적용된다.

2. 판례의 검토

 판례상 지하케이블선의 맨홀, 건널목경보기, 공중변소, 도로 배수로의 제방, 전신주, 공항(대법원 2005. 1. 27. 선고 2003다49566 판결, 대법원 2010. 11. 25. 선고 2007다74560 판결), 군전투기 비행훈련장(대법원 2010. 7. 15. 선고 2006다84126 판결), 군사격장(대법원 2010. 11. 11. 선고 2008다57975 판결, 대법원 2004. 3. 12. 선고 2002다14242 판결) 등이 영조물로 인정되었다.

 대법원은 공공영조물의 개념에 대해 통설과 같은 입장에서 다음과 같이 판시하고 있다.

> □ 대법원 1995. 1. 24. 선고 94다45302 판결
> [국가배상법 제5조 제1항 소정의 '공공의 영조물'의 의미]
> 국가배상법 제5조 제1항 소정의 '공공의 영조물'이라 함은 국가 또는 지방자치단체에 의하여 특정 공공의 목적에 공여된 유체물 내지 물적 설비를 지칭하며, 특정 공공의 목적에 공여된 물이라 함은 일반 공중의 자유로운 사용에 직접적으로 제공되는 공공용물에 한하지 아니하고, 행정주체 자신의 사용에 제공되는 공용물도 포함하며 국가 또는 지방자치단체가 소유권, 임차권 그 밖의 권한에 기하여 관리하고 있는 경우뿐만 아니라 사실상의 관리를 하고 있는 경우도 포함한다(대법원 1998. 10. 23. 선고 98다17381 판결).

Ⅱ. 설치·관리상의 하자

1. 설치상의 하자와 관리상의 하자

설치상의 하자는 당해 영조물이 그 성립당시부터 원시적으로 물적 안정성을 결여한 것으로 당해 영조물의 건조이전의 하자로서 설계상 또는 건조상의 하자가 이에 해당 된다.

관리상의 하자는 당해 시설이 건조된 후의 후발적인 하자를 의미하며, 영조물의 유 지, 수선에 불완전한 점이 있는 경우가 이에 해당된다.

쟁점 **[영조물의 설치·관리상의 하자의 의미 및 그 판단 기준]**

☐ 대법원 1994. 11. 22. 선고 94다32924 판결[92]
국가배상법 제5조 소정의 영조물의 설치·관리상의 하자라 함은 영조물의 설치 및 관 리에 불완전한 점이 있어 이 때문에 영조물 자체가 통상 갖추어야 할 안전성을 갖추지 못한 상태에 있는 것을 말하는 것이다.

☐ 대법원 1997. 5. 16. 선고 96다54102 판결
영조물의 설치·보존의 하자라 함은 영조물이 그 용도에 따라 통상 갖추어야 할 안전 성을 갖추지 못한 상태에 있음을 말하는 것이고, 영조물의 설치 및 보존에 있어서 항 상 완전무결한 상태를 유지할 정도의 고도의 안전성을 갖추지 아니하였다고 하여 그 영조물의 설치 또는 관리에 하자가 있는 것으로는 할 수 없는 것이고, 따라서 영조물 의 설치자 또는 관리자에게 부과되는 방호조치의무의 정도는 그 영조물의 위험성에 비 례하여 사회통념상 일반적으로 요구되는 정도의 것을 말한다고 할 것이다(대법원 1987. 5. 12. 선고 86다카2773 판결, 대법원 1992. 4. 24. 선고 91다37652 판결 참조).

☐ 대법원 2000. 1. 14. 선고 99다24201 판결
국가배상법 제5조에서 말하는 영조물의 설치·관리의 하자란 영조물이 그 용도에 따라 통상 갖추어야 할 안전성을 갖추지 못한 상태에 있음을 말하는 것으로서(대법원 1998. 10. 23. 선고 98다17381 판결 참조), 이와 같은 안전성의 구비 여부는 당해 영조물의 구조, 본래의 용법, 장소적 환경 및 이용 상황 등의 여러 사정을 종합적으로 고려하여 구체적·개별적으로 판단하여야 한다.

---

92) 지방자치단체가 관리하는 도로 지하에 매설되어 있는 상수도관에 균열이 생겨 그 틈으로 새어 나온 물이 도로 위까지 유출되어 노면이 결빙되었다면 도로로서의 안전성에 결함이 있는 상태로서 설치·관 리상의 하자가 있다고 한 사례.

□ 대법원 2001. 7. 27. 선고 2000다56822 판결

 국가배상법 제5조 제1항에 정해진 영조물의 설치 또는 관리의 하자라 함은 영조물이 그 용도에 따라 통상 갖추어야 할 안전성을 갖추지 못한 상태에 있음을 말하는 것이며, 다만 영조물이 완전무결한 상태에 있지 아니하고 그 기능상 어떠한 결함이 있다는 것만으로 영조물의 설치 또는 관리에 하자가 있다고 할 수 없는 것이고, 위와 같은 안전성의 구비 여부를 판단함에 있어서는 당해 영조물의 용도, 그 설치장소의 현황 및 이용 상황 등 제반 사정을 종합적으로 고려하여 설치·관리자가 그 영조물의 위험성에 비례하여 사회통념상 일반적으로 요구되는 정도의 방호조치의무를 다하였는지 여부를 그 기준으로 삼아야 할 것이며, 만일 객관적으로 보아 시간적·장소적으로 영조물의 기능상 결함으로 인한 손해발생의 예견가능성과 회피가능성이 없는 경우 즉 그 영조물의 결함이 영조물의 설치·관리자의 관리행위가 미칠 수 없는 상황 아래에 있는 경우임이 입증되는 경우라면 영조물의 설치·관리상의 하자를 인정할 수 없다고 할 것이다(대법원 1988. 11. 8. 선고 86다카775 판결, 대법원 1992. 9. 14. 선고 92다3243 판결, 대법원 1994. 10. 28. 선고 94다16328 판결, 대법원 1998. 2. 10. 선고 97다32536 판결, 대법원 2000. 2. 25. 선고 99다54004 판결 참조).

□ 대법원 2002. 8. 23. 선고 2002다9158 판결[93]

 국가배상법 제5조 제1항에 정하여진 '영조물 설치·관리상의 하자'라 함은 공공의 목적에 공여된 영조물이 그 용도에 따라 통상 갖추어야 할 안전성을 갖추지 못한 상태에 있음을 말하는바, 영조물의 설치 및 관리에 있어서 항상 완전무결한 상태를 유지할 정도의 고도의 안전성을 갖추지 아니하였다고 하여 영조물의 설치 또는 관리에 하자가 있다고 단정할 수 없는 것이고, 영조물의 설치자 또는 관리자에게 부과되는 방호조치의무는 영조물의 위험성에 비례하여 사회통념상 일반적으로 요구되는 정도의 것을 의미하므로 영조물인 도로의 경우도 다른 생활필수시설과의 관계나 그것을 설치하고 관리하는 주체의 재정적, 인적, 물적 제약 등을 고려하여 그것을 이용하는 자의 상식적이고 질서 있는 이용 방법을 기대한 상대적인 안전성을 갖추는 것으로 족하다고 할 것이다(대법원 2000. 4. 25. 선고 99다54998 판결 참조).

□ 대법원 2010. 11. 25. 선고 2007다74560 판결
['영조물 설치 또는 관리의 하자'의 의미 및 그에 관한 제3자의 수인한도 판단 기준]

---

93) 고속도로가 사고지점에 이르러 다소 굽어져 있으나, 사고 지점의 차선 밖에 폭 3m의 갓길이 있을 뿐 아니라, 사고 지점 도로변에 야간에 도로의 형태를 식별할 수 있게 하는 시설물들이 기준에 따라 설치되어 있는 경우 도로의 관리자로서는 야간에 차량의 운전자가 사고 지점의 도로에 이르러 차선을 따라 회전하지 못하고 차선을 벗어난 후 갓길마저 지나쳐 도로변에 설치되어 있는 방음벽을 들이받은 사고를 일으킨다고 하는 것은 통상 예측하기 어려우므로 도로의 관리자가 그러한 사고에 대비하여 도로변에 야간에 도로의 형태를 식별할 수 있는 시설물들을 더 많이 설치하지 않고, 방음벽에 충격방지시설을 갖추지 아니하였다고 하여 사고 지점 도로의 설치 또는 관리에 하자가 있다고 볼 수 없다고 한 사례.

국가배상법 제5조 제1항에 정하여진 '영조물의 설치 또는 관리의 하자'라 함은 공공의 목적에 공여된 영조물이 그 용도에 따라 갖추어야 할 안전성을 갖추지 못한 상태에 있음을 말하고, 여기서 안전성을 갖추지 못한 상태, 즉 타인에게 위해를 끼칠 위험성이 있는 상태라 함은 당해 영조물을 구성하는 물적 시설 그 자체에 있는 물리적·외형적 흠결이나 불비로 인하여 그 이용자에게 위해를 끼칠 위험성이 있는 경우뿐만 아니라, 그 영조물이 공공의 목적에 이용됨에 있어 그 이용상태 및 정도가 일정한 한도를 초과하여 제3자에게 사회통념상 수인할 것이 기대되는 한도를 넘는 피해를 입히는 경우까지 포함된다고 보아야 할 것이다. 그리고 수인한도의 기준을 결정함에 있어서는 일반적으로 침해되는 권리나 이익의 성질과 침해의 정도뿐만 아니라 침해행위가 갖는 공공성의 내용과 정도, 그 지역환경의 특수성, 공법적인 규제에 의하여 확보하려는 환경기준, 침해를 방지 또는 경감시키거나 손해를 회피할 방안의 유무 및 그 난이 정도 등 여러 사정을 종합적으로 고려하여 구체적 사건에 따라 개별적으로 결정하여야 할 것이다(대법원 2005. 1. 27. 선고 2003다49566 판결 참조).

2. 하자의 판단기준

영조물의 설치, 관리상의 하자를 해석함에 있어서 '설치' 또는 '관리'의 하자에 중점을 두느냐 아니면 '하자'자체에 중점을 두느냐에 대하여 견해가 대립한다.

(1) 학설

1) 主觀說(설치관리상의 注意義務違反說)

하자를 관리자의 영조물에 대한 안전확보의무나 사고방지의무 위반의 의미로 파악하기 때문에 하자의 발생에는 관리자의 주관적 귀책사유가 필요하다고 본다.[94]

법문의 표현상 '영조물의 하자'가 아니고 '영조물의 설치·관리상의 하자'로 되어 있고, 의무위반으로 해석하여 귀책사유와 연계하는 것이 국가배상책임의 통일적 해석을 위해 명확한 의미를 제공한다는 것이다.

그리고 귀책사유를 관리자의 객관화된 관리의무 위반에서 찾음으로써 국가배상법 제5조의 적용범위를 합리적으로 제한하는 기능을 수행할 수 있다고 한다.

2) 客觀說(客觀的 物的缺陷說)

영조물의 하자의 유무는 객관적으로 판단되어야 할 것으로 하자를 국가나 지방자치단체가 관리가능한 범위에 있는 영조물이 통상 갖추고 있어야 할 물적 안전성을 결하여 타인에게 위해를 발생할 가능성이 있는 상태를 의미한다고 보고 있다. 따라서 설

---

94) 강구철, 674~675쪽 ; 김동희, 516~517쪽.

치·관리자의 주관적인 의무위반을 요하지 아니한다고 한다.95)

객관설에 의하면 하자의 유무는 당해 공공시설의 구조·용법·장소적 환경 및 이용현황 등 제반사정을 종합하여 구체적이고 개별적으로 판단하여야 한다고 한다.96) 그러나 객관설은 하자를 판단함에 있어 불가항력에 의한 면책사유를 인정함으로써 책임범위를 제한하고 있다.

3) 折衷說

영조물 자체의 안전성 결함뿐만 아니라 사안에 따라 관리자의 안전관리의무 위반까지 하자를 인정하는 기준으로 삼는 견해이다.97) 그러나 이 견해는 일본에서 다양하게 주장되고 있는 견해로 여기에는 영조물 자체의 결함과 함께 관리자의 안전관리의무 위반이라는 주관적 요소를 공통적으로 이해해야 한다는 견해와 영조물 자체의 안전성 결함이라는 객관적인 물적 상태의 하자 또는 관리의무 위반이라는 주관적 요소 중 어느 하나가 있는 경우 하자가 인정된다는 견해가 제기되고 있다.

4) 違法·無過失責任說

국가배상법 제5조에 의한 책임을 교통안전의무를 위반함으로써 발생한 손해에 대한 행정주체의 위법·무과실책임으로 보는 입장이다.98)

교통안전의무는 국가의 법적의무로서 공무원의 주관적인 과실과는 아무 관계가 없고 따라서 국가배상법 제5조 제1항의 책임은 행정주체의 교통안전의 법적 의무위반이라는 객관적 위법행위에 대한 행위책임이며 무과실책임이다.

(2) 하자에 관한 판례의 태도

1) 객관설적 판례

판례는 영조물 하자에 대하여 원칙적으로는 객관설의 입장에 서 있는 것으로 보인다. 즉, 영조물설치의 하자라 함은 영조물의 축조에 불완전한 점이 있어 영조물 자체가 통상 갖추어야 할 안정성을 갖추지 못한 상태를 의미하는 것으로 하자의 유무는 객관적 견지에서 본 안전성의 문제라고 본다.

---

95) 김성수, 617쪽 ; 박윤흔, 732~733쪽 ; 변재옥, 519쪽 ; 석종현, 643쪽 ; 한견우, 625쪽 ; 홍정선, 552쪽. 류지태교수는 객관설의 입장을 취하면서도 안정성의 의미를 영조물의 평균적인 안정성의 경우로 이해하여야 한다고 덧붙이고 있다(410쪽).

96) 이에 따라 안전성의 결여 판단기준과 관련하여 영조물하자설과 사화적·기능적영조물하자설 등이 논의되고 있다.(박윤흔, 734쪽)

97) 김철용교수는 국가배상법 제5조에 의한 배상청구권의 성립요건은 안정성과 손해회피가능성의 존재라고 한다(358쪽). 박균성교수는 이론적 일관성을 위해서는 객관설이 타당하지만 피해자 구제의 입장에서는 절충설이 바람직하다고 한다(603쪽).

98) 김남진, 592쪽 ; 정하중, 275~277쪽.

불가항력으로 인한 면책사유는 인정하지만, 재정사정이나 사용목적에 의한 사정은 안전성요구의 정도문제로 참작사유는 될지언정 안정성을 결정짓는 결정적인 사유로 면책사유는 아니라고 보고 있다.

□ 대법원 1967. 2. 21. 선고 66다1723 판결

영조물 설치의 '하자'라 함은 영조물의 축조에 불완전한 점이 있어 이 때문에 영조물 자체가 통상 갖추어야 할 완전성을 갖추지 못한 상태에 있음을 말한다고 할 것인바 그 '하자'유무는 객관적 견지에서 본 안전성의 문제이고 그 설치자의 재정사정이나 영조물의 사용목적에 의한 사정은 안전성을 요구하는데 대한 정도 문제로서 참작사유에는 해당할지언정 안전성을 결정지을 절대적 요건에는 해당하지 아니한다 할 것이다.

□ 대법원 1986. 2. 11. 선고 85다카2336 판결

공작물의 설치 및 보존의 하자라 함은 공작물의 축조 및 보존에 불완전한 점이 있어 이 때문에 그 공작물 자체가 통상 갖추어야 할 안전성을 갖추지 못한 상태에 있음을 말하는 것이므로 공작물의 설치 및 보존에 있어서 항상 완전무결한 상태를 유지할 정도의 고도의 안전성을 갖추지 않았다하여 그 공작물의 설치 및 보존에 하자가 있는 것이라 할 수 없다. 공작물의 설치 보존자에게 부과되는 방호조치 의무의 정도는 그 공작물의 위험성에 비례하여 사회통념상 일반적으로 요구되는 정도의 것을 말한다.

□ 대법원 1994. 11. 22. 선고 94다32924 판결

국가배상법 제5조 소정의 영조물의 설치, 관리상의 하자라 함은 영조물의 설치 및 관리에 불완전한 점이 있어 이 때문에 영조물 자체가 통상 갖추어야 할 안전성을 갖추지 못한 상태에 있는 것을 말하는 것이고(대법원 1992. 10. 27. 선고 92다21050 판결 참조), (중략) 도로지하에 매설되어 있는 상수도관에 균열이 생겨 그 틈으로 새어 나온 물이 도로 위까지 유출되어 노면이 결빙되었다면 도로로서의 안전성에 결함이 있는 상태로서 설치, 관리상의 하자가 있다고 할 것이다. 또 국가배상법 제5조 소정의 영조물의 설치, 관리상의 하자로 인한 책임은 무과실책임이고, 나아가 민법 제758조 소정의 공작물의 점유자의 책임과는 달리 면책사유도 규정되어 있지 않으므로 국가 또는 지방자치단체는 영조물의 설치, 관리상의 하자로 인하여 타인에게 손해를 가한 경우에 그 손해의 방지에 필요한 주의를 해태하지 아니하였다 하여 면책을 주장할 수도 없다 할 것이다.

---

2) 주관설적 판례

다만 사안에 따라 예견가능성 또는 회피가능성이라는 주관적 요소를 고려한 주관설 내지 위법·무과실책임설적인 태도를 취한 판례도 있다.

□ 대법원 1969. 12. 9. 선고 69다1386판결
철도 밑에 부착한 보안시설 등 영조물을 설치 및 관리하는 피고로서는 건널목에 자동경보기, 차단기 등 완전한 시설을 갖추고 건널목 간수를 배치하는 등 사고발생을 미연에 방지할 보안조치를 다하여야 함에도 이를 방치하여 책임을 인정할 수 있다.

□ 대법원 1993. 6. 25. 선고 93다14424 판결
도로의 관리책임자로서 위 도로를 주행하는 차량들의 안전운행을 위하여 도로상태의 안전점검을 철저하게 하였어야 함에도 불구하고 이를 게을리 하여 위와 같은 웅덩이를 방치함으로써 이 사건 교통사고의 발생에 한 원인을 제공하였으므로, 피고는 위 소외 회사와 공동불법행위자로서 손해배상책임이 있다.

3) 절충설적 판례

최근 절충설에 가까운 태도를 취한 것이 늘고 있다. 즉 영조물의 물적 하자가 원인이된 경우에도 관리의무위반을 기준으로 영조물의 설치 또는 관리의 하자를 판단하고 있다.

□ 대법원 2010. 7. 22. 선고 2010다33354,33361 판결
국가배상법 제5조 제1항에 정해진 영조물의 설치 또는 관리의 하자라 함은 영조물이 그 용도에 따라 통상 갖추어야 할 안전성을 갖추지 못한 상태에 있음을 말하는 것이며, 다만 영조물이 완전무결한 상태에 있지 아니하고 그 기능상 어떠한 결함이 있다는 것만으로 영조물의 설치 또는 관리에 하자가 있다고 할 수 없는 것이고, 위와 같은 안전성의 구비 여부를 판단함에 있어서는 당해 영조물의 용도, 그 설치장소의 현황 및 이용상황 등 제반 사정을 종합적으로 고려하여 설치·관리자가 그 영조물의 위험성에 비례하여 사회통념상 일반적으로 요구되는 정도의 방호조치의무를 다하였는지 여부를 그 기준으로 삼아야 할 것이며, 만일 객관적으로 보아 시간적·장소적으로 영조물의 기능상 결함으로 인한 손해발생의 예견가능성과 회피가능성이 없는 경우 즉 그 영조물의 결함이 영조물의 설치·관리자의 관리행위가 미칠 수 없는 상황 아래에 있는 경우임이 입증되는 경우라면 영조물의 설치·관리상의 하자를 인정할 수 없다고 할 것이다(대법원 1988. 11. 8. 선고 86다카775 판결, 대법원 1992. 9. 14. 선고 92다3243 판결, 대법원 1994. 10. 28. 선고 94다16328 판결, 대법원 1997. 5. 16. 선고 96다54102 판결, 대법원 1998. 2. 10. 선고 97다32536 판결, 대법원 2000. 2. 25. 선고 99다54004 판결, 대법원 2001. 7. 27. 선고 2000다56822 판결, 대법원 2007. 9. 21. 선고 2005다65678 판결, 대법원 2008. 4. 24. 선고 2007다64600 판결 참조).

□ 대법원 2000. 4. 25. 선고 99다54998 판결

국가배상법 제5조 제1항 소정의 '영조물 설치 관리상의 하자'라 함은 공공의 목적에 공여된 영조물이 그 용도에 따라 통상 갖추어야 할 안전성을 갖추지 못한 상태에 있음을 말하고, 영조물의 설치 및 관리에 있어서 항상 완전무결한 상태를 유지할 정도의 고도의 안전성을 갖추지 아니하였다고 하여 영조물의 설치 또는 관리에 하자가 있는 것으로는 할 수 없는 것으로서, 영조물의 설치자 또는 관리자에게 부과되는 방호조치 의무의 정도는 영조물의 위험성에 비례하여 사회통념상 일반적으로 요구되는 정도의 것을 말하므로(대법원 1994. 10. 28. 선고 94다16328 판결, 대법원 1998. 10. 23. 선고 98다17381 판결 참조), 영조물인 도로의 경우도 다른 생활필수시설과의 관계나 그것을 설치하고 관리하는 주체의 재정적, 인적, 물적 제약 등을 고려하여, 그것을 이용하는 자의 상식적이고 질서 있는 이용 방법을 기대한 상대적인 안전성을 갖추는 것으로 족하다고 보아야 할 것이다.

(3) 검토

국가배상법 제5조는 '설치 또는 관리상의 하자'라고만 되어 있고 제2조와 같이 '고의 또는 과실'이라는 표현이 없음에도 제5조의 책임을 과실책임으로 해석하는 것은 타당하지 않다. 또한 영조물의 설치·관리상의 하자 즉 통상의 안정성의 결여는 영조물의 물적 하자뿐만 아니라 기능적 하자도 포함하는 것으로 해석되어야 할 것이다.

본조의 책임이 현대국가에서 일반인의 공공 영조물의 이용증대에 따라 하자라는 물적상태에 기인한 무과실책임을 인정함으로써 국민을 보호하자는 것이 본조의 취지인 점, 주의의무위반을 요구함은 국가 등을 지나치게 보호하게 되는 점 등을 고려할 때 원칙적으로 객관설이 제5조의 문언이나 피해자의 권리 구제차원에서 타당한 것으로 평가할 수 있다. 다만 공물의 관리주체에게 책임을 귀속시킬 수 없는 특별한 사정(자연재해 등 불가항력)이 있는 경우에는 면책사유를 인정함으로써 배상책임을 부정하면 될 것이다. 더욱이 하자의 존부판단에 있어 당해 영조물의 구조, 용법, 장소적 환경 및 이용 상황 등의 여러 사정을 종합적으로 고려하여 구체적·개별적으로 판단함으로써 구체적 타당성을 기할 수 있다.

다만 주관설이 주의의무위반을 고도화·객관화된 주의의무위반으로 파악하며(완화된 과실책임), 객관설에서는 하자의 존부판단에서 당해 영조물의 구조, 용법, 장소적 환경 및 이용 상황 등을 고려하는 점에서 양 견해는 상당히 접근하고 있다.

3. 개별적 고찰

(1) 인공공물 - 도로

도로의 설치 또는 관리·보존상의 하자는 ① 도로의 위치 등 장소적 조건(장소적 환경), ② 도로의 구조, ③ 교통량, ④ 사고시에 있어서의 교통사정 등 도로의 이용 상황, ⑤ 그 본래의 용법(이용 목적) 등 제반 사정, ⑥ 물적 결함의 위치, 형상 등을 종합적으로 고려하여 사회통념에 따라 구체적으로 판단하여야 할 것이다.

쟁점 **[도로의 설치·관리상의 하자 유무에 관한 판단 기준]**

□ 대법원 1998. 2. 10. 선고 97다32536 판결
도로의 설치 또는 관리·보존상의 하자는 도로의 위치 등 장소적인 조건, 도로의 구조, 교통량, 사고시에 있어서의 교통 사정 등 도로의 이용 상황과 그 본래의 이용 목적 등 제반 사정과 물적 결함의 위치, 형상 등을 종합적으로 고려하여 사회통념에 따라 구체적으로 판단하여야 할 것인바, 도로의 설치 후 제3자의 행위에 의하여 그 본래의 목적인 통행상의 안전에 결함이 발생한 경우에는 도로에 그와 같은 결함이 있다는 것만으로 성급하게 도로의 보존상 하자를 인정하여서는 안 되고, 당해 도로의 구조, 장소적 환경과 이용 상황 등 제반 사정을 종합하여 그와 같은 결함을 제거하여 원상으로 복구할 수 있는데도 이를 방치한 것인지 여부를 개별적·구체적으로 심리하여 하자의 유무를 판단하여야 할 것이다(대법원 1992. 9. 14. 선고 92다3243 판결, 대법원 1997. 4. 22. 선고 97다3194 판결[99]) 참조).

□ 대법원 2000. 4. 25. 선고 99다54998 판결
국가배상법 제5조 제1항 소정의 '영조물 설치 관리상의 하자'라 함은 공공의 목적에 공여된 영조물이 그 용도에 따라 통상 갖추어야 할 안전성을 갖추지 못한 상태에 있음을 말하고, 영조물의 설치 및 관리에 있어서 항상 완전무결한 상태를 유지할 정도의 고도의 안전성을 갖추지 아니하였다고 하여 영조물의 설치 또는 관리에 하자가 있는 것으로는 할 수 없는 것으로서, 영조물의 설치자 또는 관리자에게 부과되는 방호조치의무의 정도는 영조물의 위험성에 비례하여 사회통념상 일반적으로 요구되는 정도의 것을 말한다.(대법원 1994. 10. 28. 선고 94다16328 판결, 대법원 1998. 10. 23. 선고 98다17381 판결 참조),
그리고 도로의 설치·관리상의 하자는 도로의 위치 등 장소적인 조건, 도로의 구조, 교통량, 사고시에 있어서의 교통 사정 등 도로의 이용 상황과 본래의 이용 목적 등 제반 사정과 물적 결함의 위치, 형상 등을 종합적으로 고려하여 사회통념에 따라 구체적으로 판단하여야 한다(대법원 1998. 2. 13. 선고 97다 49800 판결 참조).

□ 대법원 2008. 3. 13. 선고 2007다29287,29294 판결
민법 제758조 제1항에 정한 공작물의 설치·보존상의 하자라 함은 공작물이 용도에 따

---

99) 홍준형교수는 본 판례가 객관설을 유지하면서 영조물 하자의 판단기준이라는 차원에서 예측가능성, 결과회피가능성의 결여를 면책사유로 인정한 것으로 평석하고 있다(178~181쪽).

라 통상 갖추어야 할 안전성을 갖추지 못한 상태에 있음을 말하는 것으로서, 이와 같은 안전성의 구비 여부를 판단함에 있어서는 당해 공작물의 설치·보존자가 그 공작물의 위험성에 비례하여 사회통념상 일반적으로 요구되는 정도의 방호조치의무를 다하였는지 여부를 기준으로 삼아야 하고, 공작물인 도로의 설치·관리상의 하자는 도로의 위치 등 장소적인 조건, 도로의 구조, 교통량, 사고시에 있어서의 교통 사정 등 도로의 이용 상황과 그 본래의 이용 목적 등 여러 사정과 물적 결함의 위치, 형상 등을 종합적으로 고려하여 사회통념에 따라 구체적으로 판단하여야 할 것이다(대법원 1999. 12. 24. 선고 99다45413 판결, 대법원 2002. 9. 27. 선고 2002다15917 판결 참조).

1) 도로의 설치상의 하자

□ 대법원 2002. 8. 23. 선고 2002다9158 판결

사고 지점 도로의 굽은 정도에다 차선 밖에 폭 3m의 넓은 갓길이 있는 점, 사고 지점 전방에서부터 야간에도 도로의 형태나 굽은 정도를 알 수 있는 데리네이터와 갈매기표지판이 피고의 설치기준에 따라 설치되어 있는 사정까지를 덧붙여 고려할 때, 사고 지점 도로가 다소 왼쪽으로 굽은 곳이라고 하더라도 야간에 그 곳을 주행하는 운전자가 전방을 주시하는 등으로 조금만 주의를 기울여서 운전한다면 사고 지점의 도로가 왼쪽으로 굽은 도로라는 사실을 쉽게 인식하여 차선을 이탈하지 아니하고 안전하게 진행할 수 있으리라고 판단되므로 위와 같은 도로 상황하에서 차량의 운전자가 사고 지점에 이르러 차선을 따라 회전하지 못하고 그대로 직진하여 차선을 벗어나 약 3m나 되는 갓길마저 지나서 방음벽을 들이받으리라고 하는 것은 도로의 관리자인 피고로서도 통상적으로 예측할 수 없다고 할 것이다.

따라서 피고가 그러한 사고에 대비하여 도로변에 더 많은 데리네이터[반사체]나 갈매기표지판을 설치하지 아니하고 방음벽에 충격방지시설을 갖추지 아니하였다고 하여 위의 사고 지점 도로에 설치 또는 관리의 하자가 있다고 볼 수는 없다고 여겨진다.

2) 도로관리상의 하자

도로관리자의 사고발생에 대한 회피가능성 유무를 판단하는 기준으로 판례는 ① 도로관리자의 도로순찰 등의 감시체계, ② 도로 순찰자가 사고 지점을 통과한 시간과 사고발생 시간의 간격, ③ 사고지점을 통과한 차량의 수, ④ 긴급전화기의 설치상황 및 사고지점과 긴급전화기의 거리, ⑤ 도로관리자가 다른 운전자로부터 도로상에 떨어진 장해물에 대한 사고신고를 받았는지의 여부, ⑥ 도로관리자가 장해물신고를 받은 경우 그 장해물을 제거하는데 소요되는 시간 등을 들고 있다.

① 노면의 홈

□ 대법원 1993. 6. 25. 선고 93다14424 판결
 이 사건 교통사고가 발생한 강원도 인제읍 합강 3리 소재 44번 국도상에 아스팔트가
패여서 생긴 길이 1.2미터, 폭 0.7미터의 웅덩이가 있어서 이곳을 통과하던 소외 합자
회사 중부관광여행사 소속 관광버스가 이를 피하기 위하여 중앙선을 침범운행한 과실
로 마주오던 타이탄 화물트럭과 충돌하여 이 사건 교통사고가 발생하였는바, 피고는
위 도로의 관리책임자로서 위 도로를 주행하는 차량들의 안전운행을 위하여 도로상태
의 안전점검을 철저하게 하였어야 함에도 불구하고 이를 게을리 하여 위와 같은 웅덩
이를 방치함으로써 이 사건 교통사고의 발생에 한 원인을 제공하였으므로, 피고는 위
소외 회사와 공동불법행위자로서 손해배상책임이 있다.

② 노견의 하자

□ 대법원 1999. 12. 24. 선고 99다45413 판결
 편도 2차선 고속도로의 갓길과 2차선에 걸쳐 고여 있는 빗물에 차량이 미끄러져
180°회전하면서 동일한 경위로 미끄러져 갓길에 정차하여 차량을 점검하고 있던 다른
운전자를 들이받은 사고가 발생한 경우, 고속도로의 설치·관리상의 하자가 있다고 본
사례.

③ 자연력에 의한 통행상 안전의 결함

1. 집중호우
□ 대법원 1998. 2. 13. 선고 97다49800 판결[100]
 영조물인 도로의 설치·관리상의 하자는 도로의 위치 등 장소적인 조건, 도로의 구조,
교통량, 사고시에 있어서의 교통 사정 등 도로의 이용 상황과 그 본래의 이용 목적 등
제반 사정과 물적 결함의 위치, 형상 등을 종합적으로 고려하여 사회통념에 따라 구체
적으로 판단하여야 할 것인바, 도로의 설치 후 집중호우 등 자연력이 작용하여 그 본
래 목적인 통행상의 안전에 결함이 발생한 경우에는 그 결함이 제3자의 행위에 의하여

---

100) 종단면상 유(U)자형 도로의 가운데 부분에 빗물이 고여 있어 그 곳을 진행하는 차량이 그 고인 빗
   물을 피하려고 중앙선을 침범하여 교통사고를 일으킨 사안에서, 도로관리청이 사고지점 도로에 빗
   물이 고여 차량의 통행에 장애가 되는 것을 막을 수 있었는데도 이를 방치한 것인지 여부를 심리하
   여야 함에도 불구하고 이에 이르지 않은 채 사고가 운전자의 일방적 과실로 인하여 발생한 것이라
   고 판단한 원심판결을 파기한 사례.

발생한 경우와 마찬가지로, 도로에 그와 같은 결함이 있다는 것만으로 성급하게 도로의 보존상 하자를 인정하여서는 안 되고, 당해 도로의 구조, 장소적 환경과 이용 상황 등 제반 사정을 종합하여 그와 같은 결함을 제거하여 원상으로 복구할 수 있는데도 이를 방치한 것인지 여부를 개별적·구체적으로 심리하여 하자의 유무를 판단하여야 한다 할 것이다(대법원 1992. 9. 14. 선고 92다3243 판결, 대법원 1997. 4. 22. 선고 97다3194 판결 참조).

2. 강설

□ 대법원 2000. 4. 25. 선고 99다54998 판결

영조물인 도로의 경우도 다른 생활필수시설과의 관계나 그것을 설치하고 관리하는 주체의 재정적, 인적, 물적 제약 등을 고려하여, 그것을 이용하는 자의 상식적이고 질서있는 이용 방법을 기대한 상대적인 안전성을 갖추는 것으로 족하다고 보아야 할 것이다. 특히 강설은 기본적 환경의 하나인 자연현상으로서 그것이 도로교통의 안전을 해치는 위험성의 정도나 그 시기를 예측하기 어렵고 통상 광범위한 지역에 걸쳐 일시에 나타나고 일정한 시간을 경과하면 소멸되는 일과성을 띠는 경우가 많은 점에 비하여, 이로 인하여 발생되는 도로상의 위험에 대처하기 위한 완벽한 방법으로서 도로 자체에 융설설비를 갖추는 것은 현대의 과학기술의 수준이나 재정사정에 비추어 사실상 불가능하고, 가능한 방법으로 인위적으로 제설작업을 하거나 제설제를 살포하는 등의 방법을 택할 수밖에 없는바, 그러한 경우에 있어서도 적설지대에 속하는 지역의 도로라든가 최저속도의 제한이 있는 고속도로 등 특수 목적을 갖고 있는 도로가 아닌 일반 보통의 도로까지도 도로관리자에게 완전한 인적, 물적 설비를 갖추고 제설작업을 하여 도로통행상의 위험을 즉시 배제하여 그 안전성을 확보하도록 하는 관리의무를 부과하는 것은 앞에서 본 도로의 안전성의 성질에 비추어 적당하지 않고, 오히려 그러한 경우의 도로통행의 안전성은 그와 같은 위험에 대면하여 도로를 이용하는 통행자 개개인의 책임으로 확보하여야 할 것이다.

□ 대법원 2008. 3. 13. 선고 2007다29287,29294 판결[101]

강설에 대처하기 위하여 완벽한 방법으로 도로 자체에 융설 설비를 갖추는 것이 현대의 과학기술 수준이나 재정사정에 비추어 사실상 불가능하다고 하더라도, 최저 속도의 제한이 있는 고속도로의 경우에 있어서는 도로관리자가 도로의 구조, 기상예보 등을 고려하여 사전에 충분한 인적·물적 설비를 갖추어 강설시 신속한 제설작업을 하고 나아가 필요한 경우 제때에 교통통제 조치를 취함으로써 고속도로로서의 기본적인 기능을 유지하거나 신속히 회복할 수 있도록 하는 관리의무가 있다.

---

101) 폭설로 차량 운전자 등이 고속도로에서 장시간 고립된 사안에서, 고속도로의 관리자가 고립구간의 교통정체를 충분히 예견할 수 있었음에도 교통제한 및 운행정지 등 필요한 조치를 충실히 이행하지 아니하였으므로 고속도로의 관리상 하자가 있다고 한 사례.

④ 낙하물 등 제3자의 행위에 의해 통행상의 안전에 결함이 발생한 경우

□ 대법원 1999. 7. 9. 선고 99다12796 판결

[도로의 설치 후 제3자의 행위에 의하여 도로의 통행상 안전에 결함이 생긴 경우, 도로의 보존·관리상의 하자 여부에 대한 판단 기준]

도로의 설치 후 제3자의 행위에 의하여 그 본래의 목적인 통행상의 안전에 결함이 발생한 경우에는 도로에 그와 같은 결함이 있다는 것만 가지고 도로의 보존상의 하자를 인정할 수는 없고, 당해 도로의 구조, 장소적 환경과 이용상황 등 제반 사정을 종합하여 그와 같은 결함을 제거하여 원상으로 복구할 수 있는데도 이를 방치한 것인지의 여부를 개별적, 구체적으로 살펴서 하자의 유무를 판단하여야 할 것이고, 객관적으로 보아 도로의 안전상의 결함이 시간적, 장소적으로 그 점유·관리자의 관리행위가 미칠 수 없는 상황 아래에 있는 경우에는 관리상의 하자를 인정할 수 없다(사고 당시 고속도로 1차선상에 크기 36㎝×27㎝×1㎝, 무게 5㎏의 철판이 떨어져 있었고, 위 철판이 앞서가던 차량의 바퀴에 튕겨 뒤에 오던 차량의 조수석에 탑승한 피해자를 충격함으로써 이 사건 사고가 발생한 사실을 인정하면서도, 사고 당시의 주위 상황, 사고의 발생 경위, 도로상의 결함의 정도와 그 방지를 위한 피고의 조치 등에 관한 그 판시와 같은 제반 사정을 들어 피고에게 이 사건 도로의 보존·관리상의 잘못을 인정할 수 없다.).

□ 대법원 1997. 4. 22. 선고 97다3194 판결[102]

도로의 설치 또는 관리의 하자는 도로의 위치 등 장소적인 조건, 도로의 구조, 교통량, 사고시에 있어서의 교통사정 등 도로의 이용 상황과 그 본래의 이용목적 등 제반 사정과 물적 결함의 위치, 형상 등을 종합적으로 고려하여 사회통념에 따라 구체적으로 판단하여야 할 것인바, 도로의 설치 후 제3자의 행위에 의하여 그 본래 목적인 통행상의 안전에 결함이 발생한 경우에는 도로에 그와 같은 결함이 있다는 것만으로 성급하게 도로의 보존상 하자를 인정하여서는 안 되고, 당해 도로의 구조, 장소적 환경과 이용상황 등 제반 사정을 종합하여 그와 같은 결함을 제거하여 원상으로 복구할 수 있는데도 이를 방치한 것인지 여부를 개별적·구체적으로 심리하여 하자의 유무를 판단하여야 한다(대법원 1992. 9. 14. 선고 92다3243 판결 참조).

□ 대법원 1994. 11. 22. 선고 94다32924 판결

영조물의 설치 또는 관리상의 하자로 인한 사고라 함은 영조물의 설치 또는 관리상의 하자만이 손해발생의 원인이 되는 경우만을 말하는 것이 아니고, 다른 자연적 사실이나 제3자의 행위 또는 피해자의 행위와 경합하여 손해가 발생하더라도 영조물의 설치 또는 관리상의 하자가 공동원인의 하나가 되는 이상 그 손해는 영조물의 설치 또는 관

---

102) 승용차 운전자가 편도 2차선의 국도를 진행하다가 반대차선 진행차량의 바퀴에 튕기어 승용차 앞유리창을 뚫고 들어온 쇠파이프에 맞아 사망한 경우, 국가의 손해배상책임을 부정한 사례.

리상의 하자에 의하여 발생한 것이라고 해석함이 상당하다고 할 것이다.(대법원 1977. 7. 12. 선고 76다2608 판결 참조)

⑤ 낙석

□ 대법원 1993. 6. 8. 선고 93다11678 판결
사고가 일어난 지점의 부근은 산중턱을 깎아 도로의 부지를 조성하였으므로, 비가 많이 올 때 등에 대비하여 깎아내린 산비탈부분이 무너지지 않도록 배수로를 제대로 설치하고 격자블록 등의 견고한 보호시설을 갖추어야 됨에도 불구하고, 이를 게을리한 잘못으로 위 산비탈부분이 1991. 7. 25. 내린 약 308.5㎜의 집중호우에 견디지 못하고 위 도로 위로 무너져 내려 차량의 통행을 방해함으로써 이 사건 사고가 일어난 사실을 인정할 수 있으므로, 이 사건 사고는 피고의 위 도로의 설치 또는 관리상의 하자로 인하여 일어난 것이라고 보아야 한다고 판단한 다음, 매년 비가 많이 오는 장마철을 겪고 있는 우리나라와 같은 기후의 여건 하에서 위와 같은 집중호우가 내렸다고 하여 전혀 예측할 수 없는 천재지변이라고 보기는 어렵다고 본 사례.

⑥ 사람·동물의 출현으로 인한 사고

□ 대법원 1978. 5. 9. 선고 76다1353 판결
고속도로를 관리하는 피고로서는 고속도로상의 자동차 운행에 방해되는 사람의 통행을 방지하여 도로의 안전을 유지, 관리하여야 할 의무가 있다 하겠고 이를 위하여 사람의 통행위험지역에 대하여 경고판을 세워 고속도로 횡단의 위험을 경고하고 아울러 가까운 거리에 지하통로가 있음을 주지시키며 야간에도 지하통로를 쉽게 이용할 수 있도록 방수, 조명시설을 철저히 하여 지하통로를 이용함에 있어서 불편이 없도록 조처를 취하여야 할 것인데 위 사고발생 부근을 위험지구 아닌 것으로 속단하여 위험발생 방지를 위한 이러한 조처를 취하지 아니한 피고의 도로관리상의 하자가 경합되어 발생한 것이라고 본 사례.

□ 대법원 1992. 10. 27. 선고 92다27164 판결
고속도로상에 들어온 개를 피하려다 사고가 난 경우 사고의 원인이 된 고속도로의 보존상 하자가 한국도로공사의 고속도로 유지 관리책임의 범위 내에 속한다고 본 사례.

⑦ 신호등의 고장으로 인한 사고

□ 대법원 2001. 7. 27. 선고 2000다56822 판결[103]

 국가배상법 제5조 제1항에 정해진 영조물의 설치 또는 관리의 하자라 함은 영조물이
그 용도에 따라 통상 갖추어야 할 안전성을 갖추지 못한 상태에 있음을 말하는 것이
며, 다만 영조물이 완전무결한 상태에 있지 아니하고 그 기능상 어떠한 결함이 있다는
것만으로 영조물의 설치 또는 관리에 하자가 있다고 할 수 없는 것이고, 위와 같은 안
전성의 구비 여부를 판단함에 있어서는 당해 영조물의 용도, 그 설치장소의 현황 및
이용 상황 등 제반 사정을 종합적으로 고려하여 설치·관리자가 그 영조물의 위험성에
비례하여 사회통념상 일반적으로 요구되는 정도의 방호조치의무를 다하였는지 여부를
그 기준으로 삼아야 할 것이며, 만일 객관적으로 보아 시간적·장소적으로 영조물의 기
능상 결함으로 인한 손해발생의 예견가능성과 회피가능성이 없는 경우 즉 그 영조물의
결함이 영조물의 설치·관리자의 관리행위가 미칠 수 없는 상황 아래에 있는 경우임이
입증되는 경우라면 영조물의 설치·관리상의 하자를 인정할 수 없다고 할 것이다(대법
원 1988. 11. 8. 선고 86다카775 판결, 대법원 1998. 2. 10. 선고 97다32536 판
결, 2000. 2. 25. 선고 99다54004 판결 참조).

(2) 자연공물 - 하천

 일본최고재판소는 1984. 1. 26. 大東水害訴訟判決[104]에서 ① 자연적 조건(i . 과거
에 발생한 수해의 규모, ii. 발생빈도, iii. 발생원인, iv. 피해의 성질, v. 강우상황,
vi.유역의 지형), ② 사회적 조건(토지의 이용 상황), ③ 재정적 조건(개수를 요하는
긴급성의 유무 및 그 정도) 등 하천관리하자의 일반적 판단기준을 제시하고 있다.

쟁점 [하천의 관리상 하자 유무의 판단기준]

□ 대법원 2007. 9. 21. 선고 2005다65678 판결

 자연영조물로서의 하천은 원래 이를 설치할 것인지 여부에 대한 선택의 여지가 없고,

---

103) 가변차로에 설치된 신호등의 용도와 오작동시에 발생하는 사고의 위험성과 심각성을 감안할 때, 만
일 가변차로에 설치된 두 개의 신호기에서 서로 모순되는 신호가 들어오는 고장을 예방할 방법이
없음에도 그와 같은 신호기를 설치하여 그와 같은 고장을 발생하게 한 것이라면, 그 고장이 자연재
해 등 외부요인에 의한 불가항력에 기인한 것이 아닌 한 그 자체로 설치·관리자의 방호조치의무를
다하지 못한 것으로서 신호등이 그 용도에 따라 통상 갖추어야 할 안전성을 갖추지 못한 상태에 있
었다고 할 것이고, 따라서 설령 적정전압보다 낮은 저전압이 원인이 되어 위와 같은 오작동이 발생
하였고 그 고장은 현재의 기술수준상 부득이한 것이라고 가정하더라도 그와 같은 사정만으로 손해
발생의 예견가능성이나 회피가능성이 없어 영조물의 하자를 인정할 수 없는 경우라고 단정할 수 없
다고 한 사례.
104) 民集 38卷 2号 53頁. 이에 대한 자세한 내용은 行政判例百選Ⅱ, 324~325頁.

위험을 내포한 상태에서 자연적으로 존재하고 있으며, 간단한 방법으로 위험상태를 제거할 수 없는 경우가 많고, 유수라고 하는 자연현상을 대상으로 하면서도 그 유수의 원천인 강우의 규모, 범위, 발생시기 등의 예측이나 홍수의 발생 작용 등의 예측이 곤란하고, 실제로 홍수가 어떤 작용을 하는지는 실험에 의한 파악이 거의 불가능하고 실제 홍수에 의하여 파악할 수밖에 없어 결국 과거의 홍수 경험을 토대로 하천관리를 할 수밖에 없는 특질이 있고, 또 국가나 하천관리청이 목표로 하는 하천의 개수작업을 완성함에 있어서는 막대한 예산을 필요로 하고, 대규모 공사가 되어 이를 완공하는 데 장기간이 소요되며, 치수의 수단은 강우의 특성과 하천 유역의 특성에 의하여 정해지는 것이므로 그 특성에 맞는 방법을 찾아내는 것은 오랜 경험이 필요하고 또 기상의 변화에 따라 최신의 과학기술에 의한 방법이 효용이 없을 수도 있는 등 그 관리상의 특수성도 있으므로, 하천관리의 하자 유무는, 과거에 발생한 수해의 규모·발생의 빈도·발생원인·피해의 성질·강우상황·유역의 지형 기타 자연적 조건, 토지의 이용상황 기타 사회적 조건, 개수를 요하는 긴급성의 유무 및 그 정도 등 제반 사정을 종합적으로 고려하고, 하천관리에 있어서의 위와 같은 재정적·시간적·기술적 제약하에서 같은 종류, 같은 규모 하천에 대한 하천관리의 일반수준 및 사회통념에 비추어 시인될 수 있는 안전성을 구비하고 있다고 인정할 수 있는지 여부를 기준으로 하여 판단해야 한다.

1) 計劃洪水量(計劃高水量)[105]

□ 대법원 2007. 9. 21. 선고 2005다65678 판결
 관리청이 하천법 등 관련 규정에 의해 책정한 하천정비기본계획 등에 따라 개수를 완료한 하천 또는 아직 개수 중이라 하더라도 개수를 완료한 부분에 있어서는, 위 하천정비기본계획 등에서 정한 계획홍수량 및 계획홍수위를 충족하여 하천이 관리되고 있다면 당초부터 계획홍수량 및 계획홍수위를 잘못 책정하였다거나 그 후 이를 시급히 변경해야 할 사정이 생겼음에도 불구하고 이를 해태하였다는 등의 특별한 사정이 없는 한, 그 하천은 용도에 따라 통상 갖추어야 할 안전성을 갖추고 있다고 봄이 상당하다.(대법원 2003. 10. 23. 선고 2001다48057 판결)

2) 개수중인 하천

일본최고재판소는 위 大東水害訴訟判決에서 동종·동규모의 하천관리의 일반수준 및 사회통념에 비추어 시인할 수 있는 안전성을 갖추고 있는지 여부를 기준으로 판단하여야 한다고 전제하고 "조기의 개수공사를 실시하지 않아 수해가 발생하였다하여 바

---

105) 치수대책을 위해 제방을 축조하는 경우 기본이 되는 계획유수량이다.

로 하천관리에 하자가 있다고 할 수 없다"며 영조물책임을 인정하지 않았으나, 1990.
12. 13. 多摩川水害訴訟判決106)에서 개수시 하천은 높은 안전성이 요구된다고 보아
미개수 하천과 구별하여 국가의 하천관리책임을 강조하였다.

□ 대법원 1998. 2. 13. 선고 95다44658 판결
[홍수조절에 관한 다목적댐 설치상 하자의 인정 기준]
 국가가 하천에 설치하는 다목적댐의 규모와 시설은 당해 하천의 특성, 그 유역의 강
우상황, 유수량, 지형 기타 자연적 조건, 유역 부근 토지의 이용 상황 기타 사회적 조
건 및 댐의 용도와 댐 공사의 경제성 등 여러 관점을 종합적으로 참작하여 결정하는
것이므로, 홍수조절과 관련하여 다목적댐의 규모와 시설에 설치상 하자가 있다고 하기
위하여는, 댐의 설치 당시 여러 관점을 종합하여 볼 때 홍수조절을 위하여 댐 규모,
수위의 조정 등의 조치가 필요불가결한 것임에도 불구하고 이를 하지 아니하였음이 댐
설치의 일반기준 및 사회통념에 비추어 명백하다고 볼 만한 사정이 인정되어야 한다.
 댐이 건설되면 정도의 차이는 있으나 댐의 상류로부터 저수지에 토사가 유입, 퇴적되
어 시간이 경과함에 따라 저수지의 저수용량이 점차 감소되는 것은 불가피한 현상이라
고 할 것인바, 이와 같이 댐의 저수용량이 감소되는 경우 홍수조절과 관련하여 댐 관
리에 하자가 있다고 하기 위하여는 댐의 저수용량의 감소로 인하여 수해발생의 위험성
이 현저히 증가하였음에도 불구하고 위험성을 배제하거나 감소시키기 위하여 상당한
조치를 하지 아니하였음이 댐 관리의 일반수준 및 사회통념에 비추어 명백하다고 볼
만한 사정이 인정되어야 한다.

3) 익사사고와 하천관리

□ 대법원 2010. 7. 22. 선고 2010다33354,33361 판결
[국가하천의 관리에 있어서 익사사고를 방지하기 위하여 요구되는 방호조치의무의 정도]
 자연영조물로서의 하천 중 국토보전상 또는 국민경제상 중요한 하천으로서 하천법 제
7조 제2항에 의하여 지정되는 국가하천의 관리에 있어서는 그 유역의 광범위성과 유
수(流水)의 상황에 따른 하상의 가변성 등으로 인하여 익사사고에 대비한 하천 자체의
위험관리에는 일정한 한계가 있을 수밖에 없겠지만, 국가하천 주변에 체육공원이 있어
다양한 이용객이 왕래하는 곳으로서 과거 동종 익사사고가 발생하고, 또한 그 주변 공
공용물로부터 사고지점인 하천으로의 접근로가 그대로 존치되어 있기 때문에 이를 이
용한 미성년자들이 하천에 들어가 물놀이를 할 수 있는 상황이라고 한다면, 특별한 사
정이 없는 한 그 사고지점인 하천으로의 접근을 막기 위하여 방책을 설치하는 등의 적
극적 방호조치를 취하지 아니한 채 하천 진입로 주변에 익사사고의 위험을 경고하는

---

106) 民集 44卷 9号 1186頁. 이에 대한 자세한 내용은 行政判例百選Ⅱ, 326~327頁.

표지판을 설치한 것만으로는 국가하천에서 성인에 비하여 사리 분별력이 떨어지는 미성년자인 아이들의 익사사고를 방지하기 위하여 그 관리주체로서 사회통념상 일반적으로 요구되는 정도의 방호조치의무를 다하였다고 할 수는 없다.

Ⅲ. 손해의 발생 및 인과관계

1. 손해의 발생

공공영조물의 하자로 인하여 타인에게 손해가 발생하여야 한다. 그리고 하자와 손해발생 사이에는 상당인과관계가 있어야 한다. 즉 배상액은 영조물의 설치·관리의 하자와 상당인과관계가 있는 모든 손해액이다.

2. 가해자의 면책 여부의 판단 기준과 면책사유

(1) 가해자의 면책 여부에 관한 판단 기준

□ 대법원 2010. 12. 23. 선고 2009다10928,10935,10942,10959 판결

소음 등을 포함한 공해 등의 위험지역으로 이주하여 들어가서 거주하는 경우와 같이 위험의 존재를 인식하면서 그로 인한 피해를 용인하며 접근한 것으로 볼 수 있는 경우에 그 피해가 직접 생명이나 신체에 관련된 것이 아니라 정신적 고통이나 생활방해의 정도에 그치고 그 침해행위에 고도의 공공성이 인정되는 때에는, 위험에 접근한 후 실제로 입은 피해 정도가 위험에 접근할 당시에 인식하고 있었던 위험의 정도를 초과하는 것이거나 위험에 접근한 후에 그 위험이 특별히 증대하였다는 등의 특별한 사정이 없는 한 가해자가 면책되는 경우도 있을 수 있고(대법원 2004. 3. 12. 선고 2002다14242 판결 참조), 특히 소음 등의 공해로 인한 법적 쟁송이 제기되거나 그 피해에 대한 보상이 실시되는 등 피해지역임이 구체적으로 드러나고 또한 이러한 사실이 그 지역에 널리 알려진 이후에 이주하여 오는 경우에는 위와 같은 위험에의 접근에 따른 가해자의 면책 여부를 보다 적극적으로 인정할 여지가 있을 것이다.
다만 일반인이 공해 등의 위험지역으로 이주하여 거주하는 경우라고 하더라도 위험에 접근할 당시에 그러한 위험이 존재하는 사실을 정확하게 알 수 없는 경우가 많고, 그 밖에 위험에 접근하게 된 경위와 동기 등의 여러 가지 사정을 종합하여 그와 같은 위험의 존재를 인식하면서 굳이 위험으로 인한 피해를 용인하였다고 볼 수 없는 경우에는 손해배상액의 산정에 있어 형평의 원칙상 과실상계에 준하여 감액사유로 고려하는 것이 상당하고(대법원 2005. 1. 27. 선고 2003다49566 판결 참조), 이러한 과실상계 사유에 관한 사실인정이나 그 비율을 정하는 것은 그것이 형평의 원칙에 비추어 현저히 불합리하다고 인정되지 않는 한 사실심의 전권에 속한다(대법원 2002. 11. 26. 선고 2002다43165 판결 참조).

(2) 면책사유

손해가 천재지변 등 불가항력에 의한 경우와 국가의 재정여건 등에 기인하여 발생한 경우에 인과관계가 단절된다고 볼 수 있는가가 문제된다.

1) 불가항력

공공영조물이 통상 갖추어야 할 안정성을 갖추어 하자가 없는데도 불구하고 과학적으로 예상할 수 없는 자연재해가 발생하여 사고가 난 경우에는 면책사유가 된다는 것이 일반적이다. 다만 판례에 의하면 불가항력을 예견가능성이나 결과의 회피가능성의 유무에 의하여 판단하고 있으며, 불가항력에 관한 입증책임은 공공영조물의 점유관리자가 부담한다고 하고 있다. 특히 하자와 자연력이 경합된 경우에 그 기여도의 비율에 따라 손해배상액을 감액할 수 있다고 한다.

> □ 대법원 2008. 3. 13. 선고 2007다29287,29294 판결
> [고속도로의 관리상 하자로 인한 손해배상책임을 면하기 위한 요건]
> 고속도로의 관리상 하자가 인정되는 이상 고속도로의 점유관리자는 그 하자가 불가항력에 의한 것이거나 손해의 방지에 필요한 주의를 해태하지 아니하였다는 점을 주장·입증하여야 비로소 그 책임을 면할 수 있다(대법원 1988. 11. 8. 선고 86다카775 판결 참조).

2) 재정적 제약

국가의 열악한 재정여건 때문에 공공영조물의 하자가 적시에 시정되지 못하여 사고가 발생한 경우 면책사유가 되는가가 문제된다.

이에 대한 통설은 오늘날 사회국가는 국민생활에 필수적인 공공시설의 안정성에 대한 특별한 책임을 지고 있기 때문에 예산부족이라는 재정여건은 면책사유가 되지 않는다고 하며 판례도 통설과 같은 입장이다.

> □ 대법원 1967. 2. 21. 선고 66다1723 판결
> 영조물 설치의 '하자'라 함은 영조물의 축조에 불완전한 점이 있어 이 때문에 영조물 자체가 통상 갖추어야 할 완전성을 갖추지 못한 상태에 있음을 말한다고 할 것인바 그 '하자'유무는 객관적 견지에서 본 안전성의 문제이고 그 설치자의 재정사정이나 영조물의 사용목적에 의한 사정은 안전성을 요구하는데 대한 정도 문제로서 참작사유에는 해당할지언정 안전성을 결정지을 절대적 요건에는 해당하지 아니한다 할 것이다.
>
> □ 대법원 1980. 12. 23. 선고 80다1705 판결

전화취급소에서 전화를 걸던 중 낙뢰가 전화선을 강타하여 송수전기가 파괴됨과 동시에 그 수화기에 귀를 대고 있던 사람이 고막천공 등의 상해를 입은 경우에 국가가 값이 비싸다는 이유로 구미각국에서 사용하고 있는 완전한 보안기를 사용하지 않고 값이 싼 불완전한 보안기를 사용했기 때문에 위 낙뢰사고가 발생한 것이라면 그것을 국가가 책임질 수 없는 불가항력에 의한 사고라고는 할 수 없다.

3. 영조물의 하자와 감면사유의 경합

자연현상이나 제3자의 행위 또는 피해자의 행위가 그 손해의 원인으로 가세한 경우 영조물의 하자와 손해 사이에 인과관계의 상당성이 인정되는가가 문제된다. 대법원은 이러한 경우에도 상당인과관계를 인정하고 있다.

영조물의 하자가 제3자의 행위와 경합하여 손해를 발생시킨 경우에는 영조물관리자는 제3자와 부진정연대채무를 지고, 영조물의 하자가 피해자의 행위와 경합하는 경우에는 과실상계를 한다. 불가항력과 영조물의 하자가 경합된 경우에는 영조물의 하자로 인하여 손해가 확대된 한도 내에서 국가 또는 지방자치단체는 책임을 진다.

□ 대법원 2000. 5. 26. 선고 99다53247 판결
  집중호우로 제방도로가 유실되면서 그 곳을 걸어가던 보행자가 강물에 휩쓸려 익사한 경우, 사고 당일의 집중호우가 50년 빈도의 최대강우량에 해당한다는 사실만으로 불가항력에 기인한 것으로 볼 수 없다는 이유로 제방도로의 설치·관리상의 하자를 인정한 사례.

□ 대법원 2003. 6. 27. 선고 2001다734 판결[107]
[자연력과 가해자의 과실행위가 경합되어 손해가 발생한 경우 가해자의 배상범위(=자연력의 기여분을 공제한 나머지)]
  불법행위에 기한 손해배상 사건에 있어서 피해자가 입은 손해가 자연력과 가해자의 과실행위가 경합되어 발생된 경우 가해자의 배상범위는 손해의 공평한 부담이라는 견지에서 손해발생에 대하여 자연력이 기여하였다고 인정되는 부분을 공제한 나머지 부분으로 제한하여야 함이 상당하고(대법원 1991. 7. 23. 선고 89다카1275 판결, 대법원 1993. 2. 23. 선고 92다52122 판결 참조), 다만 피해자가 입은 손해가 통상의 손해와는 달리 특수한 자연적 조건 아래 발생한 것이라 하더라도 가해자가 그와 같은 자연적 조건이나 그에 따른 위험의 정도를 미리 예상할 수 있었고 또 과도한 노력이나 비용을 들이지 아니하고도 적절한 조치를 취하여 자연적 조건에 따른 위험의 발생을 사전에 예방할 수 있었다면, 그러한 사고방지 조치를 소홀히 하여 발생한 사고로 인한

---

107) 원자력발전소에서의 온배수 배출행위와 해수온도의 상승이라는 자연력이 복합적으로 작용하여 온배수배출구 인근 양식장의 어류가 집단으로 폐사한 경우, 손해배상 범위 결정시 자연력의 기여도를 고려하는 것이 타당하다고 판단한 사례.

손해배상의 범위를 정함에 있어서 자연력의 기여분을 인정하여 가해자의 배상범위를 제한할 것은 아니라고 할 것이다(대법원 1995. 2. 28. 선고 94다31334 판결, 대법원 2001. 2. 23. 선고 99다61316 판결 참조).

□ 대법원 2009. 6. 11. 선고 2006다13001 판결
 피해자가 입은 손해가 통상의 손해와는 달리 특수한 자연적 조건 아래 발생한 것이라 하더라도 가해자가 그와 같은 자연적 조건이나 그에 따른 위험의 정도를 미리 예상할 수 있었고 또 과도한 노력이나 비용을 들이지 아니하고도 적절한 조치를 취하여 자연적 조건에 따른 위험의 발생을 사전에 예방할 수 있었다면 그러한 사고방지 조치를 소홀히 하여 발생한 사고로 인한 손해배상의 범위를 정함에 있어서 자연력의 기여분을 인정하여 가해자의 배상범위를 제한할 수 없다고 할 것이지만, 그렇지 아니한 경우에는 가해자의 배상범위는 손해의 공평한 부담이라는 견지에서 손해발생에 대하여 자연력이 기여하였다고 인정되는 부분을 공제한 나머지 부분으로 제한하여야 하며(대법원 2003. 6. 27. 선고 2001다734 판결, 대법원 2004. 6. 25. 선고 2003다69652 판결 참조), 이때 자연력의 기여 부분 및 그 정도에 관한 사실인정이나 비율을 정하는 것은 형평의 원칙에 비추어 현저히 불합리하다고 인정되지 아니하는 한 사실심의 전권사항에 속한다(대법원 2005. 4. 29. 선고 2004다66476 판결 참조).

□ 대법원 1999. 7. 9. 선고 99다12796 판결
[도로의 설치 후 제3자의 행위에 의하여 도로의 통행상 안전에 결함이 생긴 경우, 도로의 보존·관리상의 하자 여부에 대한 판단 기준]
 도로의 설치 후 제3자의 행위에 의하여 그 본래의 목적인 통행상의 안전에 결함이 발생한 경우에는 도로에 그와 같은 결함이 있다는 것만 가지고 도로의 보존상의 하자를 인정할 수는 없고, 당해 도로의 구조, 장소적 환경과 이용상황 등 제반 사정을 종합하여 그와 같은 결함을 제거하여 원상으로 복구할 수 있는데도 이를 방치한 것인지의 여부를 개별적, 구체적으로 살펴서 하자의 유무를 판단하여야 할 것이고, 객관적으로 보아 도로의 안전상의 결함이 시간적, 장소적으로 그 점유·관리자의 관리행위가 미칠 수 없는 상황 아래에 있는 경우에는 관리상의 하자를 인정할 수 없다(대법원 1997. 4. 22. 선고 97다3194 판결, 대법원1992. 9. 14. 선고 92다3243 판결 참조).

Ⅳ. 국가배상법 제2조와 제5조에 의한 국가배상책임의 관계

1. 국가배상책임의 통일적 이해

 국가배상법 제2조 책임의 과실의 개념을 객관적 과실로 이해하고 제5조 책임의 하자에 대해 주관설을 취하여 과실과 하자의 개념을 국가작용의 흠으로 이해하는 견해에 의하면 양 책임은 모두 과실책임으로의 통일적 이해가 가능하다고 한다.

하자의 개념에 대한 객관설의 입장에 의해서도 면책사유와 객관적 평가요소에 의해 부당한 확대를 막을 수 있는 점, 법문의 표현, 현대에 있어 영조물 설치로 인한 손해 야기의 우려 증대에 따른 국가책임의 증대의 측면을 고려할 때 제5조 책임은 무과실 책임으로 보는 것이 타당하다.

2. 양 책임의 경합

영조물관리자의 관리의무위반으로 인한 손해배상책임에 대하여 이론적으로는 하자의 판단기준에 관한 학설 중 객관설에 의할 때에는 국가배상법 제2조를 적용하게 될 것이고, 주관설과 절충설에 의할 때에는 국가배상법 제5조를 적용하게 될 것이다.

원칙적으로 소송물이론에 있어 구소송물이론을 취하는 한 양자의 책임은 별개의 소송물로서 청구권경합관계로 양 책임은 경합하여 영조물의 설치·관리상의 하자가 발생 시 어느 것에 의하든 청구가 가능하며(선택적 청구 가능) 특히 제2조에 의할 경우 관리상의 하자와 관련 공무원의 부작위에 의한 손해발생이 인정될 수 있을 것이다.

다만 제2조에서는 주관적 요소로서 고의, 과실을 요하는 비해 제5조는 '설치·관리상의 하자'라고만 규정하고 있는 점에서 피해자의 입장에서 제5조에 의한 배상책임 추궁이 원칙적으로 용이할 것이다.

제3절 배상책임자

I. 국가 또는 지방자치단체

국가배상법 제5조의 요건을 충족하면 피해자는 국가 또는 지방자치단체에 대해 손해배상을 청구할 수 있다.

II. 대외적 책임

1. 문제의 소재

국가배상법 제6조는 국가나 지방자치단체가 손해를 배상할 책임이 있는 경우에 공무원의 선임·감독 또는 영조물의 설치·관리를 맡은 자와 공무원의 봉급·급여, 그 밖의 비용 또는 영조물의 설치·관리 비용을 부담하는 자가 동일하지 아니하면 그 비용을 부담하는 자도 손해를 배상하여야 며, 손해를 배상한 자는 내부관계에서 그 손해를 배상할 책임이 있는 자에게 구상할 수 있다고 규정하고 있다.

여기서 ① 제6조 제1항의 '비용부담자'의 의미, ② 비용은 어떤 비용을 의미하는지, ③ 구상관계에 있어 '손해를 배상할 책임이 있는 자'의 의미, ④ 어느 한쪽에게 전부 책임을 귀속시킬 수 없는 경우 그 내부적 부담비율이나 분담관계는 어떻게 되는지가 문제된다.

2. 국가배상법 제6조 제1항과 제2항의 취지

제1항은 배상책임자가 누구인지 불분명하여 배상청구 상대방 확정이 곤란한 경우 잘못된 선택에 의한 소송제기로 소송비용의 중복부담, 손해배상청구의 소멸시효가능성의 문제가 발생하거나 공동피고로 소송 제기할 경우 상소와 관련된 복잡한 문제가 발생하는 바 비용부담자도 배상책임을 지는 것으로 함으로써 피해자의 피고선택의 부담을 완화하여 피해구제를 용이하게 하려는 것이다.

제2항은 비용부담자는 피해자의 보호라는 차원에서 정책적으로 외부적 책임을 지는 것이므로 이러한 비용부담자는 자신이 배상한 금원을 구상할 수 있게 한 것으로 평가된다.

3. 공무원의 선임·감독 또는 영조물의 설치·관리주체와 비용부담주체의 의의

(1) 공무원의 선임·감독 또는 영조물의 설치·관리주체

국가배상법 제6조 제1항의 '공무원의 선임·감독 또는 영조물의 설치·관리를 맡은 자'란 당해사무의 귀속주체를 의미한다. 따라서 공공영조물의 설치·관리사무가 국가사무인 경우에는 국가가, 자치사무인 경우에는 자치단체가 배상책임을 지게 되고, 국가사무가 위임된 경우에는 국가가, 상급자치단체사무가 위임된 경우에는 상급자치단체가 설치·관리자로서 배상책임을 진다.

(2) 비용부담자

국가배상법 제6조 제1항은 공공영조물에 대한 설치·관리자와 비용부담자가 다른 경우에는 비용부담자도 배상책임을 진다고 규정하고 있다. 이 규정이 의미를 갖는 것은 공공영조물의 사무관리가 기관위임 되어 처리되던 중 사고가 발생한 경우이다.

1) 비용부담자의 의미에 대한 학설

비용부담자의 의미에 대하여 형식적 비용부담자설, 실질적 비용부담자설과 병합설의 대립이 있는데 판례는 병합설의 입장을 취하고 있다고 보인다.

ⅰ) 形式的 費用負擔者說

내부관계에서 실질적으로 비용을 부담하는 자와 대외적으로 비용을 부담하는 자가 다를 수 있음을 전제로 하여 그 실질적 비용부담관계를 고려함이 없이 대외적으로 비용을 지출하는 자를 의미한다고 한다.[108]

기관위임사무의 경우 국가가 실질적인 비용을 부담하지만 대외적으로 그 경비를 지출하

---

108) 박균성, 617쪽 ; 洪承勉, 국가와 지방자치단체간의 배상책임의 분장관계, 민사판례연구ⅩⅧ, 371~372쪽.

는 자는 형식적으로 지방자치단체이므로 국민에 대한 대외적 관계에서는 지방자치단체가 배상책임의 비용부담자라는 견해이다.

ii) 實質的 費用負擔者說
비용때문에 실질적으로 경제적인 손실을 입는 실질적 비용자를 의미한다는 견해이다. 기관위임사무의 경우 권한 위임의 법리에 따라 위임자인 국가 내지 상급지방자치단체가 비용을 부담하므로 실질적 비용부담자를 비용부담자라고 파악한다.

iii) 竝存說(竝合說)109)
실질적 비용부담자와 형식적 부담자 모두 국가배상법상의 비용부담자에 해당한다고 한다. 기관위임의 경우 피해자 구제의 관점에서 수임자인 지방자치단체가 대외적 경비 지출자일 뿐만 아니라 사무귀속 주체도 되는 경우에는 그 배상을 청구할 수 있게 된다.

2) 판례
i) 국가배상법 제2조의 경우
① 국가사무가 기관위임된 경우

□ 대법원 1994.12.9. 선고 94다38137 판결
국가배상법 제6조 제1항 소정의 '공무원의 봉급·급여 기타의 비용'이란 공무원의 인건비만을 가리키는 것이 아니라 당해사무에 필요한 일체의 경비를 의미한다고 할 것이고, 적어도 대외적으로 그러한 경비를 지출하는 자는 경비의 실질적·궁극적 부담자가 아니더라도 그러한 경비를 부담하는 자에 포함된다.
구 지방자치법(1988. 4. 6. 법률 제4004호로 전문 개정되기 전의 것) 제131조(현행 제132조), 구 지방재정법(1988. 4. 6. 법률 제4006호로 전문 개정되기 전의 것) 제16조 제2항(현행 제18조 제2항)의 규정상, 지방자치단체의 장이 기관위임된 국가행정사무를 처리하는 경우 그에 소요되는 경비의 실질적·궁극적 부담자는 국가라고 하더라도 당해 지방자치단체는 국가로부터 내부적으로 교부된 금원으로 그 사무에 필요한 경비를 대외적으로 지출하는 자이므로, 이러한 경우 지방자치단체는 국가배상법 제6조 제1항 소정의 비용부담자로서 공무원의 불법행위로 인한 같은 법에 의한 손해를 배상할 책임이 있다.

② 상급지방자치단체사무가 기초단체장에게 기관위임된 경우

109) 김동희, 522쪽 ; 류지태, 419쪽 ; 홍준형, 198쪽.

□ 대법원 1994. 1. 11. 선고 92다29528 판결

지방자치단체인 도의 장인 도지사가 그의 권한에 속하는 사무를 소속 시장 또는 군수에게 위임하여 시장, 군수로 하여금 그 사무를 처리하게 하는 소위 기관위임의 경우에는, 지방자치단체장인 시장, 군수는 도 산하 행정기관의 지위에서 그 사무를 처리하는 것이므로, 시장, 군수 또는 그들을 보조하는 시, 군 소속 공무원이 그 위임받은 사무를 집행함에 있어 고의 또는 과실로 타인에게 손해를 가하였다면 그 사무의 귀속 주체인 도가 손해배상책임을 진다고 보아야 할 것이다(대법원 1981. 11. 24. 선고 80다2303 판결 참조).

군수가 도지사로부터 사무를 기관위임받은 경우 사무를 처리하는 담당공무원이 군 소속이라고 하여도 군에게는 원칙적으로 국가배상책임이 없지만, 위 담당공무원이 군 소속 지방공무원으로서 군이 이들에 대한 봉급을 부담한다면 군도 국가배상법 제6조 소정의 비용부담자로서 국가배상책임이 있다.

ii) 국가배상법 제5조의 경우

□ 대법원 1995. 2. 24. 선고 94다57671 판결

여의도광장의 관리는 광장의 관리에 관한 별도의 법령이나 규정이 없으므로 서울특별시는 여의도광장을 도로법 제2조 제2항 소정의 "도로와 일체가 되어 그 효용을 다하게 하는 시설"로 보고 같은 법의 규정을 적용하여 관리하고 있으며, 그 관리사무 중 일부를 영등포구청장에게 권한위임하고 있어, 여의도광장의 관리청이 본래 서울특별시장이라 하더라도 그 관리사무의 일부가 영등포구청장에게 위임되었다면, 그 위임된 관리사무에 관한 한 여의도광장의 관리청은 영등포구청장이 되고, 같은 법 제56조에 의하면 도로에 관한 비용은 건설부장관이 관리하는 도로 이외의 도로에 관한 것은 관리청이 속하는 지방자치단체의 부담으로 하도록 되어 있어 여의도광장의 관리비용부담자는 그 위임된 관리사무에 관한 한 관리를 위임받은 영등포구청장이 속한 영등포구가 되므로, 영등포구는 여의도광장에서 차량진입으로 일어난 인신사고에 관하여 국가배상법 제6조 소정의 비용부담자로서의 손해배상책임이 있다.

□ 대법원 1998. 9. 22. 선고 97다42502,42519 판결

트랙터가 서울특별시 내의 일반국도를 주행 중 육교에 충돌하여 그 육교상판이 붕괴되면서 이로 인하여 때마침 육교 밑을 통과해 오던 버스운전사가 사망함으로써 위 트랙터에 관하여 공제계약을 체결한 전국화물자동차운송사업조합연합회가 그 유족에게 손해배상금을 지급하여 공동면책된 경우, 피고 대한민국은 위 육교의 관리사무의 귀속주체로서, 피고 서울특별시는 위 육교의 비용부담자로서 각 손해배상책임을 지는 것이고, 국가배상법 제6조 제2항의 규정은 도로의 관리주체인 국가와 그 비용부담자인 시, 구 상

호간에 내부적으로 구상의 범위를 정하는 데 적용될 뿐 이를 들어 구상권자인 공동불법행위자에게 대항할 수 없는 것이므로(대법원 1993. 1. 26. 선고 92다2684 판결 참조), 피고들은 부진정연대채무자로서 각자 피고들 전체의 부담 부분(전체 손해액 중 구상권자인 전국화물자동차운송사업조합연합회가 부담할 부분을 제외한 전액)에 관하여 구상권자의 구상에 응하여야 하는 것이지 피고별로 분할채무를 지는 것이 아니다.

3) 평가

피해자가 실질적 비용부담자와 형식적 비용부담자를 명백하게 알 수 있는 것은 아니어서 만일 피고를 잘못 선정하였을 때 이로 인한 소송비용의 중복지출, 손해배상청구권의 소멸시효완성 등의 위험으로부터 피해자를 보호하기 위해 마련된 것이 동조항의 입법취지라는 점을 고려할 때 여기의 비용부담자에 실질적 비용부담자도 포함시킬 필요가 있으므로 병합설이 타당하다고 생각된다.

(3) 비용의 범위

여기서 비용이란 공무원의 인건비만을 가리키는 것이 아니라 당해 사무에 필요한 일체의 경비를 포함한다는 것이 통설이자 판례의 입장이다.

부담금(지방재정법 제21조 제①항), 교부금(지방재정법 제21조 제②항)의 경우 비용으로 인정될 수 있으나, 국가 외의 자가 행하는 사무 또는 사업에 대하여 국가가 이를 조성하거나 재정상의 원조를 하기 위하여 교부하는 보조금, 기타 상당한 반대급부를 받지 아니하고 교부하는 보조금(지방재정법 제23조)의 경우 보조금 지출자도 비용부담자에 해당하는지에 관해 부담금·보조금동시설, 외견적부담금한정설, 실질적부담금한정설, 보조금제외설 등 학설이 대립하고 있다.

보조금의 경우 실질상 부담금이면서 보조금으로서 지출되는 경우가 많은바 실질적 성질에 의해 판단하여야 할 것이다. 그 판단기준에 대하여 ㉠ 당해 영조물의 설치비용에 대해 법률상 설치비용부담의무자 및 그와 동등한 지위에 가깝게 설치비용을 부담하고 있을 것, ㉡ 실질적으로 법률상 설치비용부담의무자와 당해 영조물에 의한 사업을 공동으로 집행하고 있다고 인정될 것, ㉢ 당해 영조물의 하자에 의한 위험을 효과적으로 방지하는 지위에 있을 것 등이 제시되고 있다.[110]

□ 대법원 1994. 12. 9. 선고 94다38137 판결

[국가배상법 제6조 제1항 소정 '공무원의 봉급·급여 기타의 비용을 부담하는 자'의 의미]

국가배상법 제6조 제1항 소정의 '공무원의 봉급·급여 기타의 비용'이란 공무원의 인건

---

110) 日本 最高裁判所 昭和 50. 11. 28. 民集 29卷 10号 1754頁 ; 山內一夫, 費用負擔者, ツュリスト 62호, 286~287頁 ; 村重慶一, 國家賠償訴訟法(靑林書院, 1987), 68~73頁.

비만을 가리키는 것이 아니라 당해사무에 필요한 일체의 경비를 의미한다고 할 것이고, 적어도 대외적으로 그러한 경비를 지출하는 자는 경비의 실질적·궁극적 부담자가 아니더라도 그러한 경비를 부담하는 자에 포함된다.

(4) 기관위임과 배상책임자

지방자치단체장 간의 기관위임의 경우, 위임사무처리상의 불법행위에 대한 손해배상책임 주체는 사무귀속 주체가 될 것이나 비용부담자가 따로 있을 경우 비용부담자도 손해배상책임을 지게 된다.

1. 원칙(=사무귀속 주체)

□ 대법원 1996. 11. 8. 선고 96다21331 판결

도로의 유지·관리에 관한 상위 지방자치단체의 행정권한이 행정권한 위임조례에 의하여 하위 지방자치단체장에게 위임되었다면 그것은 기관위임이지 단순한 내부위임이 아니고, 그 권한을 위임받은 하위 지방자치단체장은 도로의 관리청이 되며(대법원 1991. 11. 12. 선고 91다22148 판결, 대법원 1995. 2. 24. 선고 94다57671 판결 참조), 위임관청은 사무처리의 권한을 잃는다고 할 것이다(대법원 1992. 9. 22. 선고 91누11292 판결, 대법원 1999. 4. 23. 선고 98다61562 판결[111] 참조).

기관위임의 경우에 위임받은 하위 지방자치단체장은 상위지방자치단체 산하 행정기관의 지위에서 그 사무를 처리하는 것이므로 사무귀속의 주체가 달라진다고 할 수 없고, 하위 지방자치단체장을 보조하는 그 지방자치단체 소속 공무원이 위임사무처리에 있어 고의 또는 과실로 타인에게 손해를 가하였더라도 상위 지방자치단체가 그 손해배상책임을 지는 것이다(대법원 1994. 1. 11. 선고 92다29528 판결[112], 대법원 1993. 1.

---

111) 도로의 유지·관리에 관한 상위 지방자치단체장의 행정권한이 행정권한위임조례에 의하여 하위 지방자치단체장에게 위임되었다면 사무귀속의 주체는 상위 지방자치단체장이라 하더라도 권한을 위임받은 하위 지방자치단체장이 도로의 관리청이 되고 위임관청은 사무처리의 권한을 잃는 것이므로(대법원 1996. 11. 8. 선고 96다21331 판결 참조), 권한을 위임받은 도로의 관리청이 속하는 지방자치단체가 그 도로의 관리·유지를 위하여 하는 점유가 점유보조자의 지위에서 하는 점유라고 할 수 없다.

도로의 유지·관리에 관한 상위 지방자치단체장의 행정권한이 행정권한위임조례에 의하여 하위 지방자치단체장에게 위임되어 하위 지방자치단체장이 도로의 관리청이 된 경우 도로관리청이 속하는 하위 지방자치단체도 그 도로의 사용·유지·보수 등 관리 과정에서 당연히 그 부지가 된 토지를 점유·사용하게 되고, 따라서 이로 인하여 이득을 얻고 있다고 보아야 할 것이다. 지방자치법 제132조가 위임사무의 경비를 상위 지방자치단체가 부담하여야 한다는 규정을 두고 있다고 하여 도로관리청이 속하는 하위 지방자치단체가 그 도로 부지 소유자에게 이를 점유·사용함으로써 얻은 부당이득의 반환을 거부할 수 있는 것이 아니다.

112) 도지사가 그의 권한에 속하는 사무를 소속 시장 또는 군수에게 위임하여 시장, 군수로 하여금 그 사무를 처리하게 하는 소위 기관위임의 경우에는, 지방자치단체장인 시장, 군수는 도 산하 행정기관의 지위에서 그 사무를 처리하는 것이므로, 시장, 군수 또는 그들을 보조하는 시, 군 소속 공무원이

26. 선고 92다2684 판결[113] 참조).

□ 대법원 2000. 1. 14. 선고 99다24201 판결

도로교통법 제3조 제1항에 의하여 특별시장·광역시장 또는 시장·군수의 권한으로 규정되어 있는 도로에서의 신호기 및 안전표지의 설치·관리에 관한 권한은 도로교통법시행령 제71조의2 제1항 제1호에 의하여 지방경찰청장 또는 경찰서장에게 위탁되었으나, 이와 같은 권한의 위탁은 이른바 기관위임으로서, 지방경찰청장 또는 경찰서장은 권한을 위임한 시장·군수가 속한 지방자치단체의 산하 행정기관의 지위에서 그 사무를 처리하는 것이므로, 지방경찰청장 또는 경찰서장이 설치·관리하는 신호기의 하자로 인한 국가배상법 제5조 소정의 배상책임은 그 사무의 귀속 주체인 시장·군수가 속한 지방자치단체가 부담한다고 할 것이다.

도로교통법에서 말하는 '도로'에는 도로법에 의한 도로나 유료도로법에 의한 유료도로 뿐만 아니라 '일반교통에 사용되는 모든 곳'도 포함되고(도로교통법 제2조 제1호), 여기에서 '일반교통에 사용되는 모든 곳'이라 함은 '현실적으로 불특정 다수의 사람 또는 차량의 통행을 위하여 공개된 장소로서 교통질서유지 등을 목적으로 하는 일반교통경찰권이 미치는 공공성이 있는 모든 곳'을 의미하므로(대법원 1993. 6. 22. 선고 93도828 판결, 대법원 1996. 10. 25. 선고 96도1848 판결, 대법원 1998. 3. 27. 선고 97누20775 판결 참조), 경찰서장 등은 도로의 소유자나 관리자가 누구냐와 상관없이 현실적으로 불특정 다수의 사람 또는 차량의 통행을 위하여 공개되어 일반교통경찰권이 미치는 곳이면 어디에나 신호기나 안전표지를 설치하여 관리할 수 있으며, 그 경우 그 신호기나 안전표지는 그것이 경찰서장 등에 의하여 설치·관리되는 것인 이상 그 설치·관리 비용의 부담자가 누구냐와 관계없이 당연히 국가배상법 제5조 소정의 '공공의 영조물'이 된다 할 것이다.

따라서 국가나 지방자치단체 아닌 한국수자원공사가 이 사건 신호기가 설치된 도로를 소유·관리하면서 이 사건 신호기의 설치·관리 비용까지 부담하고 있다 하더라도 이 사건 도로가 일반 공중의 통행에 제공되어 사용되고 있는 이상 이 사건 신호기의 설치·관리 사무의 귀속 주체인 피고로서는 그 하자로 인한 타인의 손해에 대하여 국가배상법 제5조 소정의 배상책임을 면하지 못한다 할 것이다.

□ 대법원 2000. 5. 12. 선고 99다70600 판결

농지확대개발촉진법(1994. 12. 22. 법률 제4823호로 폐지) 제24조와 제27조에 의하여 농수산부장관 소관의 국가사무로 규정되어 있는 개간허가와 개간허가의 취소사무

그 위임받은 사무를 집행함에 있어 고의 또는 과실로 타인에게 손해를 가하였다면 그 사무의 귀속 주체인 도가 손해배상책임을 진다.

113) 도로법 제22조 제2항에 의하여 지방자치단체의 장인 시장이 국도의 관리청이 되었다 하더라도 이는 시장이 국가로부터 관리업무를 위임받아 국가행정기관의 지위에서 집행하는 것이므로 국가는 도로관리상 하자로 인한 손해배상책임을 면할 수 없다.

는 법 제61조 제1항, 법시행령 제37조 제1항에 의하여 도지사에게 위임되고, 법 제61
조 제2항에 근거하여 도지사로부터 하위 지방자치단체장인 군수에게 재위임되었으므로
이른바 기관위임사무라 할 것이고, 이러한 경우 피고 군의 군수는 그 사무의 귀속 주
체인 국가 산하 행정기관의 지위에서 그 사무를 처리하는 것에 불과하므로, 피고 군의
군수 또는 군수를 보조하는 피고 소속 공무원이 위임사무처리에 있어 고의 또는 과실
로 타인에게 손해를 가하였다 하더라도 원칙적으로 피고에게는 국가배상책임이 없고
그 사무의 귀속 주체인 국가가 손해배상책임을 지는 것이며(대법원 1996. 11. 8. 선
고 96다21331 판결, 대법원 1999. 6. 25. 선고 99다11120 판결, 대법원 2000. 1.
14. 선고 99다24201 판결 참조), 다만 국가배상법 제6조에 의하여 피고가 비용을 부
담한다고 볼 수 있는 경우에 한하여 피고도 국가와 함께 손해배상책임을 부담하게 되
는 것이다.

2. 예외(=비용부담자)
□ 대법원 1999. 6. 25. 선고 99다11120 판결
[지방자치단체장이 설치하여 관할 지방경찰청장에게 관리권한이 위임된 교통신호기의
 고장으로 인하여 교통사고가 발생한 경우, 지방자치단체뿐만 아니라 국가도 손해배상
 책임을 지는지 여부(적극)]
　도로교통법 제3조 제1항은 특별시장·광역시장 또는 시장·군수(광역시의 군수를 제외)
는 도로에서의 위험을 방지하고 교통의 안전과 원활한 소통을 확보하기 위하여 필요하
다고 인정하는 때에는 신호기 및 안전표지를 설치하고 이를 관리하여야 하도록 규정하
고, 도로교통법시행령 제71조의2 제1항 제1호는 특별시장·광역시장이 위 법률규정에
의한 신호기 및 안전표지의 설치·관리에 관한 권한을 지방경찰청장에게 위임하는 것으
로 규정하고 있다. 이와 같이 행정권한이 기관위임된 경우 권한을 위임받은 기관은 권
한을 위임한 기관이 속하는 지방자치단체의 산하 행정기관의 지위에서 그 사무를 처리
하는 것이므로 사무귀속의 주체가 달라진다고 할 수 없고, 따라서 권한을 위임받은 기
관 소속의 공무원이 위임사무처리에 있어 고의 또는 과실로 타인에게 손해를 가하였거
나 위임사무로 설치·관리하는 영조물의 하자로 타인에게 손해를 발생하게 한 경우에는
권한을 위임한 관청이 소속된 지방자치단체가 국가배상법 제2조 또는 제5조에 의한
배상책임을 부담하고, 권한을 위임받은 관청이 속하는 지방자치단체 또는 국가가 국가
배상법 제2조 또는 제5조에 의한 배상책임을 부담하는 것이 아니므로(대법원 1991.
12. 24. 선고 91다34097 판결 참조), 이 사건의 경우 국가배상법 제2조 또는 제5조
에 의한 배상책임을 부담하는 것은 충남지방경찰청장이 소속된 피고가 아니라, 그 권
한을 위임한 대전광역시장이 소속된 대전광역시라고 할 것이다.
　그러나 국가배상법 제6조 제1항은 같은 법 제2조, 제3조 및 제5조의 규정에 의하여
국가 또는 지방자치단체가 손해를 배상할 책임이 있는 경우에 공무원의 선임·감독 또
는 영조물의 설치·관리를 맡은 자와 공무원의 봉급·급여 기타의 비용 또는 영조물의

설치·관리의 비용을 부담하는 자가 동일하지 아니한 경우에는 그 비용을 부담하는 자도 손해를 배상하여야 한다고 규정하고 있으므로 이 사건 신호기를 관리하는 충남지방경찰청장 산하 경찰관들에 대한 봉급을 부담하는 피고도 국가배상법 제6조 제1항에 의한 배상책임을 부담한다고 할 것이다(대법원 1995. 2. 24. 선고 94다57671 판결114), 대법원 1994. 1. 11. 선고 92다29528 판결115) 참조).

□ 대법원 1995. 2. 24. 선고 94다57671 판결
[서울특별시 영등포구가 여의도광장에서 차량진입으로 일어난 인신사고에 관하여 국가배상법 제6조 소정 비용부담자로서의 손해배상책임이 있는지 여부]
여의도광장의 관리는 광장의 관리에 관한 별도의 법령이나 규정이 없으므로 서울특별시는 여의도광장을 도로법 제2조 제2항 소정의 '도로와 일체가 되어 그 효용을 다하게 하는 시설'로 보고 같은 법의 규정을 적용하여 관리하고 있으며, 그 관리사무 중 일부를 영등포구청장에게 권한위임하고 있어, 여의도광장의 관리청이 본래 서울특별시장이라 하더라도 그 관리사무의 일부가 영등포구청장에게 위임되었다면, 그 위임된 관리사무에 관한 한 여의도광장의 관리청은 영등포구청장이 되고, 같은 법 제56조에 의하면 도로에 관한 비용은 건설부장관이 관리하는 도로 이외의 도로에 관한 것은 관리청이 속하는 지방자치단체의 부담으로 하도록 되어 있어 여의도광장의 관리비용부담자는 그 위임된 관리사무에 관한 한 관리를 위임받은 영등포구청장이 속한 영등포구가 되므로, 영등포구는 여의도광장에서 차량진입으로 일어난 인신사고에 관하여 국가배상법 제6조 소정의 비용부담자로서의 손해배상책임이 있다.

---

114) 여의도광장의 관리는 광장의 관리에 관한 별도의 법령이나 규정이 없으므로 서울특별시는 여의도광장을 도로법 제2조 제2항 소정의 "도로와 일체가 되어 그 효용을 다하게 하는 시설"로 보고 도로법의 규정을 적용하여 관리하고 있으며, 그 관리사무 중 일부를 영등포구청장에게 권한위임하고 있는 사실을 인정한 다음, 여의도광장의 관리청이 본래 서울특별시(정확히는 서울특별시장이다)라 하더라도 그 관리사무의 일부가 서울특별시장으로부터 피고의 기관인 영등포구청장에게 위임되었다면, 그 위임된 관리사무에 관한 한 여의도광장의 관리청은 영등포구청장이 된다고 할 것이고, 도로법 제56조에 의하면 도로에 관한 비용은 건설부장관이 관리하는 도로 이외의 도로에 관한 것은 관리청이 속하는 지방자치단체의 부담으로 하도록 되어 있어 여의도광장의 관리비용부담자는 그 위임된 관리사무에 관한 한 관리를 위임받은 영등포구청장이 속한 피고가 된다고 할 것이므로, 피고는 이 사건 사고에 관하여 국가배상법 제6조 소정의 비용부담자로서의 손해배상책임이 있다.
115) 구 지방자치에관한임시조치법(1988.4.6. 법률 제4004호로 폐지) 제5조의2, 경상북도사무위임조례 제2조, 경상북도하천·공유수면점용료및사용징수조례·시행규칙 제7조의 각 규정내용 및 지방천은 수개 시·군을 흐르는 것이 보통이므로 이에 대한 관리는 각 시·군에 전적으로 맡겨 둘 수 없고 도 전체의 통일적인 관리가 필요하다는 점 등에 비추어 보면, 경상북도지사로부터 안동군수로의 지방천에 대한 허가 및 채취료징수사무의 위임은 기관위임이다.
군수가 도지사로부터 사무를 기관위임받은 경우 사무를 처리하는 담당공무원이 군 소속이라고 하여도 군에게는 원칙적으로 국가배상책임이 없지만, 위 담당공무원이 군 소속 지방공무원으로서 군이 이들에 대한 봉급을 부담한다면 군도 국가배상법 제6조 소정의 비용부담자로서 국가배상책임이 있다.

4. 구상관계(종국적 배상책임자)

(1) 원인책임자에 대한 구상

국가배상법 제5조 제1항의 경우에 손해의 원인에 대하여 책임을 질 자(者)가 따로 있을 때에는 국가 또는 지방자치단체는 그 자에 대하여 구상할 수 있다. '손해의 원인에 대하여 책임을 질 자'라 함은 고의 또는 중과실로 영조물의 설치 또는 관리에 흠이 있게 한 제3자(예컨대, 영조물의 설계자, 시공자, 장해물의 방치자 등)를 말한다.

(2) 관리주체와 비용부담주체 사이의 최종적 책임의 분담

국가배상법 제6조 제2항은 영조물의 설치·관리를 맡은 자와 영조물의 설치·관리의 비용을 부담하는 자가 동일하지 아니한 경우 손해를 배상한 자는 내부관계에서 그 손해를 배상할 책임이 있는 자에게 구상할 수 있다고 규정하고 있다.

1) 학설

이에 관리주체와 비용부담자가 다른 경우에 이들 중 '최종적 배상책임자'는 누가 되는가에 대하여 견해가 대립하고 있다.

ⅰ) 管理責任者說(管理主體說, 管理者說)

책임귀속은 사무귀속자이고 비용부담자는 피해자보호 견지에서 인정한 것에 불과하다고 본다. 책임의 원리 즉 설치관리의 하자를 발생시킨 책임은 관리자에게 있다는 것을 근거로 공무원의 선임·감독자를 말한다고 본다.[116] 따라서 비용부담자는 사무귀속자에게 배상금원을 선임·감독상의 과실비율에 따라 구상할 수 있게 된다.(다수설)

그러나 이 견해에 대해서는 제2조의 책임에는 타당하지만 일종의 위험책임이라고 여겨지는 영조물책임에 항상 타당한 것은 아니다, 선임감독자의 개념을 공무원의 신분상의 선임·감독자뿐만 아니라 직무상의 지휘·감독자도 포함한다고 본다면 양자가 서로 소속이 다를 경우에 배상비율을 확정하는 것이 용이하지 않다는 비판이 있다.

ⅱ) 費用負擔者說(費用負擔主體說)

사무를 집행함에 있어서 담당 공무원의 과실이 없을 수 없고 영조물을 설치·관리함에 있어서 영조물의 하자로 인한 사고가 없을 수 없으므로 사무 또는 영조물의 관리비용 속에는 손해배상비용도 포함한다 할 것이어서 당해 사무의 비용을 부담하는 자가 최종적인 책임자라고 한다.[117]

따라서 비용부담자는 국가배상법 제6조 제2항이나 지방재정법 제21조, 도로법 제67

---

116) 강구철, 676쪽 ; 김남진, 596쪽 ; 박윤흔, 738쪽 ; 홍준형, 204쪽.
117) 김동희, 522쪽 ; 서원우, 710쪽.

조118) 등의 개별규정에 따라서 그 책임에 상응하는(사무수행의 실제 비용부담 비율에 따라) 배상금원을 구상할 수 있게 된다.

이 견해의 문제점은 책임의 원칙에 반하는 경우가 있게 된다는 데 있다. 그리고 이 경우에 '비용부담자'가 누구인지에 대해서도 형식적 비용부담자설, 실질적 비용부담자설, 병합설 등 의견이 대립하고 있다.

iii) 寄與度說

손해발생의 기여도에 따라 부담자를 정해야 한다고 한다.119) 책임의 원리 및 배상의 원리에 비추어 손해발생에 기여한 자가 여러 명인 경우에 손해배상책임자는 손해의 발생에 기여한 만큼 배상책임을 지게 된다는 것이다. 이 견해는 사무의 귀속주체와 비용부담주체가 상이한 경우와 관련하여 주장된다.

이 견해는 손해발생을 방지할 수 있는 자에게 책임을 지움으로써 책임의 원칙에 부합하며 손해발생에 기여한 만큼 배상책임을 지도록 함으로써 배상의 원리에 부합한다는 장점이 있으나, 기여자 및 기여의 정도를 판단함에 있어 그 기준이 불명확하다는 비판이 있다.

2) 판례

판례는 명백한 입장을 표명하고 있지는 않다.

□ 대법원 1998. 7. 10. 선고 96다42819 판결
[사무귀속자와 비용부담자로서의 지위가 두 행정주체에 중첩된 경우, 내부적 부담 부분의 결정 기준]
원래 광역시가 점유·관리하던 일반국도 중 일부 구간의 포장공사를 국가가 대행하여 광역시에 도로의 관리를 이관하기 전에 교통사고가 발생한 경우, 광역시는 그 도로의 점유자 및 관리자, 도로법 제56조, 제55조, 도로법시행령 제30조에 의한 도로관리비용 등의 부담자로서의 책임이 있고, 국가는 그 도로의 점유자 및 관리자, 관리사무귀속자, 포장공사비용 부담자로서의 책임이 있다고 할 것이며, 이와 같이 광역시와 국가 모두가 도로의 점유자 및 관리자, 비용부담자로서의 책임을 중첩적으로 지는 경우에는, 광역시와 국가 모두가 국가배상법 제6조 제2항 소정의 궁극적으로 손해를 배상할 책임이 있는 자라고 할 것이고, 결국 광역시와 국가의 내부적인 부담 부분은, 그 도로

의 인계·인수 경위, 사고의 발생 경위, 광역시와 국가의 그 도로에 관한 분담비용 등 제반 사정을 종합하여 결정함이 상당하다.

3) 평가

생각건대, 현실적으로는 사무귀속주체와 비용부담자가 비용을 부담하는 경우가 많고 단지 비용분담의 비율이 문제가 된다고 하겠다.

(3) 사무귀속주체와 비용부담자의 책임관계

□ 대법원 1998. 9. 22. 선고 97다42502,42519 판결
[국가가 육교의 관리사무의 귀속주체로서, 서울특별시가 육교의 비용부담자로서 각 손해배상책임을 지는 경우, 구상권자에 대한 국가와 서울특별시의 채무의 성질(=부진정 연대채무)]
트랙터가 서울특별시 내의 일반국도를 주행중 육교에 충돌하여 그 육교상판이 붕괴되면서 이로 인하여 때마침 육교 밑을 통과해 오던 버스운전사가 사망함으로써 위 트랙터에 관하여 공제계약을 체결한 전국화물자동차운송사업조합연합회가 그 유족에게 손해배상금을 지급하여 공동면책된 경우, 피고 대한민국은 위 육교의 관리사무의 귀속주체로서, 피고 서울특별시는 위 육교의 비용부담자로서 각 손해배상책임을 지는 것이고, 국가배상법 제6조 제2항의 규정은 도로의 관리주체인 국가와 그 비용부담자인 시, 구 상호간에 내부적으로 구상의 범위를 정하는 데 적용될 뿐 이를 들어 구상권자인 공동불법행위자에게 대항할 수 없는 것이므로, 피고들은 부진정연대채무자로서 각자 피고들 전체의 부담 부분(전체 손해액 중 구상권자인 전국화물자동차운송사업조합연합회가 부담할 부분을 제외한 전액)에 관하여 구상권자의 구상에 응하여야 하는 것이지 피고별로 분할채무를 지는 것이 아니다.

□ 대법원 1993. 1. 26. 선고 92다2684 판결
[시가 국도의 관리상 비용부담자로서 책임을 지는 경우 구상권자인 공동불법행위자에게 대항할 수 있는지 여부(소극)]
시가 국도의 관리상 비용부담자로서 책임을 지는 것은 국가배상법이 정한 자신의 고유한 배상책임이므로 도로의 하자로 인한 손해에 대하여 시는 부진정연대채무자인 공동불법행위자와의 내부관계에서 배상책임을 분담하는 관계에 있으며 국가배상법 제6조 제2항의 규정은 도로의 관리주체인 국가와 그 비용을 부담하는 경제주체인 시 상호간에 내부적으로 구상의 범위를 정하는데 적용될 뿐 이를 들어 구상권자인 공동불법행위자에게 대항할 수 없다.120)

제4장 차량사고와 국가배상

국가배상법 제2조는 "자동차손해배상보장법의 규정에 의하여 손해배상의 책임이 있는 때에는 이 법에 의하여 그 손해를 배상하여야 한다."라고 규정하고 있다.

제1절 국가배상책임

Ⅰ. 자동차손해배상보장법에 의한 국가배상책임

1. 자동차손해배상보장법에 의해 국가배상책임이 인정되는 경우

자동차손해배상보장법이 적용되기 위해서는 국가나 지방자치단체가 자동차손해배상보장법 제3조 소정의 '자기를 위하여 자동차를 운행하는 자'에 해당하여야 한다.

자동차의 소유자가 자동차에 대한 운행지배와 운행이익(운행보유자성)을 상실하였는지 여부는 평소의 자동차나 그 열쇠의 보관 및 관리상태, 소유자의 의사와 관계없이 운행이 가능하게 된 경위, 소유자와 운전자의 인적 관계, 운전자의 차량반환의사 유무, 무단운행 후 보유자의 승낙 가능성, 무단운전에 대한 피해자의 주관적 인식 유무 등 객관적이고 외형적인 여러 사정을 사회통념에 따라 종합적으로 평가하여 판단하여야 한다.[121]

> □ 대법원 1988. 1. 19. 선고 87다카2202 판결
> [공무원의 국가 소유 오토바이의 무단운전행위]
> 국가소속 공무원이 관리권자의 허락을 받지 아니한 채 국가소유의 오토바이를 무단으로 사용하다가 교통사고가 발생한 경우에 있어 국가가 그 오토바이와 시동열쇠를 무단운전이 가능한 상태로 잘못 보관하였고 위 공무원으로서도 국가와의 고용관계에 비추어 위 오토바이를 잠시 운전하다가 본래의 위치에 갖다 놓았을 것이 예상되는 한편 피해자들로 위 무단운전의 점을 알지 못하고 또한 알 수도 없었던 일반 제3자인 점에 비추어 보면 국가가 위 공무원의 무단운전에도 불구하고 위 오토바이에 대한 객관적·외형적인 운행지배 및 운행이익을 계속 가지고 있었다고 봄이 상당하다.

2. 자동차손해배상보장법에 의한 국가배상책임의 성립요건

자동차손해배상보장법은 배상책임의 성립요건에 관하여는 국가배상법에 우선하여 적

---

120) 김동희교수는 국가는 영조물의 설치·관리자로서 책임을 지며, 당해 영조물의 관리비용을 부담하는 지방자치단체는 국가배상법 제6조 제1항에 의하여 국가의 배상책임과는 별도로 배상책임을 지게 되는 것으로서 이 경우 국가와 지방자치단체의 각 책임은 부진정연대채무관계에 있다고 평석하고 있다(522쪽).

121) 대법원 1993. 7. 13. 선고 92다41733 판결.

용된다.

□ 대법원 1996. 3. 8. 선고 94다23876 판결

[공무원이 직무상 자기 소유의 자동차를 운전하다가 사고를 일으킨 경우]

　우리 헌법 제29조 제1항 본문은 공무원이 직무수행 중 불법행위로 타인에게 손해를 입힌 경우에 국가 등이 국가배상책임을 부담함을 규정하면서 단서로 "이 경우 공무원 자신의 책임은 면제되지 아니한다."라고 규정하여 공무원 개인도 민사상 책임을 부담함을 분명히 선언하되 그 책임의 내용과 범위에 관하여는 헌법에 더 이상 규정하지 아니하고 있고, 이를 직접 명시적으로 규정한 법률도 없으나, 헌법 제29조 제1항 및 국가배상법 제2조를 그 각 입법취지에 비추어 합리적으로 해석하면 공무원이 공무집행상의 위법행위로 인하여 타인에게 손해를 입힌 경우에는 공무원에게 고의 또는 중과실이 있는 때에는 공무원 개인도 불법행위로 인한 손해배상책임을 진다고 할 것이지만 공무원에게 경과실뿐인 때에는 공무원 개인은 손해배상책임을 부담하지 아니한다고 할 것이다(대법원 1996. 2. 15. 선고 95다38677 전원합의체 판결 참조).

　자동차손해배상보장법(이하 자배법이라 한다)은 자동차의 운행이란 사회적 위험성이 큰 요소로 인하여 발생하는 손해의 배상책임을 그 운행자에게 용이하게 귀속시킴으로써 피해자를 보호하고 자동차 운송의 건전한 발전을 도모하기 위하여(자배법 제1조) 그 법 제3조 본문에 자기를 위하여 자동차를 운행하는 자는 그 운행으로 말미암아 다른 사람을 사망하게 하거나 부상하게 한 때는 그 손해를 배상할 책임을 진다고 규정하고 있고, 위 법조항은 위 법의 취지로 보아 자동차의 운행이 사적인 용무를 위한 것이건 국가 등의 공무를 위한 것이건 구별하지 아니하고 민법이나 국가배상법에 우선하여 적용된다고 보아야 할 것이다.

　따라서 일반적으로는 공무원의 공무집행상의 위법행위로 인한 공무원 개인 책임의 내용과 범위는 민법과 국가배상법의 규정과 해석에 따라 정하여 질 것이지만, 자동차의 운행으로 말미암아 다른 사람을 사망하게 하거나 부상하게 함으로써 발생한 손해에 대한 공무원의 손해배상책임의 내용과 범위는 이와는 달리 자배법이 정하는 바에 의할 것이므로, 공무원이 직무상 자동차를 운전하다가 사고를 일으켜 다른 사람에게 위와 같은 손해를 입힌 경우에는 그 사고가 자동차를 운전한 공무원의 경과실에 의한 것인지 중과실 또는 고의에 의한 것인지를 가리지 않고, 그 공무원이 자배법 제3조 소정의 '자기를 위하여 자동차를 운행하는 자'에 해당하는 한 자배법상의 손해배상책임을 부담하는 것이라고 할 것이다(특히 이 사건의 경우와 같이 승객이 사상한 사고의 경우에는 자배법 제3조 단서 제2호에 사고가 승객의 고의 또는 자살행위에 기하지 아니하는 한 운행자는 배상책임을 면할 수 없도록 규정하고 있다).

Ⅱ. 국가배상법에 의한 국가배상책임

 공무원이 직무를 수행하기 위하여 자기소유의 자동차를 운행하다가 사고를 일으킨 경우와 같이 공무원이 공무수행을 위하여 차량을 운행 중 사고로 타인에게 손해를 발생시킨 경우 자동차손해배상법이 적용되는 경우가 아닌 때에는 국가배상법이 적용된다.

□ 대법원 1996. 5. 31. 선고 94다15271 판결
[공무원이 자기 소유 차량을 운전하여 출근하던 중 교통사고를 일으킨 경우, 직무집행 관련성 인정 여부(소극)]
 공무원이 통상적으로 근무하는 근무지로 출근하기 위하여 자기 소유의 자동차를 운행하다가 자신의 과실로 교통사고를 일으킨 경우에는 특별한 사정이 없는 한 국가배상법 제2조 제1항 소정의 공무원이 '직무를 집행함에 당하여' 타인에게 불법행위를 한 것이라고 할 수 없으므로 그 공무원이 소속된 국가나 지방공공단체가 국가배상법상의 손해배상책임을 부담하지 아니한다고 할 것이다.

제2절 공무원의 배상책임

 공무원에게 경과실이 있을 뿐인 경우에는 공무원 개인은 직접 피해자에게 손해배상책임을 부담하지 않지만 고의·중과실이 있는 때에는 공무원 개인도 직접 피해자에게 배상책임을 부담하는 바, 공무원의 개인책임에 관해서도 자동차손해배상보장법이 민법이나 국가배상법에 우선하여 적용된다.

1. 공무원이 자기 소유 차량으로 공무수행 중 사고를 일으킨 경우

□ 대법원 1996. 5. 31. 선고 94다15271 판결
 헌법 제29조 제1항과 국가배상법 제2조의 해석상 일반적으로 공무원이 공무수행 중 불법행위를 한 경우에, 고의·중과실에 의한 경우에는 공무원 개인이 손해배상책임을 부담하고 경과실의 경우에는 개인책임은 면책되며(대법원 1996. 2. 15. 선고 95다38677 전원합의체 판결 참조), 한편 공무원이 자기 소유의 자동차로 공무수행 중 사고를 일으킨 경우에는 그 손해배상책임은 자동차손해배상보장법(이하 '자배법'이라 한다)이 정한 바에 의할 것이어서 그 사고가 자동차를 운전한 공무원의 경과실에 의한 것인지 중과실 또는 고의에 의한 것인지를 가리지 않고 그 공무원이 자배법 제3조 소정의 '자기를 위하여 자동차를 운행하는 자'에 해당하는 한 손해배상책임을 부담하는 법리이다(대법원 1996. 3. 8. 선고 94다23876 판결 참조).

---

2. 공무원이 공용차를 운전하여 사고를 낸 경우

□ 대법원 1994. 12. 27. 선고 94다31860 판결
  자동차손해배상보장법 제3조 소정의 '자기를 위하여 자동차를 운행하는 자'라고 함은
자동차에 대한 운행을 지배하여 그 이익을 향수하는 책임주체로서의 지위에 있는 자를
뜻하는 것인바, 공무원이 그 직무를 집행하기 위하여 국가 또는 지방자치단체 소유의
공용차를 운행하는 경우, 그 자동차에 대한 운행지배나 운행이익은 그 공무원이 소속
한 국가 또는 지방자치단체에 귀속된다고 할 것이고 그 공무원 자신이 개인적으로 그
자동차에 대한 운행지배나 운행이익을 가지는 것이라고는 볼 수 없으므로, 그 공무원
이 자기를 위하여 공용차를 운행하는 자로서 같은 법조 소정의 손해배상책임의 주체가
될 수는 없다 할 것이다(대법원 1992. 2. 25. 선고 91다12356 판결 참조).

제5장 손해배상청구의 절차

제1절 행정절차

Ⅰ. 임의적 결정전치주의의 채택

1. 의의 및 성격

 2000. 12. 29. 개정 전 국가배상법 제9조은 배상심의회의 지급 또는 지급의 결정을
거친 후에 한하여 배상청구를 할 수 있는 배상전치주의를 취하고 있었는데, 이때 배
상심의회의 전치절차는 일종의 행정절차로서 행정심판전치주의와는 다르다.
 그러나 배상심의회의 전치절차는 경제적이고 신속한 배상금 지급, 합리적인 처리, 법
원의 업무 경감이 취지였으나 오히려 심의회의 객관성 결여, 비현실적인 배상액결정
등으로 인하여 많은 문제점을 노정하고 있었다.
 이와 관련 필요적 결정전치주의에 관하여 종래 판례는 합헌으로 보고 있었으나[122),
결정에 불복하고 소송제기시 오히려 권리행사의 장애가 될 우려가 있다는 이유에서
일부 위헌론이 강력히 제기되고 있던 중 2000. 12. 29. 임의적 절차로 개정되었다.
 즉, 국가배상법은 "이 법에 의한 손해배상의 소송은 배상심의회에 배상신청을 하지
아니하고도 이를 제기할 수 있다(제9조)."고 규정하여 종래 배상금청구에 있어서 행정
절차를 사법절차에 우선시키는 필요적 결정전치주의 원칙을 임의적 결정전치주의로
변경하였다.

2. 제도의 존재이유

---

122) 대법원 1990. 8. 24.자 90카72 결정.

법원에 손해배상의 소송을 제기하기 전에 본인이 원하는 때에는 먼저 배상심의회의 결정을 신청할 수 있게 한 것은 국가 등은 스스로 배상금을 지급하여 국민과의 사이에 야기 될 수 있는 분쟁을 미리 해결할 수 있도록 하고, 비용·노력·시간을 절약하며, 배상사무의 원활을 기한다는 것을 들 수 있다.

Ⅱ. 배상심의·결정

1. 결정신청

주소지·소재지 또는 원인발생지를 관할하는 배상심의회에 배상금지급신청을 하여야 한다. 배상심의회는 합의제 행정관청의 성격을 가지며, 본부심의회, 특별심의회, 지구심의회로 구성된다.

2. 결정절차

지구심의회가 배상신청을 받은 때에는 4주일 이내에 배상금지급 또는 기각·각하의 결정을 하여야 한다.

3. 재심신청

배상금지급신청이 기각된 때에는 결정정본의 송달일로부터 2주일 이내 본부 또는 특별심의회에 재심을 신청할 수 있다.

4. 배상결정의 효력

배상심의회의 배상결정은 신청인이 동의함으로써 효력을 발생한다.

1997. 12. 13. 개정 전 국가배상법 제16조는 배상결정은 신청인이 동의하거나 지방자치단체가 신청인의 청구에 따라 배상금을 지급한 때에는 민사소송법에 의한 재판상화해가 성립한 것으로 간주하였으나 이 조항이 위헌결정을 받아 1997. 12. 13. 삭제·개정되었다.

각종 조정·중재절차와는 달리 배상결정절차에 있어 심의회의 제3자성·독립성이 희박한 점, 심의절차의 공정성·신중성도 결여되어 있는 점, 심의회에서 결정되는 배상액이 법원의 그것보다 하회하는 점 및 부제소 합의의 경우와는 달리 신청인의 배상결정에 대한 동의에 재판청구권을 포기할 의사까지 포함된 것으로 볼 수도 없는 점을 종합하여 볼 때 이는 과잉금지입법금지 원칙에 반하여 재판청구권을 침해하는 것이다.

□ 헌법재판소 1995. 5. 25. 선고 91헌가7 결정
이 사건 심판대상조항부분은 국가배상에 관한 분쟁을 신속히 종결·이행시키고 배상결정에 안정성을 부여하여 국고의 손실을 가능한 한 경감하려는 입법목적을 달성하기 위

하여 동의된 배상결정에 재판상의 화해의 효력과 같은, 강력하고도 최종적인 효력을 부여하여 재심의 소에 의하여 취소 또는 변경되지 않는 한 그 효력을 다툴 수 없도록 하고 있는바, 사법절차에 준한다고 볼 수 있는 각종 중재·조정절차와는 달리 배상결정절차에 있어서는 심의회의 제3자성·독립성이 희박한 점, 심의절차의 공정성·신중성도 결여되어 있는 점, 심의회에서 결정되는 배상액이 법원의 그것보다 하회하는 점 및 부제소합의(不提訴合意)의 경우와는 달리 신청인의 배상결정에 대한 동의에 재판청구권을 포기할 의사까지 포함되는 것으로 볼 수도 없는 점을 종합하여 볼 때, 이는 신청인의 재판청구권을 과도하게 제한하는 것이어서 헌법 제37조 제2항에서 규정하고 있는 기본권 제한입법에 있어서의 과잉입법금지(過剩立法禁止)의 원칙에 반할 뿐 아니라, 권력을 입법·행정 및 사법 등으로 분립한 뒤 실질적 의미의 사법작용인 분쟁해결에 관한 종국적인 권한은 원칙적으로 이를 헌법과 법률에 의한 법관)으로 구성되는 사법부에 귀속시키고 나아가 국민에게 그러한 법관에 의한 재판을 청구할 수 있는 기본권을 보장하고자 하는 헌법의 정신에도 충실하지 못한 것이다.

제2절 사법절차

배상심의회의 결정에 불복하는 경우에는 일반적인 재판절차를 거치게 된다. 이에는 국가배상청구 자체를 소송대상으로 하는 일반절차와 다른 소송제기에 배상청구소송을 병합하는 특별절차의 방법이 있다.

I. 일반절차에 의한 경우

이는 국가배상법을 공법으로 보느냐 사법으로 보느냐에 따라 행정소송이냐 민사소송이냐가 결정된다고 할 수 있다. 우리 재판실무에 있어서는 민사소송절차에 의한다. 국가배상청구소송에서도 일반적인 민사소송과 마찬가지로 가집행선고를 할 수 있다.

II. 특별절차에 의한 경우

이는 손해배상청구소송을 당해 행정작용에 대한 취소소송과 병합하여 제기하는 것을 말한다(행정소송법 제10조 제①항).

제2편 行政上 損失補償

제2편 行政上 損失補償

제2편 行政上 損失補償

근대입헌주의국가의 헌법은 재산권을 자연법상의 권리로서 인간의 생래적이고 신성불가침의 절대적인 기본권의 하나로 파악했었다.123)

하지만 현대에 와서는 재산권의 사회성 및 공공성이 요청되고, 공공의 필요에 의하여 재산권을 제한하는 것이 허용되기에 이르렀다. 재산권성격의 이와 같은 변질은 바이마르헌법 제153조에서 구체화되었다. 요컨대 현대복지국가에 있어서는 시민적 자유와 권리를 절대적으로 보장하는 경우의 자유방임주의의 한계, 경제 및 사회적 예정조화적 기능의 상실, 급격한 산업사회에서 야기되는 제문제점 해결, 경제적 발전의 성취 등 때문에 국가의 개인생활 영역에의 개입은 불가피하게 되었다.

제1장 개설

제1절 서설

Ⅰ. 의의

행정상 손실보상이란 공공필요에 의한 적법한 공권력행사에 의하여 개인의 재산에 가하여진 특별한 손해에 대하여 사유재산권의 보장과 공적부담 앞의 평등이라는 견지에서 그 사인에게 보상을 해 주는 것을 말한다. 이처럼 행정상 손실보상은 적법행위, 공권력의 행사, 재산상의 손실, 특별한 희생을 그 개념요소로 한다.

우리나라의 실정법상 행정상의 손해전보제도는 행정상의 손해배상제도와 행정상의 손실보상제도로 구성되어 왔다. 행정상의 손해배상은 위법한 공권력의 발동으로 인하여 국민에게 손해를 끼쳤을 때 국가 또는 공공단체가 그 손해를 배상하는 제도이고, 행정상의 손실보상은 공공필요에 의한 적법한 행정상의 공권력행사에 의하여 사유재산에 가해진 특별한 희생에 대하여 전체적인 평등부담의 견지에서 조절적인 재산적 전보를 말한다.

전자는 근세의 개인주의적 사상에 입각하여 개인적 과실책임주의를 그 이념으로 한 것인데 대하여, 후자는 단체주의 사상에 입각하여 사회적 공평부담주의를 이념으로

---

123) 이와 같은 재산권의 절대성은 미국 버지니아 權利章典(1776년) 제1조에 "모든 사람은……일정한 생래적인 권리를 갖는다. ……그러한 권리란 즉 재산권을 취득 소유하고 행복과 안녕을 추구하는 수단을 갖춘 생명과 자유를 향유하는 권리이다."라는 표현에서 찾아볼 수 있고, 프랑스人權宣言(1789년) 제17조의 "소유권은 불가침한 것이며 신성한 권리이므로 누구든지 명백한 공공의 필요가 있는 것을 법률이 인정하고 또 사전에 정당한 보상의 조건에서가 아니면 이것을 박탈당하지 않는다."는 조문에서 발견된다.

하여 발전된 것이라 할 수 있다. 다시 말하면 전자의 경우는 행위자의 개인적 과실책임에 관한 도의적 책임을 문제시하나, 후자의 경우는 행위 그 자체는 사회적으로 비난할 여지가 없으나 피해자의 특별한 희생에 대한 공평한 분배를 그 이념으로 한다는 것이다.

그러나 최근 학계의 일부에서는 양 제도를 통일적으로 고찰하려는 융화경향이 나타나고 있는데 이것은 주목할 만하다.124) 즉 행정상의 손해전보제도는 국가 또는 공공단체의 활동으로 인하여 개인이 입게 된 손해를 전보할 것을 목적으로 한다는 점에서 원인행위의 적법성 여하를 불문하고 손해배상제도나 손실보상제도나 공통적인 성격을 가지고 있다. 피해자의 입장에서 본다면 원인행위의 적법·위법의 문제보다는 손해의 전보를 어떻게 받느냐가 문제인 것이다. 오늘날 사법(私法) 분야에 있어서도 개인주의적·도의적 책임주의에 입각한 불법행위이론에 대하여서도 비판이 가해지고 있으며 무과실책임론이나 위험책임론이 등장하여 양제도의 구별이 부투명해지고 있다.

Ⅱ. 손실보상의 존재이유

행정상의 손실보상제도의 존재이유는 재산권의 보장과 평등부담의 원칙의 양면에서 고찰된다.125) 우리 헌법도 제23조 제1항에서 재산권의 보장을 선언하고 있으면서 동시에 제3항에서 "공공필요에 의한 재산권의 수용·사용 또는 제한 및 그에 대한 보상은 법률로써 하되, 정당한 보상을 지급하여야 한다."라고 규정하고 있다.

적법한 재산권침해에 모두 손실보상이 뒤따르는 것은 아니고 불평등한 침해, 즉 '특별한 희생'이 있는 경우에 전체의 부담으로 전가시키는 손실보상이 문제됨은 바로 평등부담원칙에서 나오는 것이다. 결국 Otto Mayer가 손실보상을 적법행위에 기하여 개인의 재산권에 끼친 특별한 희생126)에 대한 '조절적 보상(ausgleichende Entschädigung)'이라고 정의한 것은 손실보상제도의 존재이유를 적절하게 설명한 것이라고 할 수 있다.

제2절 손실보상청구권의 성질

1. 학설

(1) 公權說

손실보상은 원인행위와의 일체성이라는 점에서 그 원인행위인 행정작용의 법적효과로 보아야 하므로 손실보상청구권을 공법상의 권리로 파악하면서 손실보상청구소송은 공법상 당사자소송에 의하게 된다. 공권설이 행정법학자들의 통설이다.

---

124) 윤세창 외, 445쪽; 박윤흔, 748쪽.
125) 윤세창 외, 445~446쪽.
126) 오토 마이어는 일반의 집단과는 달리 특정 개인이나 집단에게 특별한 손실을 끼치는 경우를 특별희생이라고 부르고, 사회적 제약은 일반의 집단구성원 대다수가 감수해야 하는 손실을 뜻한다고 한다.

(2) 私權說

손실보상의 원인행위가 공법적인 것이라 하더라도 그에 대한 손실보상까지 공법관계에 속하지는 않는다고 보고 그것을 당사자의 의사 또는 직접 법률의 규정에 의거한 사법상의 채권·채무관계로 파악하여 손실보상청구권을 사법상의 권리로 본다.

2. 판례

대법원은 법률의 규정 내용에 따라 손실보상청구권행사를 위해 행정소송 또는 민사소송을 제기하여야 한다고 하고 있어, 경우에 따라 공권 또는 사권으로 파악하는 듯하다. 법률에서 재산권 침해와 그에 대한 보상에 대하여서만 정하고, 보상금 결정방법 및 불복절차에 관하여 아무런 규정을 두지 않은 경우에는 곧바로 민사소송으로 보상금지급청구소송을 제기할 수 있다는 것이 판례의 입장이다.

3. 검토

손실보상은 발생원인이 공법상의 권력작용에 기인한다는 점, 개별법상의 절차에 있어서 전심절차규정을 두고 있는 점(공익사업을위한토지등의취득및보상에관한법률 제83조, 제84조, 징발법 제24조의2)에 비추어 공권으로 볼 것이다.

제2장 손실보상의 근거

제1절 손실보상의 이론적 근거

1. 학설

(1) 旣得權說

자연법에 의해 주어진 기득권은 불가침이고 예외적으로 국가적 긴급사유에 의한 침해는 보상을 조건으로 허용되며 그러한 기득권에 재산권이 해당된다는 절대주의 시대의 견해이다.

(2) 恩惠說

극단적인 공익우선 및 국가권력절대주의에서 출발하여 공익을 위해 법률에 의한 재산권 침해를 당연시하며 따라서 보상은 국가에 의해 주어지는 은혜에 불과한 것이라고 한다.

(3) 特別犧牲說

공익을 위하여 개인에게 부과된 특별한 희생은 이를 전체의 부담으로 하여 보상하는 것이 정의와 공평에 맞는다는 것으로 통설·판례이다.

 사유재산제하에 있어서도 국가는 공익사업을 위하여 사인의 재산권을 수용, 사용하지 않을 수 없는데 이 경우 사인의 재산권에 대해 특별한 희생을 주었을 때 그에 대한 調節的 '補償'이 있어야 한다. 여기서 특별한 희생이라는 것은 일반인에게 균일하게 부과하는 것이 아니고 특정인에게만 재산적 부담을 과하는 것을 말한다.

2. 검토

 헌법 제23조의 재산권과 평등원칙의 파생원칙인 공적부담 앞의 평등원칙에서 그 이론적 근거를 찾아볼 수 있다.

제2절 손실보상의 실정법적 근거
Ⅰ. 개별 법률이 있는 경우

 공익사업을위한토지등의취득및보상에관한법률,127)국토의계획및이용에관한법률 제95조, 제96조, 도로법 제79조, 하천법 제76조, 재난및안전관리기본법 제64조 등이 있다.

Ⅱ. 보상규정이 없거나 불충분한 경우 - 헌법 제23조 제3항의 법적 성격
1. 학설

1) 方針規定說(立法方針說 ; 立法指針說)
 헌법상 손실보상규정은 입법방침만을 정한 것에 불과한 프로그램규정이라 한다. 따라서 이 견해는 손실보상에 관한 구체적인 사항이 법률로써 정해져야만 사인은 손실보상청구권을 갖게 된다는 입장으로 유신헌법하의 판례였다.

2) 直接效力說(直接效力規定說 ; 直接請求權說)
 헌법 제23조 제3항에서 직접 손실보상청구권을 도출하여 국민은 직접 손실보상청구권을 행사할 수 있다는 견해이다. 이 견해에 따르면 보상규정이 없는 법률에 의거, 사유재산이 침해된 개인은 헌법을 근거로 직접 보상을 청구할 수 있게 된다.128)
 이 견해는 1972년 유신헌법(7차 개헌헌법) 제20조 제3항에서 "수용·사용 또는 제한 및 보상의 기준과 방법은 법률로 정한다."고 규정하자 그 의미를 상실하였다가 현행

---

127) 종래 공공필요를 위한 토지수용의 경우에는 토지수용법(2002. 2. 4. 법률 제6656호로 폐지됨)이, 협의에 의한 토지취득의 경우에는 공공용지의 취득 및 손실보상에 관한 특례법이 있었으나 2002. 2. 4. 법률 제6656호로 공익사업을위한토지등의취득및보상에관한법률 제정되어 2003. 1. 1.부터 시행되고 있다. 이 법은 종래 공공용지의 취득 및 손실보상에 관한 특례법시행규칙(행정입법)으로 열거되어 있던 손실보상의 종류와 기준을 제6장 제2절에 규정하고 있다.
128) 김남진, 605쪽 ; 박균성, 644~645쪽 ; 윤세창 외, 451쪽 ; 홍준형, 244쪽.

헌법이 "공공필요에 의한 재산권의 수용·사용 또는 제한 및 그에 대한 보상은 법률로써 하되 정당한 보상을 지급하여야 한다."로 규정함으로써 5차 개헌헌법(제3공화국헌법)과 유사한 규정을 두게 되자 다시 고개를 들게 되었다.

3) 違憲無效說(立法者에 대한 直接效力說 ; 立法者拘束說 ; 當然無效說)

국민에 직접 보상청구권을 부여하는 것은 아니지만 헌법상의 보상규정은 적어도 입법자로 하여금 국민의 재산권 침해규정을 둘 때 보상에 관한 규정도 두도록 구속한다고 한다. 따라서 보상규정이 없는 수용 법률은 위헌무효의 법률이고, 이에 근거한 재산권침해행위는 위법(위헌)이므로 손실보상이 아닌 불법행위로 인한 손해배상을 청구할 수 있을 뿐이라 한다.[129]

위헌무효설에 의하는 경우 법률에 보상규정이 없다면 손해배상을 청구할 수 있다는 논리가 되는데 이는 사실상 곤란하다. 왜냐하면 피해국민이 손해배상을 받기 위해서는 직무책임의 성립요건들이 갖추어져야 하는데, 법률은 합헌으로 추정되므로 법률의 위헌이 명백하지 않는 한 공무원은 집행의 의무가 있고, 따라서 보상규정이 없는 법률을 공무원이 집행했다 해도 그 공무원에게 과실이 있다고는 볼 수 없으며, 과실이 없다면 직무책임의 성립요건을 결한 것이 되기 때문에 손해배상을 받을 수 없다는 것이다.

4) 類推適用說(間接效力規定說 ; 間接效力說)

위헌(위법)이나 무효는 아니라는 것이다. 공용침해에 따르는 보상규정이 없는 경우에는 헌법 제23조 제1항(재산권보장) 및 제11조(평등원칙)에 근거하고, 헌법 제23조 제3항 및 관계규정의 유추해석을 통하여 보상을 청구할 수 있다는 이론이다.[130] 이는 수용유사침해의 법리를 도입한 것으로 구체적 사건을 실제적으로 해결하는데 장점이 있다.

5) 補償立法不作爲違憲說

공공필요를 위하여 공용제한을 규정하면서 손실보상규정을 두지 않는 경우 그 공용제한규정 자체는 헌법에 위반되는 것은 아니지만 손실보상규정을 규정하지 않은 입법부작위가 위헌이라고 한다.

2. 판례

(1) 대법원의 입장

---

129) 김동희, 535~537쪽 ; 박윤흔, 755쪽 ; 류지태, 434쪽.
130) 강구철, 697쪽 ; 석종현, 635~636쪽 ; 한견우, 649쪽 ; 홍정선, 563쪽.

판례는 어느 한 견해를 명확히 취하고 있지 않다. 즉 직접적인 근거규정이 없는 경우에도 관련규정의 유추해석이 가능한 경우에는 유추해석을 통해 손실보상을 인정하기도 하며, 관련규정이 없는 경우에도 법리상 보상을 인정한 경우(대법원 1972. 11. 28. 선고 72다1597 판결)도 있고, 아예 공적부담에 의한 것임에도 민법상 불법행위로 처리한 경우(대법원 2002. 2. 26. 선고 2000다72404 판결 ; 대법원 1999. 6. 11. 선고 97다41028 판결 ; 대법원 1991. 2. 22. 선고 90다16474 판결 ; 대법원 1990. 6. 12. 선고 89다카9552 전원합의체 판결 ; 대법원 1966. 10. 18.선고 66다1715 판결)도 있다.

1) 유추적용설적 판례

하천법상 제외지 보상사건(대법원 1987. 7. 21. 선고 84누126 판결), 공공용지의 취득 및 손실보상에 관한 특례법(2002. 2. 4. 법률 제6656호로 폐지)상 낙농업폐지에 따른 손실보상사건 (대법원 1992. 5. 22. 선고 91누12356 판결), 산업기지개발사업의 시행에 따라 김양식이 불가능하게 됨으로써 수산업협동조합이 상실하게 된 김 위탁판매수수료의 손실보상(대법원 1995. 7. 14. 선고 94다38038 판결), 구 수산업법상 어업허가를 받고 허가어업에 종사하던 어민이 공유수면매립사업의 시행으로 피해를 입게 된 경우(대법원 1999. 11. 23. 선고 98다11529 판결 ; 대법원 1999. 6. 11. 선고 97다56150 판결 ; 대법원 1999. 10. 8. 선고 99다27231 판결 ; 대법원 2002. 11. 26. 선고 2001다44352 판결) 등이 있다.

□ 대법원 1987. 7. 21. 선고 84누126 판결
하천법(1971. 1. 19. 법률 제2292호로 개정된 것) 제2조 제1항 제2호, 제3조에 의하면 堤外地131)는 하천구역에 속하는 토지로서 법률의 규정에 의하여 당연히 그 소유권이 국가에 귀속된다고 할 것인 바, 한편 동법에서는 위법의 시행으로 인하여 국유화가 된 제외지의 소유자에 대하여 그 손실을 보상한다는 직접적인 보상규정을 둔 바가 없으나 동법 제74조의 손실보상요건에 관한 규정은 보상사유를 제한적으로 열거한 것이라기보다는 예시적으로 열거하고 있으므로 국유로 된 堤外地의 소유자에 대하여는 위 법조를 유추적용하여 관리청은 그 손실을 보상하여야 한다.

□ 대법원 1992. 5. 22. 선고 91누12356 판결
공공용지의취득및손실보상에관한특례법시행규칙(1991. 10. 28. 건설부령 제493호로 개정되기 전의 것) 제24조는 영업폐지에 대한 손실평가에 관하여 규정하는 외에 낙농업과 같은 경우에 대하여는 따로 규정된 것이 없는데 그 성격상, 어업의 폐지에 따른

131) 제외지(堤外地, riverside land, foreland, waterside land)란 하천을 향하여 제방(堤防)의 외측(바깥측, 하천 측)의 지역을 의미한다. 즉 하천의 물이 흐르는 부분과 제방으로부터 하심측(河心側)의 토지를 말한다.

손실의 평가를 규정한 위 시행규칙 제25조의2 제1항을 토지수용으로 인한 낙농업의 폐지에 대한 손실평가의 경우에 유추적용할 수 있다.

□ 대법원 1995. 7. 14. 선고 94다38038 판결
 산업기지개발촉진법(1986. 5. 12. 법률 제3840호로 개정되어 1991. 1. 14. 산업입지및개발에관한법률의 시행에 의하여 폐지되기 전의 것) 제10조 제1항, 제4항, 토지수용법(1991. 12. 31. 법률 제4483호로 개정되기 전의 것으로 2002. 2. 4. 법률 제6656호로 폐지됨) 제2조, 제45조 제1항, 제57조의2의 각 규정 내용과, 공공필요에 의한 재산권의 수용·사용 또는 제한 및 그에 대한 보상은 법률로써 하되 정당한 보상을 지급하여야 한다는 헌법 제23조 제3항, 공공사업을 위한 토지 등의 취득 또는 사용으로 인하여 토지 등의 소유자가 입은 손실은 사업시행자가 이를 보상하여야 한다는 공공용지의취득및손실보상에관한특례법(2002. 2. 4. 법률 제6656호로 폐지) 제3조 제1항의 각 규정 취지를 종합하여 보면, '가'항의 김 위탁판매수수료 수입상실에 대한 보상에 관하여는 같은 특례법시행규칙 제23조의5, 6의 각 규정을 유추적용할 수 있으므로, 산업기지개발사업 시행자는 '가'항의 보상합의에 따라 영업폐지에 대한 손실평가의 기준을 규정하고 있는 같은 특례법 시행규칙 제24조, 제25조에 의하여 산정된 보상액을 지급할 의무가 있다.

□ 대법원 1999. 6. 11. 선고 97다41028 판결
 어장에 단순히 입어하여 수산동식물을 채포 또는 채취하여 온 경우 그들이 가지는 관행어업권은 구 수산업법(1990. 8. 1. 법률 제4252호로 전문 개정되기 전의 것) 제8조, 제24조에 의하여 공동어업 등 면허에 의하여 인정되는 어업권과 같이 일정한 공유수면을 전용하면서 그 수면에서 배타적으로 수산동식물을 채포 또는 채취할 수 있는 독점적인 권리라기보다는 단지 타인의 방해를 받지 않고 일정한 공유수면에 출입하면서 수산동식물을 채포 또는 채취할 수 있는 권리에 지나지 않으므로, 그러한 권리의 소멸에 따른 손실을 평가함에 있어서 일정한 공유수면을 전용하면서 그 수면에서 배타적으로 수산동식물을 채포 또는 채취할 수 있는 독점적인 권리인 같은 법 제8조, 제24조에 의하여 공동어업 등의 면허에 의하여 인정되는 어업권이 취소되는 경우에 대한 보상 방식을 유추적용할 수는 없고 오히려 이는 실질상 같은 법 제22조 소정의 신고어업의 형태와 유사한 것이라고 볼 수 있고, 이와 같은 권리의 소멸에 따른 손실을 평가함에 있어서도 신고어업의 보상에 관한 규정을 유추적용함이 상당한바, 구 수산업법령에 신고어업에 관한 손실보상 기준이 규정되어 있지는 않았지만 공공용지의취득및손실보상에관한특례법시행규칙(1988. 4. 25. 건설부령 제435호로 개정되어 1991. 10. 28. 건설부령 제493호로 개정되기 전의 것) 제25조의2 제1항은 "어업허가를 받거나 어업신고를 하고 제방공사·방조제공사 등 공공사업의 시행으로 인하여 그 어업을 계속할 수 없어 폐업 또는 휴업하는 경우의 손실액은 폐업에 있어서는 최근 3년간의 소득

을 산술평균한 2년분의 순소득액(법인의 경우에는 순수익액)을, 휴업의 경우에는 실제 휴업기간에 해당하는 순소득액(법인의 경우에는 순수익액)을 기준으로 하여 평가한다. 다만 휴업기간이 2년 이상인 경우에는 폐업으로 보아 이를 평가한다."라고 규정하고 있으므로, 이를 유추적용하여 손해액을 평가함이 상당하다.

□ 대법원 1999. 10. 8. 선고 99다27231 판결

공공사업의 시행 결과 그 공공사업의 시행이 기업지 밖에 미치는 간접손실에 관하여 그 피해자와 사업시행자 사이에 협의가 이루어지지 아니하고 그 보상에 관한 명문의 근거 법령이 없는 경우라고 하더라도, 헌법 제23조 제3항은 "공공필요에 의한 재산권의 수용·사용 또는 제한 및 그에 대한 보상은 법률로써 하되, 정당한 보상을 지급하여야 한다."고 규정하고 있고, 이에 따라 국민의 재산권을 침해하는 행위 그 자체는 반드시 형식적 법률에 근거하여야 하며, 토지수용법(2002. 2. 4. 법률 제6656호로 폐지됨) 등의 개별 법률에서 공익사업에 필요한 재산권 침해의 근거와 아울러 그로 인한 손실보상 규정을 두고 있는 점, 공공용지의취득및손실보상에관한특례법(2002. 2. 4. 법률 제6656호로 폐지) 제3조 제1항은 "공공사업을 위한 토지 등의 취득 또는 사용으로 인하여 토지 등의 소유자가 입은 손실은 사업시행자가 이를 보상하여야 한다."고 규정하고, 같은 법 시행규칙 제23조의2 내지 7에서 공공사업시행지구 밖에 위치한 영업과 공작물 등에 대한 간접손실에 대하여도 일정한 조건하에서 이를 보상하도록 규정하고 있는 점에 비추어, 공공사업의 시행으로 인하여 그러한 손실이 발생하리라는 것을 쉽게 예견할 수 있고 그 손실의 범위도 구체적으로 이를 특정할 수 있는 경우라면 그 손실의 보상에 관하여 공공용지의취득및손실보상에관한특례법시행규칙의 관련 규정 등을 유추적용할 수 있다고 해석함이 상당하다(대법원 1999. 6. 11. 선고 97다56150 판결, 대법원 2002. 11. 26. 선고 2001다44352 판결).

수산업협동조합이 수산물 위탁판매장을 운영하면서 위탁판매 수수료를 지급받아 왔고, 그 운영에 대하여는 구 수산자원보호령(1991. 3. 28. 대통령령 제13333호로 개정되기 전의 것) 제21조 제1항에 의하여 그 대상지역에서의 독점적 지위가 부여되어 있었는데, 공유수면매립사업의 시행으로 그 사업대상지역에서 어업활동을 하던 조합원들의 조업이 불가능하게 되어 일부 위탁판매장에서의 위탁판매사업을 중단하게 된 경우, 그로 인해 수산업협동조합이 상실하게 된 위탁판매수수료 수입은 사업시행자의 매립사업으로 인한 직접적인 영업손실이 아니고 간접적인 영업손실이라고 하더라도 피침해자인 수산업협동조합이 공공의 이익을 위하여 당연히 수인하여야 할 재산권에 대한 제한의 범위를 넘어 수산업협동조합의 위탁판매사업으로 얻고 있는 영업상의 재산이익을 본질적으로 침해하는 특별한 희생에 해당하고, 사업시행자는 공유수면매립면허 고시 당시 그 매립사업으로 인하여 위와 같은 영업손실이 발생한다는 것을 상당히 확실하게 예측할 수 있었고 그 손실의 범위도 구체적으로 확정할 수 있으므로, 위 위탁판매수수료 수입손실은 헌법 제23조 제3항에 규정한 손실보상의 대상이 되고, 그 손실

에 관하여 구 공유수면매립법(1997. 4. 10. 법률 제5335호로 개정되기 전의 것) 또는 그 밖의 법령에 직접적인 보상규정이 없더라도 공공용지의취득및손실보상에관한특례법시행규칙상의 각 규정을 유추적용하여 그에 관한 보상을 인정하는 것이 타당하다.

□ 대법원 1999. 11. 23. 선고 98다11529 판결

 어업허가는 일정한 종류의 어업을 일반적으로 금지하였다가 일정한 경우 이를 해제하여 주는 것으로서 어업면허에 의하여 취득하게 되는 어업권과는 그 성질이 다른 것이기는 하나, 어업허가를 받은 자가 그 허가에 따라 해당 어업을 함으로써 재산적인 이익을 얻는 면에서 보면 어업허가를 받은 자의 해당 어업을 할 수 있는 지위는 재산권으로 보호받을 가치가 있고, 수산업법이 1990. 8. 1. 개정되기 이전까지는 어업허가의 취소·제한·정지 등의 경우에 이를 보상하는 규정을 두고 있지 않았지만, 1988. 4. 25. 공공용지의취득및손실보상에관한특례법시행규칙이 개정되면서 그 제25조의2에 허가어업의 폐지·휴업 또는 피해에 대한 손실의 평가규정이 마련되었고, 공공필요에 의한 재산권의 수용·사용 또는 제한 및 그에 관한 보상은 법률로써 하되 정당한 보상을 지급하여야 한다는 헌법 제23조 제3항, 면허어업권자 내지는 입어자에 관한 손실보상을 규정한 공유수면매립법(1999. 2. 8. 법률 제5911호로 전문 개정되기 전의 것) 제16조, 공공사업을 위한 토지 등의 취득 또는 사용으로 인하여 토지 등의 소유자가 입은 손실은 사업시행자가 이를 보상하여야 한다는 공공용지의취득및손실보상에관한특례법(2002. 2. 4. 법률 제6656호로 폐지) 제3조 제1항의 각 규정 취지를 종합하여 보면, 적법한 어업허가를 받고 허가어업에 종사하던 중 공유수면매립사업의 시행으로 피해를 입게 되는 어민들이 있는 경우 그 공유수면매립사업의 시행자로서는 위 공공용지의취득및손실보상에관한특례법시행규칙(1991. 10. 28. 건설부령 제493호로 개정되기 전의 것) 제25조의2의 규정을 유추적용하여 위와 같은 어민들에게 손실보상을 하여 줄 의무가 있다.

□ 대법원 2004. 9. 23. 선고 2004다25581 판결

 행정주체의 행정행위를 신뢰하여 그에 따라 재산출연이나 비용지출 등의 행위를 한 자가 그 후에 공공필요에 의하여 수립된 적법한 행정계획으로 인하여 재산권행사가 제한되고 이로 인한 공공사업의 시행 결과 공공사업시행지구 밖에서 발생한 간접손실에 관하여 그 피해자와 사업시행자 사이에 협의가 이루어지지 아니하고, 그 보상에 관한 명문의 근거 법령이 없는 경우라고 하더라도, 헌법 제23조 제3항 및 토지수용법(2002. 2. 4. 법률 제6656호로 폐지됨) 등의 개별 법률의 규정, 공공용지의취득및손실보상에관한특례법(2002. 2. 4. 법률 제6656호로 폐지되기 전의 것) 제3조 제1항 및 같은 법 시행규칙(2002. 12. 31. 건설교통부령 제344호로 폐지되기 전의 것) 제23조의2 내지 7 등의 규정 취지에 비추어 보면, 공공사업의 시행으로 인하여 그러한 손실이 발생하리라는 것을 쉽게 예견할 수 있고, 그 손실의 범위도 구체적으로 이를

특정할 수 있는 경우에는 그 손실의 보상에 관하여 공공용지의취득및손실보상에관한특
례법시행규칙의 관련 규정 등을 유추적용할 수 있다고 해석하여야 할 것이다(대법원
1998. 1. 20. 선고 95다29161 판결 참조).[132]

□ 대법원 2006. 7. 28. 선고 2004두3458 판결

  공공용지의 취득 및 손실보상에 관한 특례법(2002. 2. 4. 법률 제6656호로 폐지)
등 관계 법령에 의하면, 수용대상토지 지상에 건물이 건립되어 있는 경우 그 건물에
대한 보상은 취득가액을 초과하지 아니하는 한도 내에서 건물의 구조·이용상태·면적·
내구연한·유용성·이전 가능성 및 난이도 등의 여러 요인을 종합적으로 고려하여 원가
법으로 산정한 이전비용으로 보상하고, 건물의 일부가 공공사업지구에 편입되어 그 건
물의 잔여부분을 종래의 목적대로 사용할 수 없거나 사용이 현저히 곤란한 경우에는
그 잔여부분에 대하여는 위와 같이 평가하여 보상하되, 그 건물의 잔여부분을 보수하
여 사용할 수 있는 경우에는 보수비로 평가하여 보상하도록 하고 있고, 임대용으로 제
공되고 있던 건물의 일부가 수용된 후 잔여건물을 보수하여 계속 임대용으로 사용하는
경우 잔여건물의 보수비를 포함하여 위와 같은 기준에 따라 보상액을 지급하였다고 하
더라도 그 보상액에는 보수기간이나 임대하지 못한 기간 동안의 일실 임대수입액은 포
함되어 있지 않으므로 그러한 경우에는 공공용지의 취득 및 손실보상에 관한 특례법
시행규칙(2002. 12. 31. 건설교통부령 제344호로 폐지되기 전의 것) 제25조 제3항에
따라 3월의 범위 내에서 보수기간이나 임대하지 못한 기간 동안의 일실 임대수입은 수
용으로 인한 보상액에 포함되어야 하고, 다만 3월 이상의 보수기간이나 임대하지 못한
기간이 소요되었다는 특별한 사정이 있는 경우에는 같은 법 시행규칙 제25조 제2항을
유추적용하여 그 기간 동안의 일실 임대수입 역시 수용으로 인한 보상액에 포함되어야
하며, 위와 같이 보수기간이나 임대하지 못한 기간이 3월 이상 소요되었다는 특별한

---

132) 원심이 손실보상의 대상이 된다고 본 이 사건 가시설물 등이 이 사건 개발계획변경결정 및 이에 따
른 공공사업의 시행으로 인하여 그 본래의 기능을 다할 수 없게 되었다면, 공공사업시행지구 밖에
있는 공작물 기타 시설이 공공사업의 시행으로 인하여 그 본래의 기능을 다할 수 없게 되는 경우
이를 평가하여 보상하도록 규정하고 있는 공특법시행규칙 제23조의6의 규정이 유추적용될 수 있을
것이나, 원고는 당초 철근콘크리트조 근린생활시설 건축 용도로 건축허가를 받았다가 건축허가변
경 당시에는 건축물의 구조나 용도는 변함이 없이 건축허가변경을 받은 면적이 20% 가량 축소된
데 그친 사실을 알 수 있으므로, 이러한 사실관계라면 협의취득되지 아니한 부분에 설치되어 있던
가시설물 등의 상당 부분은 변경된 건축허가에 따라서도 여전히 사용가능한 것으로 볼 여지가 있다
고 할 것인바, 원심으로서는 이 사건 대지상에 설치되었던 가시설물이 무엇이고, 가설휀스는 어떠한
형태로 설치되어 있었으며, 이 사건 협의취득으로 인하여 나머지 대지상에 있던 가시설물 등은 어
떠한 형태로 존재하게 되었기에 본래의 기능을 다할 수 없게 되었는지를 따져 손실보상 여부를 판
단하였어야 할 것이다.
  또한, 이 사건 공공사업의 시행으로 인하여 원고가 건축설계변경비용 상당의 손실을 입었다고 하더
라도, 간접손실에 관하여 규정하고 있는 공특법시행규칙 제23조의2 내지 7의 각 규정 중 원고의 건
축설계변경비용을 간접손실로 보고 유추적용할 만한 규정도 없으므로, 건축설계변경비용에 대하여
공특법시행규칙의 간접보상에 관한 규정을 유추적용하여 그 손실보상청구권을 인정할 수도 없다고
하여 원심을 파기한 사례.

사정은 잔여건물이나 임대사업 자체의 고유한 특수성으로 인하여 3월 내에 잔여건물을 보수하거나 임대하는 것이 곤란하다고 객관적으로 인정되는 경우라야 한다.

2) 직접효력설적 판례

제3공화국 헌법하에서 직접효력설을 취한 적도 있으나 대법원 1976. 10. 12. 선고 76다1443 판결로 직접효력설을 명시적으로 파기했다.

□ 대법원 1967. 11. 2. 선고 67다1334 전원합의체 판결

헌법(1962. 12. 26. 개정헌법) 제20조 제3항에서 말하는 정당한 보상이라는 취지는 그 손실보상액의 결정에 있어서 객관적인 가치를 충분하게 보상하여야 된다는 취지이고 나아가 그 보상의 시기, 방법 등에 있어서 어떠한 제한을 받아서는 아니 된다는 것을 의미한다고 풀이할 것이므로 징발물 보상에 관하여 그 보상의 시기와 방법에 관하여 여러모로 제한을 두고 있는 징발법 부칙 제3항에 의한 징발재산의 보상에 관한 규정(대통령령 제1914호) 제2조는 위 헌법 제20조 제3항에 저촉되는 규정이다.

본조에서 규정한 징발보상심의회에 관한 규정이나 그 운영기능에 관한 모든 규정들은 모두 국방부장관이 징발에 의한 손해보상의 주무장관으로서 그 사무를 처리할 적에 하나의 자문의 구실을 하는 대내적인 기관의 규정들에 기관의 규정들에 불과하므로 징발보상금 청구권은 징발보상 심의회의 조정이 없더라도 곧 발생한다고 보는 것이 정당하다.

미송원목은 건축용재로서 소모품인 동산으로 처리하여야 할 것이므로 징역 목적물이 위와 같은 동산인 경우에는 정당한 대가를 피보상자에게 보상하여야 한다.

□ 대법원 1972. 11. 28. 선고 72다1597 판결

토지구획정리사업으로 말미암아 본건 토지에 대한 환지를 교부하지 않고 그 소유권을 상실케 한데 대한 본건과 같은 경우에 손실보상을 하여야 한다는 규정이 본법에 없다 할지라도 이는 법리상 그 손실을 보상하여야 할 것이다.

□ 대법원 1976. 10. 12. 선고 76다1443 판결

개정헌법 제20조 제3항의 규정에 의하면 "공공 필요에 의한 재산권의 수용 사용 또는 제한 및 그 보상의 기준과 방법은 법률로 정한다."라고 명시하고 있어서 적어도 개정헌법시행 후에 있어서는 개정 전 헌법 제20조 제3항의 경우와는 달리 손실보상을 청구하려면 그 손실보상의 기준과 방법을 정한 법률에 의하여서만 가능하다고 풀이하여야 된다. 그런데 이 사건 원고의 청구에 의하여 그중에는 개정헌법이 시행된 이후의 손실보상도 청구하고 있는 것이 명백함에도 불구하고 원심은 손실보상의 기준과 방법을 정한 법률이 없더라도 손실을 보상하여야 하고 이러한 손실보상을 민사법원이 정하는 바에 의한다는 취지로 판단하고 있는 것이다. 이러한 원심판시는 개정헌법 제20조

제3항의 규정을 잘못 적용한 위법을 면하기 어렵다.

3) 민법상 불법행위로 인한 손해배상책임으로 이론 구성한 판례

□ 대법원 2002. 2. 26. 선고 2000다72404 판결
 산업기지개발촉진법(1990. 1. 13. 법률 제4216호 산업입지및개발에관한법률 부칙 제2조에 의하여 폐지) 제2조 제2항 제2호, 제5호, 제8호에 비추어 보면, 한국전력공사가 시행한 항로준설공사 및 사설부표설치공사는 화력발전소 건설 및 그 전용항구의 건설사업에 부대되는 것으로서 위 법률이 정하는 산업기지개발사업에 해당하고, 한편 그 전용항구는 오로지 한국전력공사의 발전소 건설 및 가동을 위한 원자재와 연료의 공급을 위한 것으로서 한국전력공사가 적극적으로 항로준설공사를 시행한 점에 비추어 보면, 한국전력공사가 사설부표를 설치한 것은 그 전용항구에 입·출항하는 대형 선박이 그 설치구역으로 항행하도록 유도하기 위한 것으로 볼 수 있으므로, 이로 인하여 제3자가 입은 특별한 피해에 대하여는 그 사업시행자인 한국전력공사에게 손해배상 등의 의무가 있다.
 사전 손실보상의무 있는 공공사업의 시행자가 손실보상을 하지 않고 공공사업을 시행함으로써 제3자에게 실질적이고 현실적인 침해를 가한 때에는 불법행위를 구성하나, 공유수면의 어업자에게 공공사업의 시행으로 인한 손실보상 또는 손해배상을 청구할 수 있는 피해가 발생하였다고 볼 수 있으려면 그 사업시행에 관한 면허 등의 고시일 및 사업시행 당시 적법한 면허어업자이거나 허가 또는 신고어업자로서 어업에 종사하고 있어야 하고, 위 사업시행의 면허 등 고시 이후에 비로소 어업허가를 받았거나 어업신고를 한 경우에는 이는 그 공유수면에 대한 공공사업의 시행과 이로 인한 허가 또는 신고어업의 제한이 이미 객관적으로 확정되어 있는 상태에서 그 제한을 전제로 하여 한 것으로서 그 이전에 어업허가 또는 신고를 마친 자와는 달리 위 공공사업이 시행됨으로써 그렇지 않을 경우에 비하여 그 어업자가 얻을 수 있는 이익이 감소된다고 하더라도 손실보상의 대상이 되는 특별한 손실을 입게 되었다고 할 수 없어 이에 대하여는 손실보상 또는 손해배상을 청구할 수 없다고 할 것이고(대법원 1998. 4. 14. 선고 95다15032, 15049 판결, 대법원 1999. 11. 23. 선고 98다11529 판결, 대법원 2000. 5. 26. 선고 99다37382 판결 참조), 어업허가 또는 신고의 경우 그러한 공공사업에 의한 제한이 있는 상태에서 이루어진 것인지 여부는 당해 어업허가 또는 신고를 기준으로 하여야 하며, 그 이전에 받았으나 이미 유효기간이 만료한 어업허가 또는 신고를 기준으로 할 수 없다.

□ 대법원 2004. 5. 14. 선고 2003다32162 판결
 권리를 가진 자에 대하여 손실보상을 할 의무가 있는 사업시행자가 손실보상의무를

이행하지 아니한 채 공유수면매립공사를 시행하였다 하더라도 그로 인한 불법행위는 그 사업착수만으로 바로 성립하지 않고, 그 사업으로 인하여 실질적이고 현실적인 침해가 발생하였을 때에 비로소 성립한다고 할 것이고, 구체적으로 그 불법행위 성립일은 공유수면매립권자가 공유수면매립공사에 착수한 때가 아니라 그 공사진척에 따라 그 어업권자들로 하여금 어장을 상실하게 하는 손해가 발생하게 한 때라고 할 것이다.

□ 대법원 1990. 6. 12. 선고 89다카9552 전원합의체 판결
 토지구획정리사업시행자가 토지구획정리사업법(1966. 8. 3. 법률 제1822호) 제53조 제1항 후문에 따라 사도 등 사유지에 대하여 환지를 지정하지 아니하면서 청산금도 지급하지 않기로 결정하여 환지계획의 청산금명세에 포함시키지 않은 채 사업을 시행하고 환지처분의 공고를 거쳐 그 토지의 소유권을 상실시켰다면, 환지를 지정하지 않은 것 자체는 위 법규정에 따른 것이어서 위법하다고 할 수 없으나 청산금을 지급치 않기로 한 것은 위법한 처분으로서 사업시행자는 토지소유권을 상실한 토지소유자에 대하여 불법행위의 책임을 면할 수 없다.
 전항의 경우에 소유자는 토지소유권상실에 대한 손실보상금인 청산금을 청구할 수 없게 된 손해를 입었다고 할 것이므로 손해배상의 범위를 토지소유권상실에 대한 손실보상금인 청산금 상당액이라고 보아야 하고, ① 이 경우의 청산금 상당액의 평가의 기준시기에 관하여 1980. 1. 4. 법률 제3255호로 개정된 토지구획정리사업법 제52조 제1항 규정하에서 환지처분을 한 경우의 청산금 상당액은 환지처분시를 기준으로 종전 토지의 위치, 지목 등 여러 사정을 참작하여 사업시행으로 인한 개발이익이 포함되지 않은 객관적인 거래가액을 평가한 후 이에 따라 산정하여야 할 것이고, 한편 토지구획정리사업법(1975. 12. 31. 법률 제2848호) 부칙 제2항은 이 법 시행 이전에 인가를 받아 시행 중인 사실상의 사도 등 사유지에 대하여는 사업시행인가시의 평가가액으로 환지처분하여 청산하여야 한다고 규정하였으나, 이 규정은 위 1980. 1. 4. 개정법규정 시행 이후에 환지처분을 하는 경우에는 적용되지 않는다고 할 것이며, ② 또한 이 경우의 토지거래가액의 평가에 있어서 환지처분공고를 거침으로써 소유권이 상실되는 종전토지의 면적을 기준으로 평가하여야 하고 종전토지의 면적에서 당해 환지지구 내의 일반환지에 대한 공동감보율(도로부담율 포함)을 적용하여 감보한 면적을 기준으로 평가할 것이 아니다.

□ 대법원 1991. 2. 22. 선고 90다16474 판결
 토지구획정리사업시행자가 토지구획정리사업법(1966. 8. 3. 법률 제1822호) 제53조 제2항 후문에 따라 사도(私道)등 사유지에 대하여 환지(換地)를 지정하지 아니한 채 구획정리사업을 마치고 환지처분의 확정공고를 함으로써 그 토지에 대한 소유권을 상실시킨 것은 토지소유자에 대하여 불법행위를 구성하므로 토지구획정리사업시행자는 청산금 상당액의 손해를 배상할 책임이 있다.

□ 대법원 1966. 10. 18. 선고 66다1715 판결

군사상의 긴급한 필요에 의하여 국민의 재산권을 사용 또는 사용하게 되었던 것이라 할지라도 그 수용 또는 사용이 법률의 근거 없이 이루어진 경우에는 재산권자에 대한 관계에 있어서는 불법행위가 된다.

우리나라 헌법이 재산권의 보장을 명시(제헌당시 제15조, 1980. 10. 27. 개정헌법 제22조)하였던 만큼 제헌 후 아직 징발에 관한 법률이 제정되기 전에 6.25.사변이 발발되었고 그로 인한 사실상의 긴급한 필요에 의하여 국민의 재산권을 수용 또는 사용하게 되었던 것이라 할지라도 그 수용 또는 사용이 법률의 근거 없이 이루어진 것인 경우에는 그것을 재산권자에 대한 관계에 있어서는 불법행위라고 않을 수 없다.

(2) 헌법재판소의 입장

위헌무효설적 태도이나, 입법부작위가 위헌이라고 판단했을 뿐 과거의 수용처분이 위헌무효라거나 국가의 보상거부가 위법이라는 판단은 없었다.

□ 헌법재판소 1994. 12. 29. 선고 89헌마2 결정(조선철도사건)

우리 헌법은 제헌 이래 현재까지 일관하여 재산의 수용, 사용 또는 제한에 대한 보상금을 지급하도록 규정하면서 이를 법률이 정하도록 위임함으로써 국가에게 명시적으로 수용 등의 경우 그 보상에 관한 입법의무를 부과하여 왔는바, 해방 후 사설철도회사(私設鐵道會社)의 전 재산을 수용하면서 그 보상절차를 규정한 군정법령(軍政法令) 제75호에 따른 보상절차가 이루어지지 않은 단계에서 조선철도의 통일폐지법률에 의하여 위 군정법령이 폐지됨으로써 대한민국의 법령에 의한 수용은 있었으나 그에 대한 보상을 실시할 수 있는 절차를 규정하는 법률이 없는 상태가 현재까지 계속되고 있으므로, 대한민국은 위 군정법령에 근거한 수용에 대하여 보상에 관한 법률을 제정하여야 하는 입법자의 헌법상 명시된 입법의무가 발생하였으며, 위 폐지법률이 시행된 지 30년이 지나도록 입법자가 전혀 아무런 입법조치를 취하지 않고 있는 것은 입법재량의 한계를 넘는 입법의무불이행으로서 보상청구권이 확정된 자의 헌법상 보장된 재산권을 침해하는 것이므로 위헌이다.

3. 검토

헌법규정의 해석상 직접효력설의 채택에는 어려움이 있다. 그러나 헌법 법문 자체 및 이에 관한 목적론적 해석이 가능한 바, 구체적인 보상절차는 관계규정의 유추해석으로 해결할 수 있을 것이며, 이러한 유추해석조차 불가능한 경우는 수용 관련법의 위헌문제가 제기되는 바, 이때는 수용유사침해이론이나 국가배상법리로 해결하여야

할 것이다.

제3절 헌법상 법률에 의한 보상

헌법 제23조 제3항은 "재산권의 수용·사용 또는 제한과 그에 대한 보상은 법률로써 하되 정당한 보상을 지급하여야 한다."고 규정하고 있다.

1. 보상입법의 법률유보

입법자는 재산권 수용에 대한 보상입법의무가 있으며, 그 입법부작위는 위헌이 된다.[133]

2. 손실보상법정주의

수용되는 재산적 가치를 어떠한 기준·방법 및 절차로 평가하여 보상을 하고, 또 어떠한 손실에 대하여 어떠한 보상을 할 것인가 하는 손실보상의 종류, 손실보상액의 평가 및 지급기준·방법 및 절차 등에 관한 사항을 미리 법률로 정하여야 한다.

① 손실보상은 적법행위를 원인으로 한다는 점, ② 국민전체가 부담해야 할 의무라는 점, ③ 헌법규정만으로는 손실보상철구권의 실현이나 손실보상에 관한 법적 안정성 내지 예측가능성을 기대할 수 없다는 점에서 「손실 있으면 보상 있고, 법률 없으면 보상 없다.」는 원칙이 확립되었다.

3. 정당보상청구권의 형성

정당한 보상은 수용되는 재산권에 대한 객관적가치의 완전한 보상을 의미한다. 보상이 되는 재산권 가치의 판단기준으로 객관적 가치는 소유자가 갖는 주관적 가치, 투기적 성격을 띠고 우연히 결정된 거래가격, 흔히 불리는 호가, 객관적 가치의 증가에 기여하지 못한 투자비용, 토지 등의 특별한 용도에 사용할 것을 전제로 한 가격 등은 배제된다.[134]

제3장 손실보상의 요건

제1절 적법한 공용침해

1. 공공필요

---

133) 헌법재판소 1994. 12. 29. 선고 89헌마2 결정.
134) 헌법재판소 1990. 6. 25. 선고 89헌마107 결정.

통상 공공복리보다 넓은 개념으로 이해하는 바, 판례는 워커힐 호텔 건설을 토지수용법(2002. 2. 4. 법률 제6656호로 폐지됨)상의 공익사업으로서 문화시설에 포함시킨 적이 있다. 공공필요의 인정여부에 있어 비례원칙(이익·불이익형량이론)에 의한 이익형량을 요한다.

> □ 대법원 1971. 10. 22. 선고 71다1716 판결
> 워커힐관광, 서비스 제공사업을 한국전쟁에서 전사한 고 워커 장군을 추모하고 외국인을 대상으로 하여 교통부 소관사업으로 행하기로 하는 정부방침 아래 교통부 장관이 토지수용법(2002. 2. 4. 법률 제6656호로 폐지됨) 제3조1항3호 소정의 문화시설에 해당하는 공익사업으로 인정하고 스스로 기업자가 되어 본건토지수용의 재결신청을 하여 중앙토지수용 위원회의 재결을 얻어 보상금을 지급한 사실을 인정하였음은 정당하고…….

2. 보호대상

소유권 기타 법에 의하여 보호되는 일체의 재산적 가치 있는 권리를 의미한다. 현존하는 구체적인 재산가치일 것을 요구하므로 기대이익 등은 보호대상이 아니다. 따라서 지가상승의 기대는 대상이 아니다.

3. 침해

(1) 적법한 침해

침해는 헌법 제23조 제3항에 따라 보상이 주어지는 적법한 것이어야 한다.

(2) 공권적 침해

헌법은 수용·사용·제한을 열거하고 있으며, 기타 환지 등 일체의 재산 가치를 감소시키는 공법상의 침해를 의미한다.

(3) 의도적·직접적 침해

공권력의 주체에 의하여 침해가 의욕되고 지향되거나 최소한 상대방의 재산상의 손실에 대한 직접적인 원인이 되어야 한다는 점(침해의 직접성)에서 수용적 침해와 구별된다.

제2절 특별한 희생(보상원인)

보상원인으로 재산권에 대한 특별한 희생을 요한다. 재산권의 社會的 制約과 特別한 犧牲은 주로 재산권의 제한에 관하여 문제된다.135) 이는 재산권의 수용 및 사용에 대

하여는 입법자의 공용침해를 인정하여 개별 법률에서 손실보상규정을 두는 것이 일반적이나, 재산권의 제한에 관하여는 사회적 제약에 불과하다고 판단하여 손실보상규정을 두고 있지 않은 경우가 많기 때문이다. 소위 計劃制限 내지는 行爲制限을 규정하고 있는 국토의 계획 및 이용에 관한 법률, 도시공원 및 녹지 등에 관한 법률, 군사시설보호법, 문화재보호법 등 법률은 손실보상규정이 없다.

Ⅰ. 재산권의 사회적 제약과 공용침해에 관한 이론 학설

1. 경계이론(문턱이론)

(1) 경계이론의 개념

경계이론에 의하면 재산권의 내용(사회적 제약)과 공용침해는 별개의 제도가 아니라 그 재산권 침해정도의 차이로 구분된다. 즉, 사회적 기속과 공용침해 모두 재산권의 제한을 의미하나, 사회적 기속은 공용침해보다 재산권 침해가 적은 경우로서 보상없이 감수해야 되는 반면, 공용침해는 재산권의 사회적 기속의 범주를 넘어서서 보상을 필요로 하는 재산권의 침해를 말한다.

경계이론에 의하면 '재산권 보장'과 '존속보장'이 상관관계에 있고, 공용침해시 재산권보장의 내용이 '존속보장'에서 '가치보장'으로 전환하게 된다. 즉 경계이론에서는 입법자가 보상에 관한 입법을 하지 않을 경우 재산권의 제한이 수용적 결과를 가져온다면 법원이 독자적으로 직접 보상에 관한 결정을 할 수 있게 된다.

(2) 공용침해와 사회적 제약의 구별기준

사회적 제약과 공용침해의 한계설정을 위한 기준으로는 재산권행사가 제약되는 '人的 範圍'를 기준으로 하는 입장과 재산권행사를 제약하는 '程度'를 기준으로 특별희생 여부를 판단하는 입장으로 나뉜다.

1) 形式的 基準說(形式說)

재산권의 침해를 받는 자가 특정되어 있는지를 기준으로 구별하려는 견해이다.

ⅰ) 個別行爲說

행정기관의 개별행위에 의하여 특정인에게 특별한 손실을 가하는가를 기준으로 한

---

135) 손실보상의 요건으로서의 공용침해와 사회적 구속성의 구별과 관련하여, 미국의 경우 1) 기업-중재(Enterprise-Arbitration) 이론, 2) 해악-이익(Harm-Benefit) 이론, 3) 경제적 손실(Economic Loss) 이론, 4) 평균적인 혜택(Average Reciprocity of Advantage) 이론, 5) 형량(Balancing) 이론, 일본의 경우 1) 형식·실질 이분설, 2) 실질요건설, 3) 경찰제한·공용제한설, 4) 내재적 제약설 등이 거론되고 있다(박홍우, 재산권 제한의 법리와 그 적용한계 , 재판자료 제77집(법원도서관, 1997년), 644~653쪽 참조.

다. 즉 침해행위가 일반적인가, 개별적인가에 따른 구별로 후자에 해당하면 특별한 희
생이라고 한다. 이는 침해행위가 특정인을 대상으로 행정처분형식으로 이루어지기도
하지만 법률이나 법규명령 등 일반적·추상적인 법규의 형태를 띠는 경우도 있어 설득
력이 없다.

ii) 特別犧牲說

공적부담 앞의 평등을 기준으로 특정인에게 불평등하게 특별한 희생을 요구하는 재산
권 침해는 공용침해이고, 일반적 제약을 하는 경우에는 사회적 제약이라는 입장이다.

2) 實質的 基準說(實質說)

재산권의 본질적 내용을 침해하는 정도를 기준으로 한다.

i) 保護價値(性)說

보호할 만한 가치가 있는 재산권에 대한 제약만을 손실보상을 필요로 하는 공용침해
로 보는 견해로, 그 한계설정은 역사, 법률의 취지 등을 통하여 파악한다. 하지만 보
호가치와 비보호가치의 기준설정에 대한 객관적인 기준을 제공할 수 없다는 문제점이
있다.

ii) 受忍限度說(期待可能性說)

재산권 침해의 강도와 범위에 초점을 맞추어 재산권의 침해가 현저하거나 수인할 수
없을 때에는 공용침해라는 것이다. 여기서 재산권 주체의 주관적 요소인 '수인한도'라
는 개념이 너무 추상적이다.

iii) 目的違背說(機能說)[136]

재산권 본래의 객관적인 이용목적 또는 기능에 위배되는지를 기준으로 구별하는 입
장으로 보상을 요하는 공용침해는 재산권 본래의 기능·목적이 박탈되고 새로운 목적과
임무가 부과되는 경우라고 하나, 이 역시 객관적 기준이라기보다는 주관적 가치판단에
좌우된다.

iv) 私的效用說

재산권의 사적 효용성을 기준으로 재산권의 침해가 소유권자의 경제적 형성의 자유
를 침해하여 사적효용성이 박탈되는 결과를 가져올 경우에는 보상을 요하는 침해가
된다는 견해이다. 이 또한 재산권의 사적 효용이라는 객관적이라기보다는 주관적 가

---

136) 김남진, 615쪽.

치판단이 작용된다.

ⅴ) 重大性説

독일연방행정법원의 견해로 침해의 중대성과 침해가 미치는 범위에 착안한 것으로 그 강도가 중대하면 공용침해가 된다는 것으로 수인한도설과 비슷한 태도이다. 이 견해는 재산권침해의 중대성이 어느 정도 중대하여야 공용침해에 해당하는지 정확한 기준을 설정하지 못하고 있다.

ⅵ) 狀況拘束性의 法理(狀況拘束性説)

재산권의 사회적 구속을 전제로 토지 등의 위치와 상태와 같은 사실적인 요인과 규범적인 가치개념을 결합시킨 이론으로 사실상 개별적 상황에 따라 침해대상의 보호가치성, 침해행위의 수인한도성, 침해의 중대성 등이 고려되는 견해이다. 토지 등의 재산권이 처한 지정학적 상황으로 주어진 효용이 본질적으로 제약당하면 공용침해가 된다는 것이다. 이 견해는 토지 등의 재산권이 처한 상황에 따라 사용상의 제한을 정당성을 강조할 뿐, 지리적 위치로 인한 제약은 재산권에 내재하는 사회적 제약으로서 보상의 대상에서 제외된다고 볼 때 적합하지 못하다.

ⅶ) 實體減少説

재산권의 침해가 예견할 수 없었던 재산권의 실체적 내용과 관련된 경제적 기능이 박탈당하는 경우에는 재산권의 사회제약이 아니라, 보상을 해야 하는 공용침해라고 한다. 특정인의 재산권침해라는 형식적 기준과 재산권의 실체적 내용이라는 실체적 기준을 함께 고려하여 문제를 해결하려고 하나, 어떠한 침해가 과연 재산권의 실체적 감소를 가져오는지를 설명하기 곤란하다.

3) 折衷説(複數基準説)[137]

형식적 기준과 실질적 기준을 같이 고려하는 입장으로 다수설이자 헌법재판소의 태도이기도 하다. 손실보상의 요건으로서의 공용침해와 사회적 구속성의 구별은 획일적으로 구분할 수는 없으므로, 재산권의 종류와 법익, 제한의 목적과 제한의 정도 등을 종합하고 위에서 논의되고 있는 여러 학설을 참작하여 개별적으로 판단할 수밖에 없다고 하겠다.

2. 分離理論(斷絶理論)

분리이론은 존속보장이라는 재산권의 본질, 법원과 국회간의 권한분배, 헌법재판소와

---

137) 김동희, 531쪽 ; 박윤흔, 733~734쪽 ; 석종현, 646쪽 ; 홍정선568쪽.

법원간의 권한분배를 주장하며, 경계이론을 극복하기 위해 독일연방헌법재판소에 의해 주장된 이론이다. 즉 분리이론은 독일연방헌법재판소가 1981년 7월 15일 소위 '자갈채취'사건에서 독일기본법 제14조 제1항 제2문의 재산권 내용규정과 독일기본법 제14조 제3항의 공용침해규정을 분리하여 재산권의 내용규정인지, 공용침해규정인지는 재산권 침해의 효과에 따라서가 아니라 입법자의 형성에 따라 결정된다는 이론이다. 이처럼 분리이론은 보상의무없는 재산권의 내용규정과 보상의무있는 공용수용의 구별을 재산권 침해의 효과정도가 아니라 침해의 형태와 목적에 따라 구분하는 이론으로, ⅰ) 침해의 형태를 기준으로 침해가 일반적·추상적일 때에는 재산권의 사회적 제약'으로, 개별적·구체적일 때에는 공용수용으로 보며, ⅱ) 침해의 목적을 기준으로 할 때 재산권의 사회적 제약은 재산권의 권리와 의무에 대해 장래를 향하여 객관적으로 규율하는 것을 목적으로 하며, 공용수용은 침해를 통해서 재산권자의 법적지위를 전면적 또는 부분적으로 박탈하는 것이 목적이다.

3. 평가

(1) 경계이론은 재산권의 보장에 있어서 입법자의 객관적 의사가 중요한 것이 아니라 법원이 특별희생 여부를 판단하여 손실보상여부를 결정함으로써 입법자의 입법형성권을 무시되게 되어 헌법상 재산권의 내용과 한계가 법률로 정해야 한다는 헌법조항과 상충하게 된다. 결국 경계이론은 구체적인 경우 당해 재산권의 침해가 사회적 기속인지 또는 공용침해인지의 판단을 정당한 보상 여부를 판단해야 하는 법관이 함으로써 권력분립의 원칙에도 부합하지 않는다.

그러나 분리이론에 의하면 재산권의 사회적 제약이냐 공용침해냐를 선택하는 권한을 입법자에게 부여하며 법원에게는 보상규정에 근거하여 어떠한 보상이 정당한 보상인가를 판단하는 권한을 담당함으로써 권력분립원칙에 적합하다.

(2) 헌법상 재산권보장은 존속보장과 가치보장으로 되어 있는데, 경계이론에 의하면 재산권에 대한 제한이 특별희생에 해당하는 경우 재산권보장의 본래적 의미를 존속보장보다는 가치보장으로 이해하게 되어 재산권보장의 본질에 부합하지 않으나, 분리이론은 헌법상 재산권의 내용을 원칙적으로 존속보장으로 이해함으로써 헌법상 재산권보장의 내용에 더욱 합치된다고 평가된다.

(3) 경계이론은 가치보장적 사고로 인하여 금전보상만을 고려할 수 있으나 분리이론에 의하면 재산권 침해의 완화를 위한 다양성을 고려할 수 있어 예컨대 구역지정의 해제와 같은 대상조치, 토지매수청구권, 수용신청권의 부여, 금전적 보상, 경과규정 기타의 수단 중에서 입법자가 구체적인 방법과 절차를 선택할 수 있다.

□ 헌법재판소 1998. 12. 24. 선고 89헌마214, 90헌바16, 97헌바78(병합) 결정

 헌법은 "모든 국민의 재산권은 보장된다. 그 내용과 한계는 법률로 정한다.", "재산권의 행사는 공공복리에 적합하도록 하여야 한다."(제23조 제1항 및 제2항)고 규정함으로써 재산권은 법률로써 규제될 수 있고, 그 행사 또한 일정한 제약을 받을 수 있다는 것을 밝히고 있다. 재산권이 법질서 내에서 인정되고 보호받기 위하여는 입법자에 의한 형성을 필요로 한다. 즉, 재산권은 이를 구체적으로 형성하는 법이 없을 경우에는 재산에 대한 사실상의 지배만 있을 뿐이므로 다른 기본권과는 달리 그 내용이 입법자에 의하여 법률로 구체화됨으로써 비로소 권리다운 모습을 갖추게 된다. 입법자는 재산권의 내용을 구체적으로 형성함에 있어서 헌법상의 재산권보장(헌법 제23조 제1항 제1문)과 재산권의 제한을 요청하는 공익 등 재산권의 사회적 기속성(헌법 제23조 제2항)을 함께 고려하고 조정하여 양 법익이 조화와 균형을 이루도록 하여야 한다.

 도시계획법(2002. 2. 4 법률 제6655호로 폐지) 제21조는 입법자가 토지재산권에 관한 권리와 의무를 일반·추상적으로 확정하는 규정으로서 법질서 안에서 보호받을 수 있는 권리로서의 재산권의 내용과 한계를 정하는 재산권을 형성하는 규정인 동시에 공익적 요청에 따른 재산권의 사회적 제약을 구체화하는 규정이기도 하다

□ 헌법재판소 1999. 4. 29. 선고 94헌바37 외 66건(병합) 결정

 헌법 제23조 제1항 제2문은 재산권은 보장하되 "그 내용과 한계는 법률로 정한다."고 규정하고, 동조 제2항은 "재산권의 행사는 공공복리에 적합하도록 하여야 한다."고 규정하여 재산권 행사의 사회적 의무성을 강조하고 있다. 이러한 재산권 행사의 사회적 의무성은 헌법 또는 법률에 의하여 일정한 행위를 제한하거나 금지하는 형태로 구체화될 것이지만, 그 정도는 재산의 종류, 성질, 형태, 조건 등에 따라 달라질 수 있다. 따라서 재산권 행사의 대상이 되는 객체가 지닌 사회적인 연관성과 사회적 기능이 크면 클수록 입법자에 의한 보다 더 광범위한 제한이 허용된다고 할 것이다.

 도시계획법(2002. 2. 4 법률 제6655호로 폐지) 제21조는 원칙적으로는 토지재산권의 사회적 제약을 합헌적으로 구체화한 규정이지만, 토지소유자가 수인해야 할 사회적 제약의 정도를 넘는 경우에도 아무런 보상없이 재산권의 과도한 제한을 감수해야 하는 의무를 부과하는 점에서는 위헌이다.

 따라서 입법자가 이 사건 법률조항을 통하여 국민의 재산권을 비례의 원칙에 부합하게 합헌적으로 제한하기 위해서는, 수인의 한계를 넘어 가혹한 부담이 발생하는 예외적인 경우에는 이를 완화하는 보상규정을 두어야 한다. 이러한 보상규정은 입법자가 헌법 제23조 제1항 및 제2항에 의하여 재산권의 내용을 구체적으로 형성하고 공공의 이익을 위하여 재산권을 제한하는 과정에서 이를 합헌적으로 규율하기 위하여 두어야 하는 규정이다.

 재산권의 침해와 공익간의 비례성을 다시 회복하기 위한 방법은 헌법상 반드시 금전보상만을 해야 하는 것은 아니다. 입법자는 지정의 해제 또는 토지매수청구권제도와

같이 금전보상에 갈음하거나 기타 손실을 완화할 수 있는 제도를 보완하는 등 여러 가지 다른 방법을 사용할 수 있다. 즉, 입법자에게는 헌법적으로 가혹한 부담의 조정이란 '목적'을 달성하기 위하여 이를 완화·조정할 수 있는 '방법'의 선택에 있어서는 광범위한 형성의 자유가 부여된다.

□ 헌법재판소 2005. 5. 26. 선고 2004헌가10 결정
헌법은 재산권을 보장하지만 다른 기본권과는 달리 "그 내용과 한계는 법률로 정한다."고 하여(제23조 제1항) 입법자에게 재산권에 관한 규율권한을 유보하고 있다. 그러므로 재산권을 형성하거나 제한하는 입법에 대한 위헌심사에 있어서는 입법자의 재량이 고려되어야 한다. 일반적으로 재산권의 제한에 대하여는 재산권 행사의 대상이 되는 객체가 지닌 사회적인 연관성과 사회적 기능이 크면 클수록 입법자에 의한 보다 광범위한 제한이 허용된다(헌재 1999. 4. 29. 94헌바37 등 참조). 한편 개별 재산권이 갖는 자유보장적 기능이 강할수록, 즉 국민 개개인의 자유실현의 물질적 바탕이 되는 정도가 강할수록 그러한 제한에 대해서는 엄격한 심사가 이루어져야 한다(헌재 1998. 12. 24. 89헌마214 등 참조).

Ⅱ. 구체적 적용사례

1. 개발제한구역의 지정

개발제한구역의 지정 및 관리에 관한 특별조치법 제3조 제1항에 의하면, "국토해양부장관은 도시의 무질서한 확산을 방지하고 도시 주변의 자연환경을 보전하여 도시민의 건전한 생활환경을 확보하기 위하여 도시의 개발을 제한할 필요가 있거나 국방부장관의 요청으로 보안상 도시의 개발을 제한할 필요가 있다고 인정되면 개발제한구역의 지정 및 해제를 도시관리계획으로 결정할 수 있다."고 규정되어 있고, 제17조에서는 "개발제한구역의 지정에 따라 개발제한구역의 토지를 종래의 용도로 사용할 수 없어 그 효용이 현저히 감소된 토지나 그 토지의 사용 및 수익이 사실상 불가능하게 된 토지의 소유자는 국토해양부장관에게 그 토지의 매수를 청구할 수 있다."고 하여 토지매수청구권을 보장하고 있다.

□ 헌법재판소 1998. 12. 24. 선고 89헌마214, 90헌바16, 97헌바78 결정
[토지재산권의 사회적 의무성]
헌법상의 재산권은 토지소유자가 이용가능한 모든 용도로 토지를 자유로이 최대한 사용할 권리나 가장 경제적 또는 효율적으로 사용할 수 있는 권리를 보장하는 것을 의미하지는 않는다. 입법자는 중요한 공익상의 이유로 토지를 일정 용도로 사용하는 권리를 제한할 수 있다. 따라서 토지의 개발이나 건축은 합헌적 법률로 정한 재산권의 내

용과 한계 내에서만 가능한 것일 뿐만 아니라 토지재산권의 강한 사회성 내지는 공공성으로 말미암아 이에 대하여는 다른 재산권에 비하여 보다 강한 제한과 의무가 부과될 수 있다.

[개발제한구역(이른바 그린벨트) 지정으로 인한 토지재산권 제한의 성격과 한계]
 개발제한구역을 지정하여 그 안에서는 건축물의 건축 등을 할 수 없도록 하고 있는 도시계획법(2002. 2. 4 법률 제6655호로 폐지) 제21조는 헌법 제23조 제1항, 제2항에 따라 토지재산권에 관한 권리와 의무를 일반·추상적으로 확정하는 규정으로서 재산권을 형성하는 규정인 동시에 공익적 요청에 따른 재산권의 사회적 제약을 구체화하는 규정인바, 토지재산권은 강한 사회성, 공공성을 지니고 있어 이에 대하여는 다른 재산권에 비하여 보다 강한 제한과 의무를 부과할 수 있으나, 그렇다고 하더라도 다른 기본권을 제한하는 입법과 마찬가지로 비례성원칙을 준수하여야 하고, 재산권의 본질적 내용인 사용·수익권과 처분권을 부인하여서는 아니 된다.

[토지재산권의 사회적 제약의 한계를 정하는 기준]
 개발제한구역 지정으로 인하여 토지를 종래의 목적으로도 사용할 수 없거나 또는 더 이상 법적으로 허용된 토지이용의 방법이 없기 때문에 실질적으로 토지의 사용·수익의 길이 없는 경우에는 토지소유자가 수인해야 하는 사회적 제약의 한계를 넘는 것으로 보아야 한다.
 개발제한구역의 지정으로 인한 개발가능성의 소멸과 그에 따른 지가의 하락이나 지가상승률의 상대적 감소는 토지소유자가 감수해야 하는 사회적 제약의 범주에 속하는 것으로 보아야 한다. 자신의 토지를 장래에 건축이나 개발목적으로 사용할 수 있으리라는 기대가능성이나 신뢰 및 이에 따른 지가상승의 기회는 원칙적으로 재산권의 보호범위에 속하지 않는다. 구역지정 당시의 상태대로 토지를 사용·수익·처분할 수 있는 이상, 구역지정에 따른 단순한 토지이용의 제한은 원칙적으로 재산권에 내재하는 사회적 제약의 범주를 넘지 않는다.

2. 특별대책지구지정

 환경정책기본법 제22조는 "① 환경부장관은 환경오염·환경훼손 또는 자연생태계의 변화가 현저하거나 현저하게 될 우려가 있는 지역과 제10조 제1항의 규정에 의한 환경기준을 자주 초과하는 지역을 관계중앙행정기관의 장 및 시·도지사와 협의하여 환경보전을 위한 特別對策地域으로 지정·고시하고 당해 지역안의 환경보전을 위한 특별종합대책을 수립하여 관할시·도지사에게 이를 시행하게 할 수 있다. ② 환경부장관은 제1항의 규정에 의한 특별대책지역내의 환경개선을 위하여 필요한 경우에 한하여 대통령령이 정하는 바에 의하여 그 지역내의 토지이용과 시설설치를 제한할 수 있다."

고 규정하고 있으나 손실보상 등에 대해서는 아무런 규정을 두고 있지 않아 재산권의 내재적 한계와 관련하여 논란이 있을 수 있겠다.

Ⅲ. 보상규정

동일법률에 공용침해와 보상규정을 두어야 한다.[138]

제4장 손실보상의 기준과 내용

제1절 손실보상의 기준(정당보상의 원칙)

1. 학설

1) 完全補償說

피침해재산이 가지는 완전한 가치를 보상해야 한다는 견해이다.[139] 이 견해는 다시 ⅰ) 보통 발생되는 손실의 전부를 보상하는 것이어야 하며, 부대적 손실을 포함한다는 견해(損失全部補償說)[140]과 ⅱ) 손실보상은 재산권에 대응하는 것이므로 피침해재산의 시가·거래가격에 의한 객관적 가치를 완전히 보상하는 것이어야 하지만 부대적 손실은 포함하지 않는다는 견해(客觀的價値補償說)로 나뉜다.

2) 相當補償說

현대 사회국가적 이념 하에 재산권의 사회적 구속성과 침해행위의 공공성에 비추어 적정한 보상으로 족하다는 견해이다.[141] 이 견해는 다시 ⅰ) 사회통념에 비추어 객관적으로 공정·타당한 것이면 완전보상을 하회하여도 무방하다는 견해와 ⅱ) 완전한 보상이 원칙이지만 합리적인 이유가 있으면 완전보상을 상회하거나 하회할 수 있다는 견해[142]로 나뉜다.

3) 折衷說

침해되는 재산의 규모의 대소에 따라서, 또는 기존의 재산법질서의 범위 안에서 행

---

138) 독일에서는 공용침해를 하는 법률은 그 자체 내에 보상규정도 두어야 한다는 소위 부대조항(불가분 조항)이론이 전개되고 있다.

139) 이는 미국헌법 수정 제5조의 '정당한 보상(just compensation)'에서 유래했다는 의미에서 정당보상 설이라고도 한다. 판례상 '충분하고 완전한 보상(full and perfect compensation)'의 원칙이 확립되어 있는데, 이는 피수용재산의 객관적 가치의 보상으로 결과적 또는 부대적 손실은 원칙적으로 보상되지 않는다고 한다.

140) 김동희, 538~539쪽.

141) 홍정선, 571쪽.

142) 강구철, 705쪽.

하여지는 개별적 침해행위와 권리관계의 변혁을 목적으로 하는 침해행위를 구분하여 큰 재산, 변혁의 경우는 상당보상으로 족하다는 견해이다.

2. 판례

대법원이나 헌법재판소는 완전보상설을 채택하고 있다.

□ 헌법재판소 1990. 6. 25. 선고 89헌마107 결정

헌법 제23조 제3항은 "공공필요에 의한 재산권의 수용·사용 또는 제한 및 그에 대한 보상은 법률로써 하되, 정당한 보상을 지급하여야 한다."고 규정하고 있다. 헌법이 규정한 '정당한 보상'이란 이 사건 소원의 발단이 된 소송사건에서와 같이 손실보상의 원인이 되는 재산권의 침해가 기존의 법질서 안에서 개인의 재산권에 대한 개별적인 침해인 경우에는 그 손실 보상은 원칙적으로 피수용 재산의 객관적인 재산 가치를 완전하게 보상하는 것이어야 한다는 완전보상을 뜻하는 것으로서 보상금액 뿐만 아니라 보상의 시기나 방법 등에 있어서도 어떠한 제한을 두어서는 아니 된다는 것을 의미한다고 할 것이다.

재산권의 객체가 갖는 객관적 가치란 그 물건의 성질에 정통한 사람들의 자유로운 거래에 의하여 도달할 수 있는 합리적인 매매가능 가격 즉 시가에 의하여 산정되는 것이 보통이다. 그러나 토지의 경우에는 위치·면적·지형·환경 및 용도 등 가격형성에 영향을 미치는 제반요소가 서로 흡사한 다른 토지를 목적물로 하여 다수의 공급자나 수요자가 합리적인 가격으로 거래한 경우를 상정한다는 것은 어려운 일이므로 그 시가를 곧바로 산정할 수는 없는 노릇이다. 따라서 토지의 경우 시가의 산정은 부득이 위치나 용도가 비슷하여 가장 근사한 가치를 지닌 것으로 예상되는 인근유사토지의 거래가격을 기준으로 하여 추산하는 방법에 의할 수밖에 없다. 인근유사토지의 거래가격은 직접 피수용 토지의 객관적 가치와 완전히 일치하는 것이라고는 볼 수 없으므로 이를 기준으로 하여 양 토지간의 가격형성에 영향을 미치는 제요소를 종합적으로 고려한 합리적인 조정을 거쳐야 비로소 피수용 토지의 객관적 가치로 평가될 수 있는 것이다. 이러한 평가는 피수용 토지나 인근유사토지의 일반적인 이용방법에 의한 객관적 상황을 기준으로 하여야 하며, 소유자가 갖는 주관적 가치, 투기적 성격을 띠고 우연히 결정된 거래가격 또는 흔히 불리는 호가, 객관적 가치의 증가에 기여하지 못한 투자비용이나 그 토지 등을 특별한 용도에 사용할 것을 전제로 한 가격 등에 좌우되어서는 아니 된다.

토지의 수용에 관한 원칙적인 법률의 조항인 법 제46조 제1항이 피수용 토지에 관한 손실액의 산정은 '인근토지의 거래가격을 고려한 적정가격'으로 하여야 하고, 사용할 토지에 관한 손실은 그 토지 및 인근토지의 지료·차임 등을 고려한 적정가격으로 보상하여야 한다고 한 것은 바로 이러한 시가의 산정방법을 규정한 것이라 할 것이다.

□ 헌법재판소 1998. 3. 26. 선고 93헌바12 결정

헌법 제23조 제3항에 규정된 '정당한 보상'이란 원칙적으로 피수용 재산의 객관적인 재산 가치를 완전하게 보상하는 것이어야 한다는 완전보상을 뜻하고, 토지의 경우에는 그 특성상 인근유사토지의 거래가격을 기준으로 하여 토지의 가격형성에 미치는 제 요소를 종합적으로 고려한 합리적 조정을 거쳐서 객관적인 가치를 평가할 수밖에 없는데, 제외지에 대한 보상규정인 1984년의 개정하천법 부칙 제2조 제1항은 보상대상 토지, 보상의 주체, 보상의무에 관하여 스스로 규정하고 있고, 동조 제4항의 위임에 근거한 '법률 제3782호 하천법 중 개정법률 부칙 제2조의 규정에 의한 하천편입토지의 보상에 관한 규정'(대통령령 제11919호) 제9조, 제10조, 제12조는 보상의 기준과 방법 등에 관하여 규정하고 있는바, 이러한 규정들의 내용을 종합적으로 고려하여 볼 때 1984년의 개정하천법이나 그 시행령에 규정된 보상의 내용이 헌법에서 요구하는 정당한 보상의 원리에 위배된다고 할 수 없다.

□ 대법원 1993. 7. 13. 선고 93누2131 판결

헌법 제23조 제3항은 "공공필요에 의한 재산권의 수용·사용 또는 제한 및 그에 대한 보상은 법률로써 하되, 정당한 보상을 지급하여야 한다."라고 규정하고 있는 바, 이 헌법의 규정은 보상청구권의 근거에 관하여서 뿐만 아니라 보상의 기준과 방법에 관하여서도 법률의 규정에 유보하고 있는 것으로 보아야 하고, 토지수용법(1991. 12. 31. 법률 제4483호로 개정되기 전의 것으로 2002. 2. 4. 법률 제6656호로 폐지됨)과 지가공시및토지등의평가에관한법률의 규정들은 바로 헌법에서 유보하고 있는 그 법률의 규정들로 보아야 할 것이다.

그리고 '정당한 보상'이라 함은 원칙적으로 피수용 재산의 객관적인 재산 가치를 완전하게 보상하여야 한다는 완전보상을 뜻하는 것이라 할 것이나, 투기적인 거래에 의하여 형성되는 가격은 정상적인 객관적 재산 가치로는 볼 수 없으므로 이를 배제한다고 하여 완전보상의 원칙에 어긋나는 것은 아니며, 공익사업의 시행으로 지가가 상승하여 발생하는 개발이익은 궁극적으로는 국민 모두에게 귀속되어야 할 성질의 것이므로 이는 완전보상의 범위에 포함되는 피수용 토지의 객관적 가치 내지 피수용자의 손실이라고는 볼 수 없다.

공시지가는 건설부장관이 토지의 이용 상황이나 주위환경 기타 자연적, 사회적 조건이 일반적으로 유사하다고 인정되는 일단의 토지 중에서 선정한 표준지에 대하여 매년 공시기준일 현재의 적정가격을 조사, 평가하고, 건설부장관 소속하의 토지평가위원회의 심의를 거쳐 공시하도록 되어 있으며(지가공시및토지등의평가에관한법률 제4조 제1항), 이 경우 '적정가격'이라 함은 당해 토지에 대하여 자유로운 거래가 이루어지는 경우 합리적으로 성립한다고 인정되는 가격을 말하는 것으로 규정되어 있고(같은법 제2조 제2호), 기타 지가공시및토지등의평가에관한법률의 토지가액평가에 관한 기준이나 절차 등은 모두 공시기준일 당시 토지가 갖는 객관적 가치를 평가함에 있어 적절한 것으로 보여 지며, 나아가 공시기준일로부터 재결시까지의 관계법령에 의한 당해 토지의

이용계획 또는 당해 지역과 관계없는 인근 토지의 지가변동률, 도매물가상승률 등에 의하여 시점수정을 하여 보상액을 산정함으로써 개발이익을 배제하고 있는 것이므로 공시지가를 기준으로 보상액을 산정하도록 하고 있는 위 토지수용법 제46조 제2항의 규정이 완전보상의 원리에 위배되는 것이라고 할 수 없다.

또한 해마다 구체적으로 공시되는 공시지가가 공시기준일의 적정가격을 반영하지 못하고 있다면, 고가로 평가되는 경우뿐만 아니라 저가로 평가되는 경우에도 이는 모두 잘못된 제도의 운영으로 보아야 할 것이고, 그와 같이 제도가 잘못 운영되는 경우에는 지가공시및토지등의평가에관한법률 제8조의 이의신청절차에 의하여 시정할 수 있는가 하면, 수용보상액을 평가함에 있어 인근유사토지의 정상 거래가격 참작 등 위 토지수용법 제46조 제2항 소정의 기타사항 참작에 의한 보정방법으로 조정할 수도 있는 것이므로 그로 인하여 공시지가에 의하여 보상액을 산정하도록 한 위 토지수용법이나 지가공시및토지등의평가에관한법률의 규정이 헌법 제23조 제3항에 위배되는 것이라고 할 수 없는 것이다.

제2절 보상의 내용

현행법은 대물보상을 원칙으로 하고, 생활보상을 지향하고 있다.

Ⅰ. 대물적 보상(재산권 보상)

재산권 보상은 재산적 손실에 대한 보상을 말하며 토지보상과 토지 이외의 재산권에 대한 보상으로 나눠 볼 수 있다.

1. 토지취득에 대한 보상

(1) 일반적 보상기준

보상액의 산정은 협의에 의한 경우에는 협의성립 당시의 가격을, 재결에 의한 경우에는 수용재결 당시의 가격을 기준으로 한다(공익사업을위한토지등의취득및보상에관한 법률 제67조 제①항).

협의 또는 재결에 의하여 취득하는 토지에 대하여는 부동산 가격공시 및 감정평가에 관한 법률에 의한 공시지가를 기준으로 하여 보상하되, 그 공시기준일부터 가격시점 까지의 관계 법령에 의한 당해 토지의 이용계획, 당해 공익사업으로 인한 지가의 영향을 받지 아니하는 지역의 대통령령이 정하는 지가변동률, 생산자물가상승률(한국은행법 제86조의 규정에 의하여 한국은행이 조사·발표하는 생산자물가지수에 의하여 산정된 비율을 말한다) 그 밖에 당해 토지의 위치·형상·환경·이용 상황 등을 참작하여 평가한 적정가격으로 보상하여야 한다(제70조 제①항). 토지에 대한 보상액은 가격시

점에 있어서의 현실적인 이용 상황과 일반적인 이용방법에 의한 객관적 상황을 고려하여 산정하되, 일시적인 이용 상황과 토지소유자 또는 관계인이 갖는 주관적 가치 및 특별한 용도에 사용할 것을 전제로 한 경우 등은 이를 고려하지 아니한다(제70조 제②항).

(2) 개발이익의 배제

　보상액의 산정에 있어서 당해 공익사업으로 인하여 토지 등의 가격에 변동이 있는 때에는 이를 고려하지 아니한다(제67조 제②항). 즉 손실보상에서 공익사업으로 인한 개발이익을 배제한다. 헌법 제23조 제3항에서 규정한 '정당한 보상'이란 원칙적으로 피수용재산의 객관적인 재산가치를 완전하게 보상하여야 한다는 완전보상을 뜻하는 것이지만, 공익사업의 시행으로 인한 개발이익은 완전보상의 범위에 포함되는 피수용 토지의 객관적 가치 내지 피수용자의 손실이라고는 볼 수 없다.143)

□ 대법원 2005. 2. 18. 선고 2003두14222 판결
[공법상의 제한을 받는 토지의 수용보상액 평가방법]
　공법상의 제한을 받는 토지의 수용보상액을 산정함에 있어서는 그 공법상의 제한이 당해 공공사업의 시행을 직접 목적으로 하여 가하여진 경우에는 그 제한을 받지 아니하는 상태대로 평가하여야 할 것이지만, 공법상 제한이 당해 공공사업의 시행을 직접 목적으로 하여 가하여진 경우가 아니라면 그러한 제한을 받는 상태 그대로 평가하여야 하고(대법원 2000. 4. 21. 선고 98두4504 판결), 그와 같은 제한이 당해 공공사업의 시행 이후에 가하여진 경우라고 하여 달리 볼 것은 아니다.

---

　1) 원칙 - 당해 공공사업의 시행으로 인한 가격변동(소극)

쟁점 [손실보상액 산정시 당해 공공사업의 시행으로 인한 가격변동의 고려여부(소극)]

□ 대법원 2004. 6. 11. 선고 2003두14703 판결
　토지수용으로 인한 손실보상액을 산정함에 있어서는 당해 공공사업의 시행을 직접 목적으로 하는 계획의 승인·고시로 인한 가격변동은 이를 고려함이 없이 수용재결 당시의 가격을 기준으로 하여 정하여야 한다{대법원 1999. 3. 23. 선고 98두13850 판결(당해 사업인 택지개발사업에 대한 실시계획의 승인과 더불어 그 용도지역이 주거지역으로 변경된 토지를 그 사업의 시행을 위하여 후에 수용하였다면 그 재결을 위한 평가를 함에 있어서는 그 용도지역의 변경을 고려함이 없이 평가하여야 할 것이다(대법원

---

143) 대법원 1993. 7. 13. 선고 93누2131 판결 참조.

1991. 11. 26. 선고 91누285 판결, 대법원 1995. 11. 7. 선고 94누13725 판결 참조)}.

□ 대법원 1993. 7. 13. 선고 93누227 판결
 수용사업 시행으로 인한 개발이익은 당해 사업 시행에 의하여 비로소 발생하는 것이어서 수용대상토지가 수용 당시 갖는 객관적 가치에 포함될 수는 없는 것이므로, 토지수용법(1991. 12. 31. 법률 제4483호로 개정되기 전의 것으로 2002. 2. 4. 법률 제6656호로 폐지됨) 제46조 제2항에 의하여 손실보상액 산정의 기준으로 되는 표준지의 공시지가 자체에 당해 수용사업 시행으로 인한 개발이익이 포함되어 있을 경우에는 이를 배제하고 손실보상액을 평가하는 것이 정당보상의 원리에 합당하지만, 공시지가에 개발이익이 포함되어 있다 하여 이를 배제하기 위해서는 표준지의 전년도 공시지가에 대비한 공시지가변동률이 공공사업이 없는 인근지역의 지가변동률에 비교하여 다소 높다는 사유만으로는 부족하고, 그 지가변동률의 차이가 현저하여 당해 사업시행으로 인한 개발이익이 개재되어 수용대상토지의 지가가 자연적 지가상승분 이상으로 상승되었다고 인정될 수 있는 경우이어야 한다.

□ 대법원 1993. 7. 27. 선고 92누11084 판결
 당해 수용사업의 시행으로 인한 개발이익은 수용대상토지의 수용 당시의 객관적 가치에 포함되지 아니하는 것이므로 수용대상토지에 대한 손실보상액을 산정함에 있어서 토지수용법(1991. 12. 31. 법률 제4483호로 개정되기 전의 것으로 2002. 2. 4. 법률 제6656호로 폐지됨) 제46조 제2항에 의하여 손실보상액 산정의 기준이 되는 지가공시 및토지등의평가에관한법률에 의한 공시지가에 당해 수용사업의 시행으로 인한 개발이익이 포함되어 있을 경우 그 공시지가에서 그러한 개발이익을 배제한 다음 이를 기준으로 하여 손실보상액을 평가하고, 반대로 그 공시지가가 당해 수용사업의 시행으로 지가가 동결된 관계로 개발이익을 배제한 자연적 지가상승분도 반영하지 못한 경우에는 그 자연적 지가상승률을 산출하여 이를 기타사항으로 참작하여 손실보상액을 평가하는 것이 정당보상의 원리에 합당하다.

2) 예외 - 당해 공공사업과 무관한 다른 사업의 시행으로 인한 개발이익(적극)

쟁점 **[손실보상액 산정시 당해 공공사업과 무관한 다른 사업의 시행으로 인한 개발이익의 고려 여부(적극)]**

□ 대법원 1999. 1. 15. 선고 98두8896 판결
 토지수용으로 인한 손실보상액을 산정함에 있어서 당해 공공사업의 시행을 직접 목적

으로 하는 계획의 승인·고시로 인한 가격변동은 이를 고려함이 없이 수용재결 당시의 가격을 기준으로 하여 적정가격을 정하여야 하나, 당해 공공사업과는 관계없는 다른 사업의 시행으로 인한 개발이익은 이를 배제하지 아니한 가격으로 평가하여야 한다(대법원 1984. 5. 29. 선고 82누549 판결, 대법원 1989. 3. 14. 선고 88누1844 판결 참조).(수용대상 토지 인근의 도로가 당해 공공사업과 별개의 사업으로 개설되었다는 이유로 위 토지의 평가시 위 도로가 개설된 사정을 고려하여야 한다고 한 사례)

(3) 개발이익의 환수

'開發利益'이라 함은 개발사업의 시행 또는 토지이용계획의 변경 기타 사회·경제적 요인에 의하여 정상지가상승분을 초과하여 개발사업을 시행하는 자 또는 토지소유자 에게 귀속되는 토지가액의 증가분을 말한다. 토지로부터 발생되는 개발이익을 환수하여 이를 적정하게 배분함으로써 토지에 대한 투기를 방지하고 토지의 효율적인 이용을 촉진하여 국민경제의 건전한 발전에 이바지함을 목적으로 개발이익환수에 관한법률이 제정되었는데, 제3조 제1항은 "국가는 제5조의 규정에 의한 개발부담금 부과대상사업이 시행되는 지역에서 발생되는 개발이익을 이 법이 정하는 바에 의하여 개발부담금으로 징수하여야 한다."고 규정하여 개발이익을 환수하고 있다.

2. 토지사용에 대한 보상

협의 또는 재결에 의하여 사용하는 토지에 대하여는 그 토지와 인근 유사토지의 지료(地料)·임대료·사용방법·사용기간 및 그 토지의 가격 등을 참작하여 평가한 적정가격으로 보상하여야 한다(제71조 제①항).

그러나 사업인정고시가 있은 후 ① 토지를 사용하는 기간이 3년 이상인 때, ② 토지의 사용으로 인하여 토지의 형질이 변경되는 때, ③ 사용하고자 하는 토지에 그 토지소유자의 건축물이 있는 때에는 당해 토지소유자는 사업시행자에게 그 토지의 매수를 청구하거나 관할 토지수용위원회에 그 토지의 수용을 청구할 수 있다(제72조).

3. 토지 이외의 재산권보상

(1) 지상물건에 대한 보상

건축물·입목·공작물 기타 토지에 정착한 물건에 대하여는 이전에 필요한 비용으로 보상하여야 한다. 다만, ① 건축물 등의 이전이 어렵거나 그 이전으로 인하여 건축물 등을 종래의 목적대로 사용할 수 없게 된 경우, ② 건축물 등의 이전비가 그 물건의 가격을 넘는 경우, ③ 사업시행자가 공익사업에 직접 사용할 목적으로 취득하는 경우에는 당해 물건의 가격으로 보상하여야 한다(제75조 제①항).

(2) 농업에 관한 보상

농작물에 대한 손실은 그 종류와 성장의 정도 등을 종합적으로 참작하여 보상하여야 한다(제75조 제②항).

(3) 권리의 보상

광업권·어업권 및 물(용수시설을 포함한다) 등의 사용에 관한 권리에 대하여는 투자비용·예상수익 및 거래가격 등을 참작하여 평가한 적정가격으로 보상하여야 한다(제76조 제①항).

(4) 잔여지 등의 매수 및 수용청구

동일한 토지소유자에 속하는 일단의 토지의 일부가 협의에 의하여 매수되거나 수용됨으로 인하여 잔여지를 종래의 목적에 사용하는 것이 현저히 곤란한 때에는 당해 토지소유자는 사업시행자에게 일단의 토지의 전부를 매수하여 줄 것을 청구할 수 있으며, 사업인정 이후에는 관할 토지수용위원회에 수용을 청구할 수 있다. 이 경우 수용의 청구는 매수에 관한 협의가 성립되지 아니한 경우에 한하되, 그 사업의 공사완료일까지 하여야 한다(제74조 제①항).

잔여지 수용청구는 수용으로 인하여 잔여지를 종래의 목적에 사용하는 것이 현저히 곤란한지 여부가 그 기준이 되며, 잔여지 수용청구권자는 수용재결 당시의 소유자에 한정한다.

□ 대법원 2005. 1. 28. 선고 2002두4679 판결
가. 구 토지수용법(1999. 2. 8. 법률 제5909호로 개정되기 전의 것) 제48조 제1항은 동일한 토지소유자에게 속하는 일단의 토지의 일부가 협의매수되거나 수용됨으로 인하여 잔여지를 종래의 목적에 사용하는 것이 현저히 곤란한 때에는 당해 토지소유자는 기업자에게 일단의 토지의 전부를 매수청구하거나 관할 토지수용위원회에 일단의 토지의 전부의 수용을 청구할 수 있다고 규정하고 있는바, 여기에서 '종래의 목적'이라 함은 수용재결 당시에 당해 잔여지가 현실적으로 사용되고 있는 구체적인 용도를 의미하고, '사용하는 것이 현저히 곤란한 때'라고 함은 물리적으로 사용하는 것이 곤란하게 된 경우는 물론 사회적, 경제적으로 사용하는 것이 곤란하게 된 경우, 즉 절대적으로 이용 불가능한 경우만이 아니라 이용은 가능하나 많은 비용이 소요되는 경우를 포함한다고 할 것이다.
나. 지방자치단체가 기업자로서 관할 토지수용위원회에 토지의 취득을 위한 재결신청을 하고 그 장이 관할 토지수용위원회로부터 법 제36조, 법시행령 제17조 제3항에 의하여 재결신청서 및 관계 서류의 사본의 공고 및 열람의 의뢰에 따라 이를 공고 및 열람에 제공함에 있어서 토지소유자 및 관계인이나 기타 손실보상에 관하여 이해관계가

있는 자는 법시행령 제17조 제3항의 열람기간 내에 '의견이 있을 경우에는 당해 지방
자치단체 또는 관할 토지수용위원회에 의견을 제출하여 줄 것을 통지'한 경우 토지소
유자가 당해 지방자치단체에 대하여 한 잔여지수용청구의 의사표시는 관할 토지수용위
원회에 대하여 한 잔여지수용청구의 의사표시로 보아야 한다.

□ 대법원 1992. 11. 27. 선고 91누10688 판결
　잔여지의 수용을 청구하기 위하여는 늦어도 수용재결 이전까지 일단의 토지에 대한
소유권을 취득하여야 하는 것이고, 수용재결 이후에 그 소유권을 취득한 자는 이를 청
구할 수 없다.

□ 대법원 2004. 9. 24. 선고 2002다68713 판결
　구 토지수용법(2002. 2. 4. 법률 제6656호로 폐지되기 전의 것) 제48조 제1항은 공
익사업을 위해 기업자에 의한 토지의 강제취득에 따라 남게 된 일단의 토지의 일부를
종래의 목적에 사용하는 것이 현저히 곤란한 경우에는 당해 토지소유자에게 형성권으
로서 잔여지 수용청구권을 인정하고 있고, 이에 따라 잔여지에 대한 수용청구를 하려
면 우선 기업자에게 잔여지매수에 관한 협의를 요청하여 협의가 성립되지 아니한 경우
에 한하여 그 일단의 토지의 일부 수용에 대한 토지수용위원회의 재결이 있기 전까지
관할 토지수용위원회에 잔여지를 포함한 일단의 토지 전부의 수용을 청구할 수 있다.

□ 대법원 2010. 8. 19. 선고 2008두822 판결
[잔여지 수용청구를 받아들이지 않은 토지수용위원회의 재결에 대하여 토지소유자가
　불복하여 제기하는 소송의 성질 및 그 상대방]
　구 공익사업을 위한 토지 등의 취득 및 보상에 관한 법률(2007. 10. 17. 법률 제
8665호로 개정되기 전의 것. 이하 '공익사업법'이라고 한다) 제74조 제1항에 규정되어
있는 잔여지 수용청구권은 손실보상의 일환으로 토지소유자에게 부여되는 권리로서 그
요건을 구비한 때에는 잔여지를 수용하는 토지수용위원회의 재결이 없더라도 그 청구
에 의하여 수용의 효과가 발생하는 형성권적 성질을 가지므로(대법원 1995. 9. 15.
선고 93누20627 판결, 대법원 2001. 9. 4. 선고 99두11080 판결 참조), 잔여지 수
용청구를 받아들이지 아니한 토지수용위원회의 재결에 대하여 토지소유자가 불복하여
제기하는 소송은 공익사업법 제85조 제2항에 규정되어 있는 '보상금의 증감에 관한 소
송'에 해당하여 사업시행자를 피고로 하여야 한다.

[잔여지 수용청구권 행사기간의 법적 성질(=제척기간) 및 잔여지 수용청구 의사표시의
　상대방(=관할 토지수용위원회)]
　공익사업법 제74조 제1항에 의하면, 잔여지 수용청구는 사업시행자와 사이에 매수에
관한 협의가 성립되지 아니한 경우 일단의 토지의 일부에 대한 관할 토지수용위원회의

수용재결이 있기 전까지 관할 토지수용위원회에 하여야 하고〔토지수용법(2002. 2. 4. 법률 제6656호로 폐지되기 전의 것) 제48조 제1항도 이와 같이 규정하고 있었다〕, 잔여지 수용청구권의 행사기간은 제척기간으로서, 토지소유자가 그 행사기간 내에 잔여지 수용청구권을 행사하지 아니하면 그 권리가 소멸한다(대법원 2001. 9. 4. 선고 99두11080 판결 참조). 또한 위 조항의 문언 내용 등에 비추어 볼 때, 잔여지 수용청구의 의사표시는 관할 토지수용위원회에 하여야 하는 것으로서, 관할 토지수용위원회가 사업시행자에게 잔여지 수용청구의 의사표시를 수령할 권한을 부여하였다고 인정할 만한 사정이 없는 한, 사업시행자에게 한 잔여지 매수청구의 의사표시를 관할 토지수용위원회에 한 잔여지 수용청구의 의사표시로 볼 수는 없다.

4. 실비변상적 보상

지상물건의 이전료, 과수 등의 이식료, 가축의 운반비, 잔여지 공사비 보상 등이 이에 속한다.

5. 일실손실의 보상

토지 등의 재산권의 수용에 부수하여 사업을 폐지 또는 휴업하게 되는 경우에 입게 되는 손실을 보상하는 것을 말한다.

(1) 영업의 폐지·휴업에 따른 영업손실

영업을 폐지하거나 휴업함에 따른 영업손실에 대하여는 영업이익과 시설의 이전비용 등을 참작하여 보상하여야 하고, 농업의 손실에 대하여는 농지의 단위면적당 소득 등을 참작하여 보상하여야 한다(제77조 제②,③항).

쟁점 **[영업손실 보상에 있어서 영업의 폐지 또는 영업의 휴업인지 여부의 구별 기준(=영업의 이전 가능성)]**

□ 대법원 2002. 10. 8. 선고 2002두5498 판결
토지수용법(2002. 2. 4. 법률 제6656호로 폐지됨) 제57조의2에 의하여 준용되는 공공용지의취득및손실보상에관한특례법(2002. 2. 4. 법률 제6656호로 폐지) 제4조 제4항, 같은 법 시행령 제2조의10 제7항, 같은 법 시행규칙 제24조 제1항, 제2항 제3호, 제25조 제1항, 제2항, 제5항의 각 규정을 종합하여 보면, 영업손실에 관한 보상의 경우 같은 법 시행규칙 제24조 제2항 제3호에 의한 영업의 폐지로 볼 것인지 아니면 영업의 휴업으로 볼 것인지를 구별하는 기준은 당해 영업을 그 영업소 소재지나 인

접 시·군 또는 구 지역 안의 다른 장소로 이전하는 것이 가능한지 여부에 달려 있고, 이러한 이전 가능성 여부는 법령상의 이전 장애사유 유무와 당해 영업의 종류와 특성, 영업시설의 규모, 인접지역의 현황과 특성, 그 이전을 위하여 당사자가 들인 노력 등과 인근 주민들의 이전 반대 등과 같은 사실상의 이전 장애사유 유무 등을 종합하여 판단하여야 한다(대법원 2001. 11. 13. 선고 2000두1003 판결 ; 대법원 2005. 9. 15. 선고 2004두14649 판결 ; 대법원 2006. 9. 8. 선고 2004두7672 판결 참조).

1) 긍정한 경우

□ 대법원 2001. 11. 13. 선고 2000두1003 판결
 수자원개발사업 지역에 편입된 농기구수리업 또는 잡화소매업 영업소의 영업손실에 관한 보상은 폐업보상이 아니라 휴업보상에 해당한다고 한 사례.

□ 대법원 1995. 7. 14. 선고 94다38038 판결
 산업기지개발촉진법(1986. 5. 12. 법률 제3840호로 개정되어 1991. 1. 14. 산업입지및개발에관한법률의 시행에 의하여 폐지되기 전의 것) 제10조 제1항, 제4항, 토지수용법(1991. 12. 31. 법률 제4483호로 개정되기 전의 것으로 2002. 2. 4. 법률 제6656호로 폐지됨) 제2조, 제45조 제1항, 제57조의2의 각 규정 내용과, 공공필요에 의한 재산권의 수용·사용 또는 제한 및 그에 대한 보상은 법률로써 하되 정당한 보상을 지급하여야 한다는 헌법 제23조 제3항, 공공사업을 위한 토지 등의 취득 또는 사용으로 인하여 토지 등의 소유자가 입은 손실은 사업시행자가 이를 보상하여야 한다는 공공용지의취득및손실보상에관한특례법(2002. 2. 4. 법률 제6656호로 폐지) 제3조 제1항의 각 규정 취지를 종합하여 보면, '가'항의 김 위탁판매수수료 수입상실에 대한 보상에 관하여는 같은특례법시행규칙 제23조의5, 6의 각 규정을 유추적용할 수 있으므로, 산업기지개발사업 시행자는 '가'항의 보상합의에 따라 영업폐지에 대한 손실평가의 기준을 규정하고 있는 같은특례법시행규칙 제24조, 제25조에 의하여 산정된 보상액을 지급할 의무가 있다.

□ 대법원 1999. 10. 8. 선고 99다27231 판결
 수산업협동조합이 수산물 위탁판매장을 운영하면서 위탁판매 수수료를 지급받아 왔고, 그 운영에 대하여는 수산자원보호령(1991. 3. 28. 대통령령 제13333호로 개정되기 전의 것) 제21조 제1항에 의하여 그 대상지역에서의 독점적 지위가 부여되어 있었는데, 공유수면매립사업의 시행으로 그 사업대상지역에서 어업활동을 하던 조합원들의 조업이 불가능하게 되어 일부 위탁판매장에서의 위탁판매사업을 중단하게 된 경우, 그로 인해 수산업협동조합이 상실하게 된 위탁판매수수료 수입은 사업시행자의 매립사업으로 인한 직접적인 영업손실이 아니

고 간접적인 영업손실이라고 하더라도 피침해자인 수산업협동조합이 공공의 이익을 위하여 당연히 수인하여야 할 재산권에 대한 제한의 범위를 넘어 수산업협동조합의 위탁판매사업으로 얻고 있는 영업상의 재산이익을 본질적으로 침해하는 특별한 희생에 해당하고, 사업시행자는 공유수면매립면허 고시 당시 그 매립사업으로 인하여 위와 같은 영업손실이 발생한다는 것을 상당히 확실하게 예측할 수 있었고 그 손실의 범위도 구체적으로 확정할 수 있으므로, 위 위탁판매수수료 수입손실은 헌법 제23조 제3항에 규정한 손실보상의 대상이 되고, 그 손실에 관하여 공유수면매립법(1997. 4. 10. 법률 제5335호로 개정되기 전의 것) 또는 그 밖의 법령에 직접적인 보상규정이 없더라도 공공용지의취득및손실보상에관한특례법시행규칙상의 각 규정을 유추적용하여 그에 관한 보상을 인정하는 것이 타당하다.

2) 부정한 경우

□ 대법원 2002. 10. 8. 선고 2002두5498 판결
 양돈장의 규모, 양돈장이 위치한 지역 및 인접지역의 토지이용실태 및 특성, 양돈장의 이전·신축에 특별한 법령상의 장애사유가 없는 점 등에 비추어 볼 때, 비록 양돈장이 이전·신축될 경우 악취, 해충발생, 농경지 오염 등 환경공해를 우려한 주민들의 반대가 있을 가능성이 있다고 하더라도 그러한 가정적인 사정만으로 양돈장을 인접지역으로 이전하는 것이 현저히 곤란하다고 단정하기는 어렵다고 한 사례.

□ 대법원 1998. 1. 20. 선고 95다29161 판결
 참게 축양업자가 참게 축양업을 계속할 수 없게 되고 그 소유의 참게 축양장 시설이 기능을 상실하게 된 손해를 입은 원인은, 하구둑 공사의 시행 결과 공유수면의 지류에서 용수를 끌어 쓸 수 없게 된 것이 아니라, 금강 유역 어민들이 참게를 더 이상 채포할 수 없게 되고 임진강을 제외한 전국의 다른 하천에서도 참게가 잘 잡히지 않게 되었기 때문이므로, 참게 축양업자가 입게 된 그와 같은 손해는 공공사업의 기업지 밖에서 일어난 간접손실에 불과하여, 참게 축양업자가 토지수용법(2002. 2. 4. 법률 제6656호로 폐지) 또는 공공용지의취득및손실보상에관한특례법시행규칙의 간접보상의 관련 규정에 근거하여 곧바로 공공사업의 시행자에게 손실보상청구권을 가진다고 할 수는 없으며, 나아가, 참게 축양업자가 입은 위 간접손실은 그 발생을 예견하기가 어렵고 그 손실의 범위도 쉽게 확정할 수 없으므로 위 특례법시행규칙의 간접보상에 관한 규정을 준용 또는 유추적용하여 사업시행자에 대하여 그 손실보상청구권을 인정할 수도 없다고 한 사례.

(2) 근로자의 임금손실

휴직 또는 실직하는 근로자의 임금손실에 대하여는 근로기준법에 의한 평균임금 등을 참작하여 보상하여야 한다(제 77조 제③항).

Ⅱ. 대인적 보상(정신적 보상)

공동체적 파괴나 정서적 자산의 피해를 보상(예: 수몰로 인한 고향상실 및 공동체 파괴)하는 것으로 그 수인한도를 넘어서는 경우에는 적절한 보상이 강구되어야 할 것이다.

Ⅲ. 생활보상

공용수용 등으로 인하여 생활근거를 상실하게 되는 피수용자 등에 대하여 이주대책을 수립하는 등 생활재건을 고려한 생활기초의 박탈에 대한 주거의 총체가치의 보상으로서 이른바 대인적 보상의 성격을 지니는 것을 말한다.

1. 이주대책

(1) 의의

사업시행자은 공공사업의 시행에 필요한 토지 등을 제공함으로써 생활의 근거를 상실하게 되는 이주자에 대하여 대물적 보상으로서 보상금을 지급하는 외에 생활보상으로서 이주대책을 수립하여 실시하도록 하고, 일정한 경우에는 이주정착금을 지급하도록 의무화하고 있다.

이주대책의 내용에는 이주정착지에 대한 도로·급수시설·배수시설 그 밖의 공공시설 등 당해 지역조건에 따른 생활기본시설이 포함되어야 하며, 이에 필요한 비용은 사업시행자의 부담으로 한다. 다만, 행정청이 아닌 사업시행자가 이주대책을 수립·실시하는 경우에 지방자치단체는 비용의 일부를 보조할 수 있다. 주거용 건물의 거주자에 대하여는 주거이전에 필요한 비용과 가재도구 등 동산의 운반에 필요한 비용을 산정하여 보상하여야 한다(제78조 제①,②,④,⑤항).

> □ 대법원 2003. 7. 25. 선고 2001다57778 판결
> [이주대책으로서 이주정착지에 택지를 조성하여 개별 공급하는 경우, 이주정착지에 대한 공공시설 등의 설치비용을 당사자들의 합의로 이주자들에게 부담시킬 수 있는지 여부(소극)]
> 구 공공용지의취득및손실보상에관한특례법시행령(2002. 12. 30. 대통령령 제17854호로 폐지) 제5조 제1항은 "법 제8조 제1항의 규정에 의하여 수립되는 이주대책의 내용에는 이주정착지에 대한 도로·급수시설·배수시설 기타 공공시설 등 당해 지역조건에 따른 생활기본시설이 포함되어야 한다."고 규정하고 있으며, 동 제4항은 "제1항의 규정에 의한 이주대책의 시행에 필요한 비용은 사업시행자의 부담으로 한다. 다만, 행정청이 아닌 사업시행자가 이주대책을 수행하는 경우에 지방자치단체는 비용의 일부를 보

조할 수 있다."고 규정하고 있는바, 이주대책의 제도적 취지에 비추어 볼 때, 같은법시행령 제5조 제1항 및 제4항은 사업시행자가 이주자들을 위한 이주대책으로써 이주정착지에 택지를 조성하여 개별 공급하는 경우, 그 이주정착지에 대한 도로, 급수 및 배수시설 기타 공공시설 등 당해 지역조건에 따른 생활기본시설이 설치되어 있어야 하고, 또한 그 공공시설 등의 설치비용은 사업시행자가 부담하는 것으로써 이를 이주자들에게 전가할 수는 없는 것이며, 이주자들에게는 다만 분양받을 택지의 소지(素地)[144]가격 및 택지조성비 정도를 부담시킬 수 있는 것으로 해석함이 상당하고, 이와 같은 규정들은 그 취지에 비추어 볼 때 당사자의 합의로도 그 적용을 배제할 수 없는 강행법규에 해당한다.

(2) 법적 성질

이주대책은 생활보상의 일종이다.

□ 대법원 1994. 5. 24. 선고 92다35783 전원합의체 판결
[이주대책의 제도적 취지]
 공공용지의취득및손실보상에관한특례법상(2002. 2. 4. 법률 제6656호로 폐지)의 이주대책은 공공사업의 시행에 필요한 토지 등을 제공함으로 인하여 생활의 근거를 상실하게 되는 이주자들을 위하여 사업시행자가 기본적인 생활시설이 포함된 택지를 조성하거나 그 지상에 주택을 건설하여 이주자들에게 이를 그 투입비용 원가만의 부담하에 개별 공급하는 것으로서, 그 본래의 취지에 있어 이주자들에 대하여 종전의 생활상태를 원상으로 회복시키면서 동시에 인간다운 생활을 보장하여 주기 위한 이른바 생활보상의 일환으로 국가의 적극적이고 정책적인 배려에 의하여 마련된 제도이다(대법원 2003. 7. 25. 선고 2001다57778 판결 참조).
[반대의견] 공공용지의취득및손실보상에관한특례법에 의한 이주대책은 학설상 이른바 생활보상으로서 실체적 권리인 손실보상의 한 형태로 파악되고 있으며 대법원 판례도 이를 실체법상의 권리로 인정하여, 민사소송으로 이주대책에 의한 주택 수분양권의 확인소송을 허용하였었다. 이주대책은 경우에 따라 택지 또는 주택의 분양이나 이주정착금으로 보상되는바, 이주정착금이 손실보상금의 일종이므로 통상의 각종 보상금처럼 실체적 권리가 되는 것을 부정할 수 없을 것이고, 그렇다면 같은 취지의 택지 또는 주택의 수분양권도 실체적인 권리로 봄이 마땅하며 가사 이를 권리로 보지 못한다 하더라도 적어도 확인소송의 대상이 되는 권리관계 또는 법률관계로는 보아야 한다.
[반대의견 보충의견] 공공용지의취득및손실보상에관한특례법 제8조 제1항의 이주대책은 사업시행자가 이주자에 대한 은혜적인 배려에서 임의적으로 수립 시행해 주는 것이

---

144) 소지(素地)의 사전적 의미는 어떤 사람이나 대상(對象)이 본바탕에 있어서 어떤 일을 일으키거나 이루게 될 가능성(可能性)을 말한다.

아니라 이주자에 대하여 종전의 재산상태가 아닌 생활상태로 원상회복시켜 주기 위한 생활보상의 일환으로 마련된 제도로서, 헌법 제23조 제3항이 규정하는 손실보상의 한 형태라고 보아야 한다.

(3) 내용

□ 대법원 1994. 5. 24. 선고 92다35783 전원합의체 판결
[이주자에게 이주대책상의 택지분양권이나 아파트 입주권 등을 받을 수 있는 구체적인 권리(수분양권)가 직접 발생하는지 여부(소극)]
　근본적으로 위 이주대책은 이주자가 이주정착지에 이주를 희망한다는 의사에 바탕을 두고 공공사업 시행자의 책임과 관리감독하에 수립·실시되는 것으로서, 특히 그 구체적인 내용은 사업시행자가 당해 공공사업의 종류 및 성질, 사업시행자의 사업상황이나 여건, 그 대상자의 규모 등 제반 사정을 고려하여 재량으로 결정하게 되며, 실제에 있어서도 사업에 따라 택지의 분양, 아파트 입주권의 부여, 개발제한구역 내 주택건축허가 등과 같이 다양한 급부형태를 취하게 되는 것이다.
　이와 같은 점들에 비추어 볼 때, 특례법 제8조 제1항이 사업시행자에게 이주대책의 수립·실시의무를 부과하고 있다고 하여 그 규정 자체만에 의하여 이주자에게 사업시행자가 수립한 이주대책상의 택지분양권이나 아파트 입주권 등을 받을 수 있는 구체적인 권리(이하 이를 간단히 '수분양권'이라고 한다)가 직접 발생하는 것이라고는 도저히 볼 수 없으며, 사업시행자가 이주대책에 관한 구체적인 계획을 수립하여 이를 해당자에게 통지 내지 공고한 후, 이주자가 수분양권을 취득하기를 희망하여 이주대책에 정한 절차에 따라 사업시행자에게 이주대책대상자 선정신청을 하고 사업시행자가 이를 받아들여 이주대책대상자로 확인·결정하여야만 비로소 구체적인 수분양권이 발생하게 된다고 풀이함이 옳을 것이다.
[반대의견] 이주자가 분양신청을 하여 사업시행자로부터 분양처분을 받은 경우 이러한 사업시행자의 분양처분의 성질은 이주자에게 수분양권을 비로소 부여하는 처분이 아니라, 이미 이주자가 취득하고 있는 수분양권에 대하여 그의 의무를 이행한 일련의 이행처분에 불과하고, 이는 이주자가 이미 취득하고 있는 수분양권을 구체화 시켜주는 과정에 불과하다. 이를 실체적 권리로 인정해야 구체적 이주대책 이행을 신청하고 그 이행이 없을 때 부작위위법확인소송을 제기하여 그 권리구제를 받을 수 있고, 그 권리를 포기한 것으로 볼 수 없는 한 언제나 신청이 가능하고 구체적 이주대책이 종료한 경우에도 추가 이주대책을 요구할 수 있게 된다.
[반대의견 보충의견] 같은 법상의 이주대책에 따른 사업시행자의 분양처분은 이주자가 공공사업의 시행에 필요한 토지 등을 제공하는 것을 원인으로 하여 같은 법에 따라 취득한 추상적인 권리나 이익을 이주대책을 수립하여 구체화시켜 주는 절차상의 이행적

처분이라고 보는 것이 상당하며, 이주자는 사업시행자가 수립 실시하여야 하는 이주대책에 따른 수분양권을 사업시행자의 분양처분을 기다리지 않고 같은 법에 근거하여 취득하는 것으로 보아야 한다. 사업시행자가 실제로 이주대책을 수립하기 이전에는 이주자의 수분양권은 아직 추상적인 권리나 법률상의 지위 내지 이익에 불과한 것이어서 이 단계에 있어서는 확인의 이익이 인정되지 아니하여 그 권리나 지위의 확인을 구할수 없다고 할 것이나, 사업시행자가 이주대책을 수립 실시하지 아니하는 경우에는 사업시행자에게 이를 청구하여 거부되거나 방치되면 부작위위법확인을 소구할 수는 있다고 볼 것이다. 그러나 이주대책을 수립한 이후에는 이주자의 추상적인 수분양권이 그 이주대책이 정하는 바에 따라 구체적 권리로 바뀌게 되므로, 구체적 이주대책에서 제외된 이주자는 위와 같은 수분양권에 터잡은 분양신청(이른바 실체적 신청권의 행사)을 하여 거부당한 경우에는 이를 실체적 신청권을 침해하는 거부처분으로 보아 그 취소를 구하는 항고소송을 제기할 수 있을 것이고, 신청기간을 도과한 경우, 사업시행자가 미리 수분양권을 부정하거나 이주대책에 따른 분양절차가 종료되어 분양신청을 하더라도 거부당할 것이 명백한 경우, 또는 분양신청을 묵살당한 경우, 기타 확인판결을 얻음으로써 분쟁이 해결되고 권리구제가 가능하여 그 확인소송이 권리구제에 유효·적절한 수단이 될 수 있는 특별한 사정이 있는 경우에는, 당사자소송으로 수분양권 또는 그 법률상의 지위의 확인을 구할 수 있다고 보아야 한다.

□ 대법원 1995. 10. 12. 선고 94누11279 판결
공공용지의취득및손실보상에관한특례법(이하 공특법이라 한다) 제8조 제1항이 사업시행자로 하여금 공공사업의 시행에 필요한 토지 등을 제공함으로 인하여 생활근거를 상실하게 되는 자(이하 이주자라 한다)에게 이주대책을 수립·실시하도록 하고 있는바, 택지개발촉진법에 따른 사업시행을 위하여 토지 등을 제공한 자에 대한 이주대책을 세우는 경우 위 이주대책은 공공사업에 협력한 자에게 특별공급의 기회를 요구할 수 있는 법적인 이익을 부여하고 있는 것이라고 할 것이므로 그들에게는 특별공급신청권이 인정되며, 따라서 사업시행자가 위 조항에 해당함을 이유로 특별분양을 요구하는 자에게 이를 거부하는 행위는 항고소송의 대상이 되는 거부처분이라고 할 것이나, 한편 위 특별공급신청권은 특별공급을 받을 권리와는 다른 개념이고(대법원 1992. 1. 21. 선고 91누2649 판결 참조), 또한 위 공특법 제8조 제1항이 사업시행자에게 이주대책의 수립·실시의무를 부과하고 있다고 하더라도 그 규정 자체만에 의하여 이주자에게 사업시행자가 수립한 이주대책상의 택지분양권이나 아파트 입주권 등을 받을 수 있는 구체적인 권리(수분양권)가 직접 발생하는 것이라고는 볼 수 없고, 사업시행자가 이주대책에 관한 구체적인 계획을 수립하여 이를 해당자에게 통지 내지 공고한 후, 이주자가 수분양권을 취득하기를 희망하여 이주대책에 정한 절차에 따라 사업시행자에게 이주대책대상자 선정신청을 하고 사업시행자가 이를 받아들여 이주대책 대상자로 확인·결정하여야만 비로소 구체적인 수분양권이 발생하게 된다 할 것이다(대법원 1994. 5. 24.

선고 92다35783 전원합의체판결 ; 대법원 1994. 9. 13. 선고 93누16352 판결 ; 대
법원 1994. 10. 25.선고 93다46919 판결 참조).

(4) 사법심사

□ 대법원 1999. 8. 20. 선고 98두17043 판결
[사업시행자가 공공용지의취득및손실보상에관한특례법 제8조 제1항에 기한 특별분양
 신청을 거부한 행위가 항고소송의 대상이 되는 행정처분인지 여부(적극)]
 공공용지의취득및손실보상에관한특례법(2002. 2. 4. 법률 제6656호로 폐지) 제8조
제1항이 사업시행자로 하여금 공공사업의 시행에 필요한 토지 등을 제공함으로 인하여
생활근거를 상실하게 되는 자에게 이주대책을 수립 실시하도록 하고 있는바, 택지개발
촉진법에 따른 사업시행을 위하여 토지 등을 제공한 자에 대한 이주대책을 세우는 경
우 위 이주대책은 공공사업에 협력한 자에게 특별공급의 기회를 요구할 수 있는 법적
인 이익을 부여하고 있는 것이라고 할 것이므로 그들에게는 특별공급신청권이 인정되
며, 따라서 사업시행자가 위 조항에 해당함을 이유로 특별분양을 요구하는 자에게 이
를 거부하는 행위는 비록 이를 민원회신이라는 형식을 통하여 하였더라도, 항고소송의
대상이 되는 거부처분이라고 할 것이다(대법원 1995. 10. 12. 선고 94누11279 판결,
1997. 3. 28. 선고 96누18014 판결 참조).

(4) 소의 형태

□ 대법원 1994. 5. 24. 선고 92다35783 전원합의체 판결
[이주자의 이주대책대상자 선정신청에 대한 사업시행자의 확인·결정 및 사업시행자의
 이주대책에 관한 처분의 법적 성질과 이에 대한 쟁송방법]
 사업시행자가 하는 확인·결정은 곧 구체적인 이주대책상의 수분양권을 취득하기 위한
요건이 되는 행정작용으로서의 처분인 것이지, 결코 이를 단순히 절차상의 필요에 따
른 사실행위에 불과한 것으로 평가할 수는 없는 것이다.
 따라서 수분양권의 취득을 희망하는 이주자가 소정의 절차에 따라 이주대책대상자 선
정신청을 한 데 대하여 사업시행자가 이주대책대상자가 아니라고 하여 위 확인·결정
등의 처분을 하지 않고 이를 제외시키거나 또는 거부조치한 경우에는, 이주자로서는
당연히 사업시행자를 상대로 항고소송에 의하여 그 제외처분 또는 거부처분의 취소를
구할 수 있다고 보아야 할 것이다. 사업시행자가 국가 또는 지방자치단체와 같은 행정
기관이 아니고 이와는 독립하여 법률에 의하여 특수한 존립목적을 부여받아 국가의 특
별감독하에 그 존립목적인 공공사무를 행하는 공법인이 관계법령에 따라 공공사업을

시행하면서 그에 따른 이주대책을 실시하는 경우에도, 그 이주대책에 관한 처분은 법률상 부여받은 행정작용권한을 행사하는 것으로서 항고소송의 대상이 되는 공법상 처분이 되므로, 그 처분이 위법부당한 것이라면 사업시행자인 당해 공법인을 상대로 그 취소소송을 제기할 수 있다 할 것임은 물론이다(대법원 1992. 11. 27. 선고 92누3618 판결 참조).

[이주대책에 의한 수분양권의 법적 성질과 공법상 당사자소송으로 수분양권의 확인청구 가부]
 그리고 이러한 수분양권은 위와 같이 이주자가 이주대책을 수립.실시하는 사업시행자로부터 이주대책대상자로 확인·결정을 받음으로써 취득하게 되는 택지나 아파트 등을 분양받을 수 있는 공법상의 권리라고 할 것이므로, 이주자가 사업시행자에 대한 이주대책대상자 선정신청 및 이에 따른 확인·결정 등 절차를 밟지 아니하여 구체적인 수분양권을 아직 취득하지도 못한 상태에서 곧바로 분양의무의 주체를 상대방으로 하여 민사소송이나 공법상 당사자소송으로 이주대책상의 수분양권의 확인 등을 구하는 것은 허용될 수 없고, 나아가 그 공급대상인 택지나 아파트 등의 특정부분에 관하여 그 수분양권의 확인을 소구하는 것은 더더욱 불가능하다고 보아야 할 것이다(대법원 1991. 12. 27. 선고 91다17108 판결 참조). 종전에 이와 견해를 달리하여 직접 민사소송으로 이러한 수분양권의 확인을 구할 수 있다는 취지로 판시한 당원 1992. 7. 28. 선고 92다14908 판결은 이를 폐기하기로 한다.
[반대의견] 이와 같이 이주대책에 의한 분양신청은 실체적 권리의 행사에 해당된다 할 것이므로 구체적 이주대책에서 제외된 이주대책대상자는 그 경위에 따라 분양신청을 하여 거부당한 경우 권리침해를 이유로 항고소송을 하거나 또는 자기 몫이 참칭 이주대책대상자에게 이미 분양되어 다시 분양신청을 하더라도 거부당할 것이 명백한 특수한 경우 등에는 이주대책대상자로서 분양받을 권리 또는 그 법률상 지위의 확인을 구할 수 있다고 보아야 하며, 이때에 확인소송은 확인소송의 보충성이라는 소송법의 일반법리에 따라 그 확인소송이 권리구제에 유효·적절한 수단이 될 때에 한하여 그 소의 이익이 허용되어야 함은 물론이다.
[반대의견 보충의견] 현행 행정소송법은 항고소송과 당사자소송의 형태를 모두 규정하고 있으므로, 이제는 공법상의 권리관계의 분쟁에 있어서는 그 권리구제의 방법에 관하여 항고소송만에 의하도록 예정한 산업재해보상보험업무및심사에관한법률(1994. 12. 22. 법률 제4826호로 폐지) 제3조와 같은 규정이 있는 경우를 제외하고는, 소의 이익이 없는 등 특별한 사정이 없는 한 항고소송 외에 당사자소송도 허용하여야 할 것이고, 불필요하게 국민의 권리구제방법을 제한할 것은 아니다.

□ 대법원 1994. 10. 25. 선고 93다46919 판결
[이주대책대상자 선정신청에 대한 사업시행자의 확인·결정 등 이주대책에 관한 처분의

법적 성질]

공공용지의취득및손실보상에관한특례법 제8조 제1항이 사업시행자에게 이주대책의 수립, 실시의무를 부과하고 있다고 하여 그 규정자체만에 의하여 이주자에게 사업시행자가 수립한 이주대책상의 택지분양권이나 아파트입주권 등을 받을 수 있는 구체적인 권리(이하 수분양권이라 한다)가 직접 발생하는 것이라고는 볼 수 없으며, 사업시행자가 이주대책에 관한 구체적인 계획을 수립하여 이를 해당자에게 통지 내지 공고한 후, 이주자가 수분양권을 취득하기를 희망하여 이주대책에 정한 절차에 따라 사업시행자에게 이주대책대상자 선정신청을 하고 사업시행자가 이를 받아 들여 이주대책대상자로 확정·결정하여야만 비로소 구체적인 수분양권이 발생하게 되는 것이며, 이러한 사업시행자가 하는 확인·결정은 행정작용으로서의 공법상의 처분이라고 할 것이다.

[사업시행자가 이주대책대상자 확인·결정 등의 처분 후 이를 취소한 경우 그 취소처분에 대한 쟁송방법]

수분양권의 취득을 희망하는 이주자가 소정의 절차에 따라 이주대책대상자 선정신청을 한 데 대하여 사업시행자가 이주대책대상자가 아니라고 하여 위 확인·결정 등의 처분을 하지 않고 이를 제외시키거나 또는 거부조치한 경우에는 이주자로서는 사업시행자를 상대로 항고소송에 의하여 그 제외처분 또는 거부처분의 취소를 구하면 될 것이고(대법원 1994. 5. 24. 선고 92다35783 전원합의체판결 참조), 나아가 사업시행자가 위 확인·결정 등의 처분 이 후 이를 다시 취소한 경우에도 역시 항고소송에 의하여 확인·결정 등 취소처분의 취소를 구하면 될 것이며, 곧바로 민사소송으로 이주대책상의 수분양권의 확인 등을 구하는 것은 허용될 수 없다고 할 것이다.

(5) 피고적격

□ 대법원 1992. 11. 27. 선고 92누3618 판결

항고소송은 행정청의 처분 등이나 부작위에 대하여 처분 등을 행한 행정청을 상대로 이를 제기할 수 있고 위 행정청에는 처분 등을 할 수 있는 권한이 있는 국가 또는 지방자치단체와 같은 행정기관뿐만 아니라 법령에 의하여 행정권한의 위임 또는 위탁을 받은 행정기관, 공공단체 및 그 기관 또는 사인이 포함되는바 특별한 법률에 근거를 두고 행정주체로서의 국가 또는 지방자치단체로부터 독립하여 특수한 존립목적을 부여받은 특수한 행정주체로서 국가의 특별한 감독 하에 그 존립목적인 특정한 공공사무를 행하는 공법인인 특수행정조직 등이 이에 해당한다 할 것이다.

피고는 대한주택공사법에 의하여 주택을 건설, 공급 및 관리하고 불량주택을 개량하여 국민생활의 안정과 공공복리의 증진에 이바지하게 함을 목적으로 설립된 법인으로서 피고가 택지개발촉진법에 의한 택지개발사업 등을 행하는 경우 피고를 국가 또는

지방자치단체로 보는 경우가 있으며(제9조 제1항), 건설부장관 또는 지방자치단체의
장은 그 일부 권한을 피고에게 위탁할 수 있고(제2항), 건설부장관은 필요한 범위 안
에서 피고의 업무를 지도, 감독(제18조)할 수 있으며, 한편 택지개발은 도시지역의 시
급한 주택난을 해소하기 위하여 주택건설에 필요한 택지의 취득, 개발, 공급 및 관리
를 통하여 국민주거생활의 안정과 복지향상에 기여함을 그 목적으로 하고 택지개발예
정지구는 건설부장관이 지정하나 그 사업의 시행은 국가, 지방자치단체, 한국토지개발
공사 또는 대한주택공사 중에서 건설부장관이 지정하는 자가 건설부장관의 승인을 얻
어 시행하고 시행자가 필요한 경우 토지수용법에 따른 수용을 할 수 있으며 건설부장
관이 시행자를 감독하고 시행자는 건설부장관에 대하여 보고의무 등이 있고 시행자의
처분에 대하여 건설부장관에게 행정심판을 제기할 수 있는바 이러한 피고의 설립목적
및 취급업무의 성질, 권한 및 의무, 택지개발사업의 성질 및 내용 등에 비추어 피고가
관계법령에 따른 사업을 시행하는 경우 법률상 부여받은 행정작용권한을 행사하는 것
으로 보아야 할 것이다.

그렇다면 피고가 시행한 택지개발사업 및 이에 따른 이주대책에 관한 처분은 항고소
송의 대상이 되는 처분으로서 그 처분이 위법 부당하다면 피고를 상대로 그 취소소송
을 제기할 수 있다 할 것이다.

□ 대법원 2003. 7. 25. 선고 2001다57778 판결
[구 공공용지의취득및손실보상에관한특례법에 의하여 이주대책을 수립실시하여야 할
  건설부장관이 그 사무를 관할 지방자치단체의 장에게 위탁하고, 그 자치단체의 장이
  다시 관할 하위 자치단체의 장에게 재위탁한 경우, 이주대책의 수립실시사무의 귀속
  주체]
  정부조직법 제6조 제1항은 "행정기관은 법령이 정하는 바에 의하여 그 소관사무의 일
부를 보조기관 또는 하급 행정기관에 위임하거나 다른 행정기관·지방자치단체 또는 그
기관에 위탁 또는 위임할 수 있다. 이 경우 위임 또는 위탁을 받은 기관은 특히, 필요
한 때에는 법령이 정하는 바에 의하여 위임 또는 위탁을 받은 사무의 일부를 보조기관
또는 하급행정기관에 재위임할 수 있다."고 규정하고 있는데, 특례법 제8조 제4항은
"사업시행자는 이주자를 위한 토지 등의 매수 및 이주대책의 수립 실시를 대통령령이
정하는 바에 따라 관할 지방자치단체의 장에게 위탁할 수 있다.", 특례법시행령 제6조
제1항은 "법 제8조 제4항의 규정에 의하여 사업시행자가 이주자를 위한 토지 등의 매
수 및 이주대책의 수립·시행을 지방자치단체의 장에게 위탁하고자 할 때에는 미리 위
탁내용과 위탁조건에 관하여 당해 지방자치단체의 장과 협의하여야 한다.", 제2항은
"사업시행자가 제1항의 규정에 의한 토지 등의 매수 및 이주대책의 수립·시행을 지방
자치단체의 장에게 위탁하는 경우에는 토지 등의 매수에 따른 보상액 및 이주대책사업
비에 별표의 위탁수수료의 요율을 곱하여 산정한 금액을 위탁수수료로 지방자치단체에
교부하여야 한다."고 각 규정하고 있다.

위 각 규정을 종합하여 보면, 이 사건 이주자를 위한 토지 등의 매수 및 이주대책의 수립실시사무(이하 '이주대책사무'라고 한다)의 위탁과 재위탁은 그 수탁자가 피고 서울시나 피고 강서구가 아닌 서울시장과 강서구청장으로서 기관위탁에 해당한다고 할 것이고, 따라서 이 사건 이주대책사무의 실시에 있어서 수탁기관인 서울시장이나 강서구청장은 위탁자인 교통부장관이 속한 대한민국의 산하 행정기관의 지위에서 그 사무를 처리하는 것이고 그 위탁으로 인하여 사무귀속의 주체가 달라진다고 할 수 없으므로(대법원 1996. 11. 8. 선고 96다21331 판결, 대법원 2000. 5. 12. 선고 99다70600 판결 참조), 지방자치단체로서의 피고 서울시나 피고 강서구는 이 사건 이주대책사무에 따른 권리의무의 귀속주체가 될 수 없고, 원고들과의 사이에 이 사건 이주대책사무와 관련된 택지의 공급가액을 둘러싼 분쟁의 당사자가 될 수도 없다고 할 것이다.

□ 대법원 2007. 8. 23. 선고 2005두3776 판결
 지방자치법 및 조례의 관계 규정과 대행[145]계약서의 내용 등을 종합하여 보면, 피고 에스에이치공사는 서울특별시장으로부터 서울특별시가 사업시행자가 된 택지개발사업지구 내에 거주하다가 사업시행에 필요한 가옥을 제공함으로 인하여 생활의 근거를 상실하게 되는 이주자들에게 택지개발촉진법과 구 공공용지의 취득 및 손실보상에 관한 특례법(2002. 2. 4. 법률 6656호로 폐지되기 전의 것) 및 주택공급에 관한 규칙 등의 법령에 따라서 위 택지개발사업의 시행으로 조성된 토지를 분양하여 주거나 분양아파트 입주권을 부여하는 내용의 이주대책 수립권한을 포함한 택지개발사업에 따른 권한을 위임 또는 위탁받았다고 할 것이므로, 서울특별시가 사업시행자가 된 택지개발사업과 관련하여 이주대책 대상자라고 주장하는 자들이 피고 공사 명의로 이루어진 이주대책에 관한 처분에 대한 취소소송을 제기함에 있어 정당한 피고는 피고 공사가 된다.

(6) 소의 이익

□ 대법원 2003. 7. 25. 선고 2001다57778 판결
[구 공공용지의취득및손실보상에관한특례법 제8조 제1항에 의하여 이주대책대상자로 선정된 자가 이주택지에 대한 분양예정통보 및 분양공고상의 공급조건의 무효확인을 구할 법적 이익이 있는지 여부(적극)]
 구 공공용지의취득및손실보상에관한특례법(2002. 2. 4. 법률 제6656호로 폐지) 제8조에 의한 이주대책은 공공사업에 협력한 자에게 특별공급의 기회를 요구할 수 있는

---

145) '대행'의 법적 의미와 관련하여 권한대리설(서울행정법원, 공특법상의 이주대책의 대행과 관련한 피고적격 문제, 행정재판실무편람(Ⅲ), 49쪽)과 권한위임설(임영호, 에스에이치공사 명의의 이주대책 관련 처분에 대한 취소소송의 정당한 피고, 대법원판례해설 73호(법원도서관, 2008. 7.), 59쪽)이 대립하고 있다.

법적인 이익을 부여하고 있는 것으로 그들에게는 특별공급신청권이 인정되며, 사업시행자가 이주대책에 관한 구체적인 계획을 수립하여 이를 해당자에게 통지 내지 공고한 후 이주자가 수분양권을 취득하기를 희망하여 이주대책에 정한 절차에 따라 사업시행자에게 이주대책대상자 선정신청을 하고 사업시행자가 이를 받아들여 이주대책대상자로 확인·결정하면 구체적인 수분양권이 발생하게 되는 것이므로 이주대책대상자로 선정된 자는 비록 아직 이주택지에 대한 분양예정통보 및 분양공고에 따른 택지분양신청을 하지는 않았다고 하더라도 분양예정통보 및 분양공고상의 공급조건에 강행법규 위반의 점이 있어 분양계약의 체결에 응하지 못하고 있다면 법적 불안정을 해소하기 위하여 위 공급조건의 무효확인을 구할 법적 이익이 있다.

□ 대법원 1999. 8. 20. 선고 98두17043 판결

　공공용지의취득및손실보상에관한특례법(2002. 2. 4. 법률 제6656호로 폐지) 제8조 제1항에 의하면 사업시행자는 이주대책의 수립, 실시의무가 있고, 그 의무이행에 따른 이주대책계획을 수립하여 공고하였다면, 이주대책대상자라고 하면서 선정신청을 한 자에 대해 대상자가 아니라는 이유로 거부한 행정처분에 대하여 그 취소를 구하는 것은 이주대책대상자라는 확인을 받는 의미도 함께 있는 것이며, 사업시행자가 하는 확인, 결정은 이주대책상의 택지분양권이나 아파트 입주권 등을 받을 수 있는 구체적인 권리를 취득하기 위한 요건에 해당하므로 현실적으로 이미 수립, 실시한 이주대책업무가 종결되었고, 그 사업을 완료하여 이 사건 사업지구 내에 더 이상 분양할 이주대책용 단독택지가 없다 하더라도 보상금청구권 등의 권리를 확정하는 법률상의 이익은 여전히 남아 있는 것이므로 그러한 사정만으로 이 거부처분의 취소를 구할 법률상 이익이 없다고 할 것은 아니다.

2. 간접손실보상

　공공사업의 실시 또는 완성 후의 시설이 사업지 밖에 미치는 손실을 보상하는 것이다.

(1) 실정법상 근거

　① 헌법 제23조 제3항

　② 공익사업을위한토지등의취득및보상에관한법률

(2) 공익사업을위한토지등의취득및보상에관한법률상 간접보상

1) 농작물에 대한 손실

농작물에 대한 손실은 그 종류와 성장의 정도 등을 종합적으로 참작하여 보상하여야

한다(제75조 제2항).

2) 잔여지의 간접보상

사업시행자는 동일한 토지소유자에 속하는 일단의 토지의 일부가 취득 또는 사용됨으로 인하여 잔여지의 가격이 감소하거나 그 밖의 손실이 있는 때 또는 잔여지에 통로·도랑·담장 등의 신설 그 밖의 공사가 필요한 때에는 건설교통부령이 정하는 바에 따라 그 손실이나 공사의 비용을 보상하여야 한다(제73조).

3) 영업의 손실 등의 간접보상

농업의 손실에 대하여는 농지의 단위면적당 소득 등을 참작하여 실제 경작자에게 보상하여야 한다(제77조).

4) 건축물, 입목, 공작물 등의 간접보상

건축물·입목·공작물 기타 토지에 정착한 물건에 대하여는 이전에 필요한 비용으로 보상하여야 한다. 다만 i) 건축물 등의 이전이 어렵거나 그 이전으로 인하여 건축물 등을 종래의 목적대로 사용할 수 없게 된 경우, ii) 건축물 등의 이전비가 그 물건의 가격을 넘는 경우, iii) 사업시행자가 공익사업에 직접 사용할 목적으로 취득하는 경우에는 당해 물건의 가격으로 보상하여야 한다(제75조 제1항).

5) 소수잔존자보상

공익사업의 시행으로 인하여 1개 마을의 주거용 건축물이 대부분 공익사업시행지구에 편입됨으로써 잔여 주거용 건축물 거주자의 생활환경이 현저히 불편하게 되어 이주가 부득이한 경우에는 당해 건축물 소유자의 청구에 의하여 그 소유자의 토지 등을 공익사업시행지구에 편입되는 것으로 보아 보상하여야 한다(동법시행규칙 제61조).

6) 토지에 필요한 공사비 보상

사업시행자는 공익사업의 시행으로 인하여 취득 또는 사용하는 토지(잔여지를 포함한다)외의 토지에 통로·도랑·담장 등의 신설 그 밖의 공사가 필요한 때에는 그 비용의 전부 또는 일부를 보상하여야 하는데, 이 비용의 보상은 당해 사업의 공사완료일부터 1년이 지난 후에는 이를 청구할 수 없다(제79조 제①,③항).

제5장 보상의 절차와 방법 및 불복절차

제1절 보상절차

보상절차는 개별법의 규정에 따라야 한다. 보상액은 협의매수시에는 기업자와 토지소유자 사이의 협의에 의해 결정되고, 강제수용의 경우에는 행정청 또는 소송에 의해 결정된다. 협의가 성립되면 기업자는 관할토지수용위원회에 협의성립의 확인을 신청할 수 있고, 확인은 재결과 같은 효과을 갖는다.

□ 대법원 2004. 9. 24. 선고 2002다68713 판결
 구 공공용지의취득및손실보상에관한특례법(2002. 2. 4. 법률 제6656호로 폐지되기 전의 것)은 사업시행자가 토지 등의 소유자로부터 토지 등의 협의취득 및 그 손실보상의 기준과 방법을 정한 법으로서, 이에 의한 협의취득 또는 보상합의는 공공기관이 사경제주체로서 행하는 사법상 매매 내지 사법상 계약의 실질을 가지는 것이다(대법원 1998. 5. 22. 선고 98다2242, 2259 판결, 대법원 2000. 9. 8. 선고 99다26924 판결 등 참조).

제2절 보상방법

 起業者補償의 原則, 事前補償(先拂)의 原則, 現金補償의 原則, 個別拂·一時拂의 原則이 적용된다.

제3절 토지수용위원회의 재결

 토지수용위원회는 수용 또는 손실의 보상에 대해 재결한다(제34조, 제50조). 여기 제34조의 재결은 강학상 형성행위이며 기속행위이고 행정쟁송법상 처분이다.

제4절 불복절차

 공익사업을위한토지등의취득및보상에관한법률에 따른 불복절차를 중심으로 알아보기로 한다. 재결에 대하여 이의가 있는 자는 이의신청과 행정소송을 제기할 수 있는데, 행정소송이 제기되어도 집행정지의 효력은 없다.

I. 이의신청

 지방토지수용위원회의 재결에 대하여 이의가 있는 자는 당해 지방토지수용위원회를 거쳐(처분청경유주의) 중앙토지수용위원회에 이의를 신청할 수 있고, 중앙토지수용위원회의 재결에 대하여 이의가 있는 자는 중앙토지수용위원회에 이의를 신청할 수 있는데, 이의의 신청은 재결서의 정본을 받은 날부터 30일 이내에 하여야 한다(제83조).
 중앙토지수용위원회는 제83조의 규정에 의한 이의신청이 있는 경우 재결이 위법 또는 부당하다고 인정하는 때에는 그 재결의 전부 또는 일부를 취소하거나 보상액을 변경할 수

있다(제84조 제1항). 여기서 보상액의 변경이란 손실보상액의 증액 또는 감액을 말한다.
 이러한 토지수용위원회에 대한 이의신청은 임의적이며(이의재결임의주의), 행정심판
법의 행정심판의 성질을 갖는다.

□ 대법원 1992. 6. 9. 선고 92누565 판결
 토지수용위원회의 수용재결에 대한 이의절차는 실질적으로 행정심판의 성질을 갖는
것이므로 토지수용법에 특별한 규정이 있는 것을 제외하고는 행정심판법의 규정이 적
용된다고 할 것이다.

---

(1) 관할
 이의신청은 중앙토지수용위원회가 맡는다.

(2) 당사자
 이의신청의 청구인은 '재결에 이의가 있는 자'이며, 이의신청의 피청구인은 관할토지
수용위원회이다.

(3) 이의신청의 대상
 이의신청은 관할토지수용위원회의 재결이 있음을 전제로 수용재결 또는 사용재결의
위법·부당함을 다투게 된다. 수용 또는 사용재결의 내용에는 수용 또는 사용부분과 보
상부분이 있기 때문에 수용 또는 사용부분에 해당하는 수용 또는 사용 목적물의 범
위, 수용 또는 사용의 개시일에 대한 불복, 보상부분에 해당하는 수용 또는 사용의 손
실보상액의 증감 등이 이의신청의 대상이 될 것이다.

(4) 제기기간
 이의신청은 재결에 대하여 이의있는 자가 재결서의 정본을 송달받은 날로부터 30일
내에 하여야 한다.

---

1. 재결서정본이 도달되지 않은 경우
□ 대법원 1995. 6. 13. 선고 94누9085 판결
 수용재결서가 수용시기 이전에 피수용자에게 적법하게 송달되지 아니하였다고 하여
수용절차가 당연무효가 된다고 할 수는 없고, 다만 그 수용재결서의 정본이 적법하게
송달된 날로부터 수용재결에 대한 이의신청기간이 진행된다고 할 것이다(대법원
1993. 12. 14. 선고 93누 9422 판결, 대법원 1994. 4. 26. 선고 93누 13360 판결
참조).

2. 이의신청기간을 알리지 않은 경우
□ 대법원 1992. 6. 9. 선고 92누565 판결

토지수용법 제73조 및 제74조의 각 규정을 보면 수용재결에 대한 이의신청기간을 재결서정본송달일로부터 1월로 규정한 것 외에는 행정심판법 제42조 제1항 및 같은 법 제18조 제6항과 다른 내용의 특례를 규정하고 있지 않으므로, 재결서정본을 송달함에 있어서 상대방에게 이의신청기간을 알리지 않았다면 행정심판법 제18조 제6항의 규정에 의하여 같은 조 제3항의 기간 내에 이의신청을 할 수 있다고 보아야 할 것이다. 당원 1989. 3. 28. 선고 88누5198 판결 및 1990. 6. 22.선고 90누1755 판결은 토지수용법상 수용재결에대한 이의신청기간과 이의재결에 대한 제소기간에 관하여 각각 재결서정본의 송달을 받은 날로부터 1월로 하는 특례규정을 두었으므로 이 점에 관하여 행정심판법이나 행정소송법의 규정이 배제된다는 취지에 지나지 않으며 상대방에게 이의신청기간을 알리지 않은 경우에 관한 행정심판법 제18조 제6항의 적용까지도 배제된다는 취지는 아니다.

즉 대법원에 의하면 재결서정본이 도달되지 않으면 언제든지 이의신청이 가능하다는 것이고, 이의신청기간을 알리지 않았다면 재결이 있은 날로부터 180일 이내에 이의를 신청하면 된다는 것이다.146)

(5) 절차

1) 처분청 경유주의

중앙토지수용위원회의 재결에 대하여 이의가 있는 자는 중앙토지수용위원회에 이의를 신청할 수 있고 지방토지수용위원회의 재결에 대하여 이의가 있는 자는 당해지방토지수용위원회를 거쳐 중앙토지수용위원회에 이의를 신청할 수 있도록 되어 있어, 이의신청은 중앙토지수용위원회에 대해서만 할 수 있다. 이에 따라 지방토지수용위원회가 1차적 재결청인 경우 반드시 원처분청을 경유하여 이의신청을 하도록 특례규정을 두고 있다.

2) 형식 및 절차

이의신청을 하고자 하는 자는 건설교통부령이 정하는 이의신청서에 ㉠ 당사자의 성명 또는 명칭 및 주소, ㉡ 신청의 요지 및 이유 등의 사항을 기재하고 재결서 정본의 사본을 첨부하여 당해 토지수용위원회에 제출하여야 하며(시행령 제45조 제①항). 지방토지수용위원회가 이의신청서를 접수한 때에는 이의신청서에 ㉠ 신청인이 재결서

---

146) 그러나 이의신청에 대한 재결에 대하여는 불복절차에 대한 안내고지가 없더라도 그 기간이 연장되지 않는다(대법원 1992. 12. 24. 선고 92누3754 판결).

의 정본을 받은 일자 등이 기재된 우편송달통지서사본, ㉡ 지방토지수용위원회가 의뢰하여 행한 감정평가서 및 심의안건사본, ㉢ 그 밖에 이의신청의 재결에 필요한 자료 등의 서류를 첨부하여 지체없이 중앙토지수용위원회에 송부하여야 한다(시행령 제45조 제②항).

(6) 이의신청의 효과

토지보상법은 "이의의 신청은 사업의 진행 및 토지의 수용 또는 사용을 정지시키지 아니한다."고 규정하여(제88조) 집행부정지원칙을 선언하고 있다. 한편 토지보상법은 집행정지결정에 관한 명문을 두지 않아 그 인정여부에 의문이 있을 수 있으나, 일정한 요건을 갖추면 집행정지가 가능하다고 하여야 할 것이다.147)

□ 대법원 1982. 7. 13. 선고 80누405,406 판결
토지수용재결에 대한 이의신청은 공유물 보존행위에 해당된다고 볼 수 없으므로 공유자중의 1인인 원고가 자기 명의로만 한 이의신청의 효력은 당해 원고에게만 미친다.

(7) 심리 및 재결

1) 접수 및 통지

중앙토지수용위원회가 이의신청서를 접수한 때에는 원칙적으로 신청인의 상대방에게 그 신청의 요지를 통지하여야 한다(시행령 제45조 제③항).

2) 심리의 원칙

이의신청에 대한 재결에 있어서도 불고불리의 원칙(제50조 제②항)과 불이익변경금지의 원칙(행정심판법 제36조 제②항)이 적용된다. 한편 출석 및 의견진술의 기회부여나 심의기일 및 장소의 통지는 수용재결의 절차이지 이의재결의 절차는 아니므로 위와 같은 절차를 거칠 필요는 없다.

□ 대법원 1991. 10. 22. 선고 90누6323 판결
구 토지수용법(1989. 4. 1. 법률 제4120호로 개정되기 전의 것) 제36조, 제37조에 규정된 의견진술의 기회부여나 심의기일 등의 통지에 관한 규정은 수용재결절차에 관한 규정이고 이의재결절차에도 적용 또는 준용되는 것은 아니므로 피고가 이의재결을 함에 있어 원고에게 의견진술기회를 주지 아니하고 심의기일을 통지하지 아니하였다고 하여 위법이라고 할 수 없다.

---

147) 김은유, 현 토지보상법상의 이의신청 및 행정소송에 대한 개론, 인권과정의(2004. 12.) 137쪽.

3) 재결의 유형

중앙토지수용위원회는 이의신청이 있는 경우 재결이 위법 또는 부당하다고 인정하는 때에는 그 재결의 전부 또는 일부를 취소하거나 보상액을 변경할 수 있다(제84조 제 ①항). 즉 이의가 이유있는 경우 재결의 일부 또는 전부를 취소하는 취소재결, 보상액을 변경하는 변경재결이 인정되고 각하재결, 기각재결 등을 할 수 있으며, 수용재결의 실효여부도 심리·판단할 수 있다.

> □ 대법원 1997. 4. 8. 선고 96누4121 판결
> [실효된 수용재결에 대한 이의신청의 적부]
> 　중앙 또는 지방토지수용위원회의 수용재결은 그 성질에 있어 구체적으로 일정한 법률효과의 발생을 목적으로 하는 점에서 일반의 행정처분과 전혀 다를 바가 없는 것이므로, 이의신청의 대상이 된 중앙 또는 지방토지수용위원회의 수용재결이 실효되는 등의 사유로 인하여 이미 존재하지 아니하는 경우에는 이에 대한 이의신청은 쟁송의 이익이 없는 부적법한 것으로 볼 수밖에 없다.
>
> □ 대법원 1989. 8. 8. 선고 89누879 판결
> [수용재결의 효력상실의 경우 중앙토지수용위원회의 무효확인재결 처분의 가부]
> 　지방토지수용위원회가 토지를 수용재결하면서 그 보상금을 정하여서 사업시행자가 그 보상금을 공탁하면서 반대급부로 그 토지에 대한 경매신청기입등기 등의 말소를 증명하는 서면을 제출할 것을 요구한 경우 동 조건부 공탁은 토지소유자가 이를 수락하지 않으면 그 효력이 없으므로 위 수용재결은 그 효력을 상실하고 토지소유자의 이의신청에 의하여 중앙토지수용위원회는 원재결의 실효여부를 심리·판단할 수 있다.

4) 재결서의 송달

중앙토지수용위원회는 이의신청에 대한 재결을 한 때에는 재결서의 정본을 사업시행자·토지소유자 및 관계인에게 송달하여야 한다(시행령 제46조).

(8) 재결의 효력

1) 증액된 보상금의 지급 또는 공탁

보상금이 증액된 경우 사업시행자는 재결의 취소 또는 변경의 재결서 정본을 받은 날부터 30일 이내에 보상금을 받을 자에게 그 증액된 보상금을 지급하거나 공탁할 수 있다(제84조 제②항). 이때 증액된 보상금을 지급 또는 공탁하지 않았다 하여도 이의재결의 효력이 상실되는 것은 아니다.

□ 대법원 1995. 9. 15. 선고 93누20627 판결
[이의재결에 의한 추가보상금을 수령한 경우, 이의재결을 다툴 이익의 여부]
  토지소유자가 수용재결에서 정한 손실보상금을 수령할 당시 이의유보의 뜻을 표시하
였다 하더라도 이의재결에서 증액된 손실보상금을 수령하면서 이의유보의 뜻을 표시하
지 아니한 이상 이는 이의재결의 결과에 승복하여 수령한 것으로 보아야 하고 위 추가
보상금을 수령할 당시 이의재결을 다투는 행정소송이 계속 중이라는 사실만으로는 추
가보상금의 수령에 관하여 이의유보의 의사표시가 있는 것과 같이 볼 수 없다(대법원
1993. 9. 14. 선고 92누18573 판결 참조).

2) 재결의 확정

 토지보상법 제85조 제①항의 기간 이내에 소송이 제기되지 아니하거나 그 밖의 사
유로 이의신청에 대한 재결이 확정된 때에는 민사소송법상의 확정판결이 있은 것으로
보며 재결서정본은 집행력있는 판결의 정본과 동일한 효력을 가진다(제86조제①항).
따라서 사업시행자가 이의신청에 대한 재결에서 정한 금액을 지급하거나 공탁하지 아
니하면 토지소유자 등은 재결확정증명서를 받아 강제집행을 할 수 있다.

Ⅱ. 행정소송의 제기

 공익사업을위한토지등의취득및보상에관한법률 제85조 제1항은 "사업시행자·토지소유
자 또는 관계인은 제34조의 규정에 의한 재결에 대하여 불복이 있는 때에는 재결서
를 받은 날부터 60일 이내에, 이의신청을 거친 때에는 이의신청에 대한 재결서를 받
은 날부터 30일 이내에 각각 행정소송을 제기할 수 있다."고 규정하고 있다.
 이 경우 사업시행자는 행정소송을 제기하기 전에 증액된 보상금을 공탁하여야 하며,
보상금을 받을 자는 공탁된 보상금을 소송종결시까지 수령할 수 없다(제85조 제①항).
여기서 행정소송은 ① 지방토지수용위원회나 중앙토지수용위원회의 재결이나 중앙토지
수용위원회의이의신청 재결자체를 다투는 취소소송 또는 무효등확인소송과 ② 보상금
의 증액 또는 감액을 청구하는 보상금증감청구소송인 형식적당사자소송을 말한다.
 그리고 관할 토지수용위원회의 재결에 대하여 불복하거나 이의신청에 대한 중앙토지
수용위원회의 재결에 불복하는 경우라도 원처분을 한 관할 토지수용위원회를 피고로
하여 피고 소재지관할 행정법원에 소를 제기하면 될 것이다. 다만 이의재결 자체에
고유한 위법이 있는 경우에는 중앙토지수용위원회를 피고로 삼아야 할 것이다. 제기
하고자하는 행정소송이 보상금의 증감에 관한 소송인 경우 당해소송을 제기하는 자가
토지소유자 또는 관계인인 때에는 사업시행자를, 사업시행자인 때에는 토지소유자 또
는 관계인을 각각 피고로 한다.

1. 취소소송

(1) 의의

관할토지수용위원회의 원재결 또는 중앙토지수용위원회의 이의신청에 대한 재결이 위법한 것을 전제로 그 재결의 취소 또는 변경을 청구하는 소송을 말한다.

(2) 소송대상

현행 토지보상법 제85조 제①항은 "사업시행자·토지소유자 또는 관계인은 제34조의 규정에 의한 재결에 대하여 불복이 있는 때에는 재결서를 받은 날부터 60일 이내에, 이의신청을 거친 때에는 이의신청에 대한 재결서를 받은 날부터 30일 이내에 각각 행정소송을 제기할 수 있다."고 규정함으로써, 이의신청을 제기함이 없이 직접 소송을 제기하거나 이의재결을 거쳐 소송을 제기하는 경우에도 원처분주의에 입각하여 수용재결을 대상으로 하여야 할 것이다.[148]

토지수용법(2002. 2. 4. 법률 제6656호로 폐지됨) 아래에서의 판례는 취소소송의 대상은 원칙적으로 이의재결이고,[149] 다만 수용재결처분이 무효인 경우에는 그 재결자체도 무효확인의 대상이 된다고 하여 재결주의를 취하고 있었다.[150]

---

148) 김동희, 행정법Ⅱ, 371쪽 ; 박균성, 683쪽.

149) 대법원 1990. 6. 22. 선고 90누1755 판결{토지수용법(2002. 2. 4. 법률 제6656호로 폐지됨) 제73조 내지 제75조의2의 각 규정에 의하면, 토지수용에 관한 중앙 또는 지방토지수용위원회의 수용재결에 대하여 이의가 있는 자는 재결서의 정본을 송달받은 날로부터 1월 이내에 중앙토지수용위원회에 이의를 신청하여야 하고, 중앙토지수용위원회의 이의신청에 대한 재결에도 불복이 있으면 그 재결서의 정본이 송달된 날로부터 1월 이내에 그 이의재결의 취소를 구하는 행정소송을 제기하여야 하며, 이 경우에는 행정심판법 제18조, 같은 법 제20조의 규정은 적용될 수 없다고 해석되므로 중앙토지수용위원회의 수용재결에 불복하여 그 취소를 구하는 행정소송은 부적법하다.}, 대법원 2001. 5. 8. 선고 2001두1468 판결{토지수용법(2002. 2. 4. 법률 제6656호로 폐지됨)과 같이 재결전치주의를 정하면서 원처분인 수용재결에 대한 취소소송을 인정하지 아니하고 재결인 이의재결에 대한 취소소송만을 인정하고 있는 경우에는 재결을 거치지 아니하고 원처분인 수용재결취소의 소를 제기할 수 없는 것이며 행정소송법 제18조는 적용되지 아니하고, 따라서 수용재결처분이 무효인 경우에는 재결 그 자체에 대한 무효확인을 소구할 수 있지만, 토지수용에 관한 취소소송은 중앙토지수용위원회의 이의재결에 대하여 불복이 있을 때에 제기할 수 있고 수용재결은 취소소송의 대상으로 삼을 수 없으며, 이의재결에 대한 행정소송에서는 이의재결 자체의 고유한 위법사유뿐 아니라 이의신청사유로 삼지 않은 수용재결의 하자도 주장할 수 있다.} ; 헌법재판소 2001. 6. 28. 선고 2000헌바77 결정.

150) 대법원 1993. 1. 19. 선고 91누8050 전원합의체 판결(행정처분이 무효인 경우에는 그 효력은 처음부터 당연히 발생하지 아니하는 것이어서 행정처분의 취소를 구하는 경우와는 달리 행정심판을 거치는 등의 절차나 그 제소기간에 구애받지 않고 그 무효확인을 구할 수 있는 것인바, 토지수용에 관한 중앙 또는 지방토지수용위원회의 수용재결이 그 성질에 있어 구체적으로 일정한 법률효과의 발생을 목적으로 하는 점에서 일반의 행정처분과 전혀 다를 바 없으므로, 수용재결처분이 무효인 경우에는 그 재결 자체에 대한 무효확인을 소구할 수 있다고 보아야 할 것이다. 만약 소정의 기간 내에 이의신청을 하지 않았다 하여 그 무효를 소구하거나 주장할 수 없다고 한다면 무효인 수용재결에 대하여 특별히 하자의 치유를 인정하여 이를 유효한 것으로 보게 되는 결과가 되고 피수용자는 권리구제를 받을 수 있는 길이 막히게 되어 매우 부당하다고 아니할 수 없다.) ; 대법원 1996.

(3) 제기기간

이의신청을 거치지 않을 경우에는 재결서를 송달받은 날로부터 60일 이내에, 이의신청을 거친 경우에는 이의신청에 대한 재결서를 받은 날로부터 30일 이내이다. 법문상 '재결서를 받은 날 부터'라고 되어 있어 재결서를 송달받지 못한 이상 재결이 있음을 안 날로부터 90일, 재결이 있은 날로부터 1년이 지났다 하더라도 제소할 수 있다고 해석하여야 할 것이다.

□ 대법원 1992. 8. 18. 선고 91누9312 판결

구 토지수용법 제73조, 제74조, 제75조의2의 각 규정에 의하면, 중앙토지수용위원회나 지방토지수용위원회의 재결에 대하여 불복이 있으면 그 재결서 정본의 송달을 받은 날로부터 1월 이내에 이의신청을 하여야 하고, 이에 대한 중앙토지수용위원회의 이의재결에 대하여 불복이 있으면 그 재결서(이의재결서)가 송달된 날로부터 1월 이내에 행정소송을 제기하도록 규정하고 있다.

이와 같이 수용재결(원재결)에 대한 이의신청기간과 이의재결에 대한 행정소송 제기기간을 그 일반법인 행정심판법 제18조 제1항의 행정심판청구기간과 행정소송법 제20조 제1항의 행정소송의 제소기간보다 짧게 규정한 것은 토지수용과 관련한 공공사업을 신속히 수행하여야 할 그 특수성과 전문성을 살리기 위한 필요에서 된 것으로 이해되므로 이를 행정심판법 제43조에 어긋나거나 헌법 제27조에 어긋나는 위헌규정이라 할 수 없다.

당원은 관할토지수용위원회의 원재결에 대하여 불복이 있으면 그 재결서의송달이 있은 날로부터 1월 이내에 중앙토지수용위원회에 이의를 신청하여야 하고, 중앙토지수용위원회의 이의신청에 대한 재결에도 불복이 있으면 그 재결서의 송달이 있은 날로부터 1월 이내에 그 이의재결의 취소를 구하는 행정소송을 제기하여야 하며, 이 경우에는 행정심판법 제18조, 행정소송법 제20조의규정은 적용될 수 없다고 누차 그 견해를 밝힌바 있다(대법원 1989. 3. 28. 선고 88누5198 판결 ; 대법원 1990. 6. 22. 선고 90누1755 판결).

또, 행정심판법 제42조의 규정은 행정심판 안내의 고지의무를 규정한 것이지 행정소송의 안내의무를 규정한 것은 아닌 것이다. 행정심판청구가 아닌 행정소송을 제기하는 경우에 제소기간에 관한 안내고지가 없으면 그 제소기간을 행정소송법 제20조 제1항의 60일로 보아야 할 아무런 법적근거도 없다.

□ 헌법재판소 2002. 11. 28. 선고 2002헌바38 결정

---

3. 8. 선고 95누18741 판결(토지수용에 관한 토지수용위원회의 수용재결 자체가 당연무효라 하여 그 무효확인을 구하는 경우에 있어서는, 수용재결이 위법 부당함을 이유로 그 취소를 소구하는 경우와는 달리, 행정심판위원회을 상대로 그 재결 자체에 대한 무효확인을 구할 수 있다고 보아야 할 것이다.)

구 토지수용법 제73조 제2항이 조항이 규정하는 1월의 청구기간이 행정심판법의 그 것에 비하여 상대적으로 비록 단기이긴 하지만 그렇다고 하여 이것이 청구인들의 재판 청구권 행사를 불가능하게 하거나 현저히 곤란하게 할 정도로 짧은 것은 아니어서 청 구기간에 관한 입법재량의 한계를 일탈한 것이라고 할 수 없다. 나아가 이 조항이 이 조문 제1항과 함께 추구하는 신속한 권리구제 및 법원 판결의 적정성 보장이라는 공익 은 매우 크다고 할 것이므로 이 조항이 비례의 원칙을 위반하거나 청구인들의 재판청 구권을 침해하거나 평등의 원칙을 위반한다고는 할 수 없다.

□ 대법원 1999. 10. 12. 선고 99두7517 판결
[잔여지를 뺀 수용재결처분이 위법하다는 것을 이유로 한 이의재결 취소청구의 소를 잔여지의 가격감소로 인한 손실보상청구의 소로 변경한 경우, 제소기간 준수 여부의 기준시(=이의재결 취소청구소송 제기시)]
동일한 토지소유자에 속하는 일단의 토지의 일부가 수용됨으로 인하여 잔여지의 가격 이 감소된 경우에, 토지소유자가 잔여지를 포함시키지 않은 수용재결처분이 위법하다고 주장하면서 그 취소를 구하는 이의신청을 하여 이의신청을 기각하는 이의재결을 받은 뒤, 중앙토지수용위원회를 상대로 이의재결의 취소를 청구하는 소송을 제기, 그 소가 진행되던 도중에 기업자를 피고로 추가하여 이의재결 취소청구의 소를 잔여지의 가격감 소로 인한 손실보상청구의 소로 변경하였다면, 이의재결 취소청구의 소가 당초에 제소 기간을 준수하여 적법하게 제기된 이상, 뒤의 소변경은 제소기간이 경과된 후에 이루어 졌어도 부적법하지 아니하다(대법원 1998. 4. 24. 선고 97누13948 판결 참조).

(4) 피고적격

행정소송법 제13조 제①항은, 취소소송은 다른 법률에 특별한 규정이 없는 한 그 처 분 등을 행한 행정청을 피고로 한다고 규정하고 있다. 따라서 관할토지수용위원회의 재결에 대하여 불복하는 경우에는 관할토지수용위원회가 피고가 되는데 의문이 없으 나, 이의신청에 대한 중앙토지수용위원회의 재결에 불복하는 경우 누가 피고로 되어 야 하는지 문제인데 원처분주의에 따라 원처분을 한 관할토지수용위원회를 피고로 하 여야 할 것이다. 다만 이의재결자체에 고유한 위법이 있는 경우에는 중앙토지수용위 원회가 피고가 될 수 있다 할 것이다.

(5) 관할 법원

원칙적으로 피고의 소재지를 관할하는 행정법원이다(현재 행정법원이 설치된 서울을 제외하고는 피고의 소재지를 관할하는 지방법원본원이 취소소송의 제1심 관할법원이 다.). 토지의 수용 기타 부동산 또는 특정의 장소에 관계되는 처분 등에 대한 취소소 송은 그 부동산 또는 장소의 소재지를 관할하는 행정법원도 관할권을 가진다(행정소

송법 제9조 제②항).

(6) 하자의 승계 문제

판례는 사업인정과 수용재결은 단계적인 일련의 절차이나 사업인정의 하자는 수용재결에 승계되지 않는다고 한다.

□ 대법원 1992. 3. 13. 선고 91누4324 판결
사업인정처분 자체의 위법은 사업인정단계에서 다투어야 하고 이미 그 쟁송기간이 도과한 수용재결단계에서는 사업인정처분이 당연 무효라고 볼 만한 특단의 사정이 없는 한 그 위법을 이유로 재결의 취소를 구할 수는 없다 할 것이다(대법원 1987. 9. 8. 선고 87누395 판결 ; 대법원 1988. 12. 27. 선고 87누1141 판결 ; 대법원 1990. 1. 23. 선고 87누947 판결).

□ 대법원 1996. 12. 6. 선고 95누8409 판결
택지개발촉진법(이하 법이라 한다) 제3조에 의한 건설교통부장관의 택지개발예정지구의 지정은 그 처분의 고시에 의하여 개발할 토지의 위치, 면적과 그 행사가 제한되는 권리내용 등이 특정되는 처분인 반면에, 법 제8조에 의한 건설교통부장관의 택지개발계획 시행자에 대한 택지개발계획의 승인은 당해 사업이 택지개발촉진법상의 택지개발사업에 해당함을 인정하여 시행자가 그 후 일정한 절차를 거칠 것을 조건으로 하여 일정한 내용의 수용권을 설정하여 주는 처분으로서 그 승인고시에 의하여 수용할 목적물의 범위가 확정되는 것이므로, 위 두 처분은 후자가 전자의 처분을 전제로 하는 것이기는 하나 각각 단계적으로 별개의 법률효과를 발생하는 독립한 행정처분이라고 할 것이다(대법원 1986. 8. 19. 선고 86누256판결, 대법원 1992. 8. 14. 선고 91누11582 판결, 대법원 1996. 4. 26. 선고 95누13241 판결[151] 참조).
따라서, 택지개발사업에 포함될 토지의 범위는 택지개발예정지구의 지정처분에 의하여 특정되는 것이어서 특정한 토지를 택지개발사업의 대상에 포함시킨 것이 잘못된 것

---

[151] 택지개발촉진법 제12조 제2항에 의하면 택지개발계획의 승인·고시가 있은 때에는 토지수용법 제14조 및 제16조의 규정에 의한 사업인정 및 사업인정의 고시가 있은 것으로 보도록 규정되어 있는바, 이와 같은 택지개발계획의 승인은 당해 사업이 택지개발촉진법상의 택지개발사업에 해당함을 인정하여 시행자가 그 후 일정한 절차를 거칠 것을 조건으로 하여 일정한 내용의 수용권을 설정해 주는 행정처분의 성격을 갖는 것이라 할 것이고, 그 승인고시의 효과는 수용할 목적물의 범위를 확정하고 수용권으로 하여금 목적물에 관한 현재 및 장래의 권리자에게 대항할 수 있는 일종의 공법상 권리로서의 효력을 발생시킨다고 할 것이므로(대법원 1994. 11. 11. 선고 93누19375 판결), 토지소유자로서는 선행처분인 건설부장관의 택지개발계획 승인단계에서 그 제척사유를 들어 쟁송하여야 하고, 그 제소기간이 도과한 후 수용재결이나 이의재결 단계에 있어서는 위 택지개발계획 승인처분에 명백하고 중대한 하자가 있어 당연무효라고 볼 특단의 사정이 없는 이상 그 위법 부당함을 이유로 재결의 취소를 구할 수는 없다고 할 것이다(대법원 1986. 8. 19. 선고 86누256 판결, 대법원 1987. 9. 8. 선고 87누395 판결 , 대법원1994. 5. 24. 선고 93누24230 판결 참조).

이라는 이유로 이를 다투기 위하여는 택지개발예정지구 지정처분에 대하여 쟁송을 제기하여야 할 것이고, 그 처분에 대하여 다투지 아니하여 이미 불가쟁력이 생겨 그 효력을 다툴 수 없게 된 경우에는 택지개발예정지구 지정처분에 하자가 있다고 할지라도 그것이 당연무효 사유가 아닌 한 택지개발계획의 승인처분에 대하여 위와 같은 사유를 들어 이를 다툴 수는 없다 할 것이다.

□ 대법원 2009. 11. 26. 선고 2009두11607 판결
　도시계획사업허가의 공고시에 토지세목의 고시를 누락하거나 사업인정을 함에 있어 수용 또는 사용할 토지의 세목을 공시하는 절차를 누락한 경우, 이는 절차상의 위법으로서 수용재결 단계 전의 사업인정 단계에서 다툴 수 있는 취소사유에 해당하기는 하나 더 나아가 그 사업인정 자체를 무효로 할 중대하고 명백한 하자라고 보기는 어렵고, 따라서 이러한 위법을 들어 수용재결처분의 취소를 구하거나 무효확인을 구할 수는 없다(대법원 1988. 12. 27. 선고 87누1141 판결, 대법원 2000. 10. 13. 선고 2000두5142 판결 참조).

(7) 위법 여부의 판단 기준시기

　토지수용사건에 있어서 보상액의 산정은 처분시설에 따라 재결당시를 기준으로 하고 이의재결에 있어서는 이의재결시를 기준으로 위법 여부를 판단한다.

□ 대법원 1991. 9. 10. 선고 90누5153 판결
　당초의 수용사업계획이 변경되어 대상토지의 일부가 수용사업에 불필요하게 되었다 하여도 이는 수용의 대상이 축소된 결과로 인하여 손실보상의 범위가 축소된 것에 불과한 것으로서 이의재결 당시는 위 도시계획이 변경되지 아니한 상태이었다면, 행정처분의 위법 여부는 처분 당시를 기준으로 판단하는 것이므로, 이의재결 후에 도시계획이 변경되었다 하여 이의재결이 위법하게 되는 것은 아니다.

(8) 청구의 병합

　수용재결의 취소소송에 보상금증액청구소송의 예비적 병합 제기의 가능여부가 문제되는데, 판례[152]는 이를 부정하고 있으나 이를 긍정하는 견해[153]도 있다. 2002년 개

---

152) 대법원 2002. 11. 8. 선고 2001두3181 판결{택지초과소유부담금 부과처분에 대한 무효확인의 주위적 청구와 그 부과처분에 의한 택지초과소유부담금은 체납처분(공매)에 의하여 강제징수할 수 없음의 확인을 구하는 예비적 청구는 별개의 독립된 청구이고, 이른바 소의 주관적·예비적 병합은 원칙적으로 허용되지 아니하므로, 법원으로서는 적극적으로 예비적 청구의 피고를 국가 또는 공공단체로 경정할 것을 시사하여 그 제출을 권유할 수 없고, 또한 주위적 청구 대신 예비적 청구를 교환적으로 변경할 것을 시사하여 그 제출을 권유하는 것 역시 석명권의 한계를 일탈한 것이다(대법원

정된 민사소송법에서는 주관적·예비적 병합을 인정하고 있으므로(제70조) 취소소송에 보상금증액청구소송을 예비적으로 병합할 수 있다고 하겠다. 즉 주위적으로 관할 토지수용위원회를 상대로 수용재결의 취소를, 예비적으로 사업시행자를 상대로 보상금의 증액을 구하는 경우이다.

3. 당사자소송

(1) 서설

손실보상청구권을 공권이라고 보는 입장에서는 보상금지급청구소송은 당사자소송의 형태가 타당하지만, 대법원은 법률의 규정 내용에 따라 행정소송 또는 민사소송을 제기하여야 한다고 한다. 법률에서 재산권 침해와 그에 대한 보상에 대하여서만 정하고, 보상금 결정방법 및 불복절차에 관하여 아무런 규정을 두지 않은 경우에는 곧바로 민사소송으로 보상금지급청구소송을 제기할 수 있다는 것이 판례의 입장인 듯하다.

□ 대법원 2005. 9. 29. 선고 2002다73807 판결
[공유수면매립사업으로 인한 면허어업권자의 손실보상청구권행사방법(행정소송)]

수산업법(1990. 8. 1. 법률 제4252호로 개정되기 전의 것)에 의한 손실보상청구권이나 손실보상 관련 법령의 유추적용에 의한 손실보상청구권은 사업시행자를 상대로 한 민사소송의 방법에 의하여 행사하여야 하나, 구 공유수면매립법(1990. 8. 1. 법률 제4252호로 개정되기 전의 것) 제16조 제1항에 정한 권리를 가진 자가 위 규정에 의하여 취득한 손실보상청구권은 민사소송의 방법으로 행사할 수 없고 위 법 제16조 제2항, 제3항이 정한 바에 따라 협의가 성립되지 아니하거나 협의할 수 없을 경우에 토지수용위원회의 재정을 거쳐 토지수용위원회를 상대로 재정에 대한 행정소송을 제기하는 방법에 의하여 행사하여야 한다.

원고는 면허어업을 받은 자로서 공유수면매립법 제16조 제1항의 권리를 가진 자에 해당하므로 원고가 이 사건 공유수면매립사업으로 인하여 취득한 손실보상청구권은 직접 위 법 조항에 근거하여 발생한 것이라 할 것이어서, 위의 법리에 따라 원고는 공유수면매립법 제16조 제2항, 제3항이 정한 재정(裁定)과 그에 대한 행정소송의 방법에 의하여 권리를 주장하여야 하고, 피고에 대한 민사소송의 방법으로는 그 손실보상청구권을 행사할 수 없다(대법원 2001. 6. 29. 선고 99다56468 판결 참조).

□ 대법원 1998. 2. 27. 선고 97다46450 판결
[수산업법소정의 손실보상청구권의 법적성질 및 그 행사방법(민사소송)]

수산업법(1995. 12. 30. 법률 제5131호로 개정되기 전의 것) 제81조 제1항 제1호

1996. 3. 22. 선고 95누5509 판결, 대법원 1997. 8. 26. 선고 96다31079 판결 참조)}.
153) 박균성, 687쪽.

는 법 제34조 제1호 내지 제5호와 제35조 제8호(제34조 제1항 제1호 내지 제5호에 해당하는 경우에 한한다)의 규정에 해당되는 사유로 인하여 허가어업을 제한하는 등의 처분을 받았거나 어업면허 유효기간의 연장이 허가되지 아니함으로써 손실을 입은 자는 행정관청에 대하여 보상을 청구할 수 있다고 규정하고 있는바, 이러한 어업면허에 대한 처분 등이 행정처분에 해당된다 하여도 이로 인한 손실은 사법상의 권리인 어업권에 대한 손실을 본질적 내용으로 하고 있는 것으로서 그 보상청구권은 공법상의 권리가 아니라 사법상의 권리이고, 따라서 법 제81조 제1항 제1호 소정의 요건에 해당한다고 하여 보상을 청구하려는 자는 행정관청이 그 보상청구를 거부하거나 보상금액을 결정한 경우라도 이에 대한 행정소송을 제기할 것이 아니라 면허어업에 대한 처분을 한 행정관청(또는 그 처분을 요청한 행정관청)이 속한 권리주체인 지방자치단체(또는 국가)를 상대로 민사소송으로 직접 손실보상금지급청구를 하여야 할 것이고(대법원 1996. 7. 26. 선고 94누13848 판결 참조) 이러한 법리는 피고가 농업을 목적으로 하는 매립 또는 간척사업을 시행함으로 인하여 법 제41조의 규정에 의한 어업의 허가를 받은 자가 더 이상 허가어업에 종사하지 못하여 입게 된 손실보상청구에도 같이 보아야 할 것이다.

□ 대법원 1999. 6. 11. 선고 97다56150 판결
[공공사업시행결과 공공사업의 기업지 밖에서 발생한 간접손실의 청구방법(민사소송)]
공공사업의 시행 결과 공공사업의 기업지 밖에서 발생한 간접손실은 사법상의 권리인 영업권 등에 대한 손실을 본질적 내용으로 하고 있는 것으로서 그 보상청구권은 공법상의 권리가 아니라 사법상의 권리이고, 그 보상금의 결정 방법, 불복절차 등에 관하여 아무런 규정도 마련되어 있지 아니하므로, 그 보상을 청구하려는 자는 사업시행자가 보상청구를 거부하거나 보상금액을 결정한 경우라도 이에 대하여 행정소송을 제기할 것이 아니라, 사업시행자를 상대로 민사소송으로 직접 손실보상금 지급청구를 하여야 한다.

(2) 내용

보상금의 증감에 관한 소송은 1) 손실보상액의 증감 2) 손실보상의 방법(금전배상, 채권보상 등) 3) 보상항목의 인정(잔여지 등의 손실보상 인정 여부) 4) 보상면적의 다툼 5) 잔여지 수용청구154), 이전 곤란한 물건의 수용청구 등 확장 수용청구 등을 의미한다.

---

154) 박균성, 683~684쪽. 박균성교수는 잔여지 수용청구는 확장수용의 경우로서 확장수용은 청구에 의해 수용의 효과가 발생하고(대법원 1993. 11. 12. 선고 93누11159 판결) 궁극적으로는 보상액의 증감의 문제이므로 확장수용거부에 대한 불복은 분쟁의 일회적 해결을 위해 보상액증액청구로 보는 것이 타당하다고 한다(684쪽). 잔여지수용의 법적성질과 관련하여 사법상의 매매설, 공법상의 특별행위설, 공용수용설이 나뉘는 데 공용수용설이 다수설이다(이상규, (하), 637~638쪽).

□ 대법원 1995. 9. 15. 선고 93누20627 판결
[잔여지 수용청구에 대한 불복방법]

 원래 토지수용에 따른 보상은 수용 대상토지별로 하는 것이 아니라 피보상자 개인별로 행하여지는 것이고((2002. 2. 4. 법률 제6656호로 폐지된 토지수용법 제45조 제2항, 대법원 1992. 9. 8.선고 92누5331 판결 참조), 잔여지수용청구권은 토지소유자에게 손실보상책의 일환으로 부여된 권리이어서 이는 수용할 토지의 범위와 그 보상액을 결정할 수 있는 토지수용위원회에 대하여 토지수용의 보상가액을 다투는 방법에 의하여도 행사할 수 있고(대법원 1989. 6. 13. 선고 88누8852 판결 참조), 또 토지수용법(2002. 2. 4. 법률 제6656호로 폐지됨) 제75조는 이의신청이 있으면 중앙토지수용위원회는 수용재결의 위법 또는 부당 여부를 심리하도록 규정하고 있을 뿐 이의신청서에 기재된 이의사유에 한하여 심리하도록 제한하고 있지 않으므로, 특별한 사정이 없는 한, 이의신청의 효력은 수용재결 전체에 미친다고 할 것이며, 한편 토지수용에 관한 행정소송에 있어서는 이의재결의 고유한 위법사유 뿐만 아니라 이의신청사유로 삼지 아니한 수용재결의 하자도 주장할 수 있다고 할 것이므로(대법원 1991. 2. 12. 선고 90누288 판결 참조), 이 사건에서 원고가 수용재결에 대한 이의신청을 함에 있어서 이 사건 수용재결 중 기업자가 재결신청한 부분에 관한 보상액의 산정이 위법하다는 취지의 주장만 하고 잔여지수용청구를 기각한 부분에 대하여 불복한다고 명시하지 아니하였다고 하더라도, 원고는 이 사건 행정소송에서 수용재결 중 잔여지수용청구를 기각한 부분에 하자가 있어 보상액의 산정이 잘못되었다는 주장을 할 수 있다고 보아야 할 것이다.

□ 대법원 2010. 8. 19. 선고 2008두822 판결

 구 공익사업을 위한 토지 등의 취득 및 보상에 관한 법률(2007. 10. 17. 법률 제8665호로 개정되기 전의 것. 이하 '공익사업법'이라고 한다) 제74조 제1항에 규정되어 있는 잔여지 수용청구권은 손실보상의 일환으로 토지소유자에게 부여되는 권리로서 그 요건을 구비한 때에는 잔여지를 수용하는 토지수용위원회의 재결이 없더라도 그 청구에 의하여 수용의 효과가 발생하는 형성권적 성질을 가지므로(대법원 1995. 9. 15. 선고 93누20627 판결, 대법원 2001. 9. 4. 선고 99두11080 판결 참조), 잔여지 수용청구를 받아들이지 아니한 토지수용위원회의 재결에 대하여 토지소유자가 불복하여 제기하는 소송은 공익사업법 제85조 제2항에 규정되어 있는 '보상금의 증감에 관한 소송'에 해당하여 사업시행자를 피고로 하여야 한다.

□ 대법원 2001. 9. 25. 선고 2000두2426 판결
[지장물인 건물의 일부가 수용된 경우 잔여건물부분의 교환가치하락으로 인한 감가보상을 잔여지의 감가보상규정 유추적용 여부(적극)]

 토지수용법(2002. 2. 4. 법률 제6656호로 폐지) 제49조, 제50조, 제57조의2, 공공

용지의취득및손실보상에관한특례법(2002. 2. 4. 법률 제6656호로 폐지) 제4조 제2항 제3호, 제4항, 같은 법 시행령 제2조의10 제4항, 같은 법 시행규칙 제2조 제2·3호, 제10조, 제23조의7의 각 규정을 종합하면, 수용대상토지 지상에 건물이 건립되어 있는 경우 그 건물에 대한 보상은 취득가액을 초과하지 아니하는 한도 내에서 건물의 구조·이용 상태·면적·내구연한·유용성·이전 가능성 및 난이도 등의 여러 요인을 종합적으로 고려하여 원가법으로 산정한 이전비용으로 보상하고, 건물의 일부가 공공사업지구에 편입되어 그 건물의 잔여부분을 종래의 목적대로 사용할 수 없거나 사용이 현저히 곤란한 경우에는 그 잔여부분에 대하여는 위와 같이 평가하여 보상하되, 그 건물의 잔여부분을 보수하여 사용할 수 있는 경우에는 보수비로 평가하여 보상하도록 하고 있을 뿐, 보수를 하여도 제거 또는 보전될 수 없는 잔여건물의 가치하락이 있을 경우 이에 대하여 어떻게 보상하여야 할 것인지에 관하여는 명문의 규정을 두고 있지 아니하나, 한 동의 건물은 각 부분이 서로 기능을 달리하면서 유기적으로 관련을 맺고 전체적으로 그 효용을 발휘하는 것이므로, 건물의 일부가 수용되면 토지의 일부가 수용되는 경우와 마찬가지로 또는 그 이상으로 건물의 효용을 일부 잃게 되는 것이 일반적이고, 수용에 따른 손실보상액 산정의 경우 헌법 제23조 제3항에 따른 정당한 보상이란 원칙적으로 피수용 재산의 객관적인 재산 가치를 완전하게 보상하여야 한다는 완전보상을 뜻하는 것인데, 건물의 일부만이 수용되고 그 건물의 잔여부분을 보수하여 사용할 수 있는 경우 그 건물 전체의 가격에서 편입비율만큼의 비율로 손실보상액을 산정하여 보상하는 한편 보수비를 손실보상액으로 평가하여 보상하는 데 그친다면 보수에 의하여 보전될 수 없는 잔여건물의 가치하락분에 대하여는 보상을 하지 않는 셈이어서 불완전한 보상이 되는 점 등에 비추어 볼 때, 잔여건물에 대하여 보수만으로 보전될 수 없는 가치하락이 있는 경우에는, 동일한 토지소유자의 소유에 속하는 일단의 토지 일부가 공공사업용지로 편입됨으로써 잔여지의 가격이 하락한 경우에는 공공사업용지로 편입되는 토지의 가격으로 환산한 잔여지의 가격에서 가격이 하락된 잔여지의 평가액을 차감한 잔액을 손실액으로 평가하도록 되어 있는 공공용지의취득및손실보상에관한특례법시행규칙 제26조 제2항을 유추적용하여 잔여건물의 가치하락분에 대한 감가보상을 인정함이 상당하다.

□ 대법원 1997. 10. 24. 선고 97다31175 판결
[구 토지수용법 제25조의3 제3항에 의한 지연가산금 청구방법]
 구 토지수용법 제25조의3 제3항이 정한 지연가산금은 수용보상금에 대한 법정 지연손해금의 성격을 갖는 것이므로 이에 대한 불복은 수용보상금에 대한 불복절차에 의함이 상당할 뿐 아니라, 토지수용법시행령 제16조의3은 "법 제25조의3 제3항의 규정에 의하여 가산하여 지급할 금액은 관할 토지수용위원회가 재결서에 기재하여야 하며, 기업자는 수용 시기까지 보상금과 함께 이를 지급하여야 한다."라고 하여 지연가산금은 수용보상금과 함께 수용재결로 정하도록 규정하고 있으므로, 지연가산금에 대한 불복

은 수용보상금의 증액에 관한 소에 의하여야 한다.

(3) 보상금증감청구소송의 법적 성질

종래 보상금증감에 관한 소송을 형식적 당사자소송설, 변형된 형식적 당사자소송이라는 견해, 특수한 형태의 항고소송이라는 견해, 항고소송과 공법상 당사자 소송이 결합한 특수한 형태의 행정소송이라는 견해 등 대립이 있었으나, 공익사업을위한토지등의취득및보상에관한법률은 "제기하고자 하는 행정소송이 보상금의 증감에 관한 소송인 경우 당해 소송을 제기하고자 하는 자가 토지소유자 또는 관계인인 때에는 사업시행자를, 사업시행자인 때에는 토지소유자 또는 관계인을 각각 피고로 한다."고 명문으로 규정하여 중앙토지수용위원회를 보상금증감청구소송의 피고에서 제외함으로써 당사자소송으로서의 성격을 명백히 하였다. 따라서 보상금의 증감에 관한 소송은 재결로서 형성된 법률관계의 한쪽 당사자를 피고로 하여야 한다.

보상금청구소송에서 당사자가 다투는 것은 형식적으로는 보상금을 둘러싼 법률관계의 내용이고 실질적으로는 그 전제로서 재결의 효력을 다투게 되므로 형식적 당사자소송이라고 하겠다.[155]

(4) 원·피고적격

행정소송이 보상금의 증감에 관한 소송인 경우 당해 소송을 제기하는 자가 토지소유자 또는 관계인인 때에는 사업시행자를, 사업시행자인 때에는 토지소유자 또는 관계인을 각각 피고로 한다고 규정하고 있어(제85조 제2항), 원고가 토지소유자 또는 관계인일 경우에는 사업시행자를 피고로 하고, 원고가 사업시행자일 경우에는 피고는 토지소유자 또는 관계인이 된다.

당사자소송에 있어서는 행정청이 피고로 되는 것이 아니라 국가, 지방자치단체 그 밖의 권리주체가 피고로 되어야 한다.

□ 대법원 1993. 5. 25. 선고 92누15772 판결
 토지수용법(2002. 2. 4. 법률 제6656호로 폐지됨) 제75조의2 제2항에 규정된 '기업자'라 함은 재결에 의하여 토지의 소유권 등의 권리를 취득하고 그로 인하여 토지소유자 또는 관계인이 입은 손실을 보상하여야 할 의무를 지는 권리의무의 주체인 국가 또는 지방공공단체 등을 의미한다.
 도시계획법(2002. 2. 4 법률 제6655호로 폐지) 제23조 등에 의하여 건설부장관이나 시장·군수 등의 행정청이 토지를 수용 또는 사용할 수 있는 공익사업을 시행하는 경우에도 손실보상금의 증감에 관한 행정소송은 행정청이 속하는 권리의무의 주체인 국가

---

155) 류지태, 451쪽.

나 지방공공단체를 상대로 제기하여야 하고 그 기관에 불과한 행정청을 상대로 제기할 수 없다.

(5) 소송구조

토지수용법(2002. 2. 4. 법률 제6656호로 폐지됨)하에서는 필요적 공동소송설156)과 필요적 병합소송설의 대립이 있었으나 피고에서 중앙토지수용위원회를 제외시킴으로써 현행법은 입법적으로 해결하였다.

(6) 소송대상

당사자소송의 대상은 법률관계인 보상금의 증감에 관한 것뿐이므로 재결의 취소, 변경은 불가하다고 할 것이다. 사업시행자를 상대로 보상액의 증액, 즉 추가로 지급을 구하는 금원만을 청구하면 되고 이의재결 또는 수용재결의 취소를 같이 청구할 필요는 없다.

□ 대법원 1991. 11. 26. 선고 91누285 판결
　토지수용법(2002. 2. 4. 법률 제6656호로 폐지됨) 제75조의2 제2항의 규정은 그 제1항에 의하여 이의재결에 대하여 불복하는 행정소송을 제기하는 경우, 이것이 보상금의 증감에 관한 소송인 때에는 이의재결에서 정한 보상금이 증액 변경될 것을 전제로 하여 기업자를 상대로 보상금의 지급을 구하는 공법상의 당사자소송을 규정한 것으로 볼 것이다.

□ 대법원 2002. 6. 14. 선고 2001다24112 판결
　공공용지의취득및손실보상에관한특례법(2002. 2. 4. 법률 제6656호로 폐지) 제9조 제1항, 제3항, 같은 법 시행령 제7조 제1항, 제3항 및 토지수용법(2002. 2. 4. 법률 제6656호로 폐지) 제73조 내지 제75조의2의 각 규정에 의하면, 환매기간 내에 환매의 요건이 발생하는 경우, 환매대상토지의 가격이 취득 당시에 비하여 현저히 하락하거나 상승하였다고 하더라도, 환매권자는 수령한 보상금 상당액만을 사업시행자에게 미리 지급하고 일방적으로 매수의 의사표시를 함으로써 사업시행자의 의사와 관계없이 환매가 성립되고, 공공용지의취득및손실보상에관한특례법 제9조에 의한 환매권의 행사

---

156) 대법원 1991. 5. 28. 선고 90누8787 판결, 대법원 1991. 10. 22. 선고 90누10117 판결(토지수용법(2002. 2. 4. 법률 제6656호로 폐지됨) 제75조의2(1990. 4. 7. 법률 제4231호로 신설된 것) 제2항이 토지 소유자 또는 관계인이 보상금의 증감에 관한 같은 조 제1항의 행정소송을 제기하는 경우에는 행정심판위원회 외에 기업자를 피고로 한다고 규정한 것은 위와 같은 소송을 제기하는 경우에는 행정심판위원회 외에 기업자를 공동피고로 하여야 한다는 뜻이고, 이 소송은 필요적 공동소송이라고 볼 것이다).

에는 토지수용법 제71조 제5항의 규정이 준용되거나 유추적용된다고 할 수 없어 민사
소송절차에서 법원이 환매대금액을 증감할 수는 없으며, 토지수용법 제75조의2 제2항
에 의하여 사업시행자가 환매권자를 상대로 하는 소송은 공법상의 당사자소송으로 사
업시행자로서는 환매가격이 환매대상토지의 취득 당시 지급한 보상금 상당액보다 증액
변경될 것을 전제로 하여 환매권자에게 그 환매가격과 그 보상금 상당액의 차액 지급
을 구할 수 있다(대법원 2000. 11. 28. 선고 99두3416 판결).

(7) 입증책임

손실보상금증감청구소송에서 누가 입증책임을 지느냐에 대해 다툼이 있을 수 있으
나, 판례는 정당한 손실보상금이 재결에서 정한 손실보상금보다 더 많아야 한다는 점
에 관한 입증책임은 그와 같이 주장하는 원고에게 있다고 한다.

□ 대법원 2004. 10. 15. 선고 2003두12226 판결
[보상금의 증감에 관한 소송의 증명책임의 소재(=원고)]
토지수용법(2002. 2. 4. 법률 제6656호로 폐지됨) 제75조의2 제2항 소정의 손실보
상금 증액청구의 소에 있어서 그 이의재결에서 정한 손실보상금액보다 정당한 손실보
상금액이 더 많다는 점에 대한 입증책임은 원고에게 있다고 할 것이고, (중략) 비록
이의재결이 토지소유자 또는 관계인의 입회 없이 작성된 조서를 기초로 하는 등의 사
유가 있다고 하더라도 그 점만으로 위와 같은 입증책임의 소재를 달리 볼 것은 아니다
(대법원 1997. 11. 28. 선고 96누2255 판결 참조).

(8) 소송물

공익사업에 의하여 동일한 소유자의 수필지의 토지, 그 지상 건물, 입목 등 지장물과
잔여지 등을 함께 보상하는 경우의 토지수용사건에 있어서 그 소송물을 어떻게 볼 것
인가의 문제가 제기되는데, 이는 보상항목 상호간에 유용을 인정할 것인가 하는 문제
와 관련이 있다.

토지수용사건의 소송물과 관련하여 ① 토지, 지장물 및 영업손실 등 모든 항목의 손
실보상은 하나의 재결처분이므로 하나의 소송물로 보아야 한다는 견해,[157] ② 소유자

---

157) 윤형한, 토지수용에 있어서의 소송물과 심판범위, 대법원판례해설 통권 15호(법원행정처, 1991. 상
반기), 521쪽. 이 견해는 공익사업을위한토지등의취득및보상에관한법률 제64가 "손실보상은 토지소
유자 또는 관계인에게 개인별로 행하여야 한다. 다만 개인별로 보상액을 산정할 수 없는 때에는 그
러하지 아니하다."고 규정하고 있는 점, 물건별로 각각의 소송물이 된다면 입목 등과 같이 수가 많
고 특정도 어려운 경우 재결에서 누락된 경우에는 새로이 재결절차를 밟아야하는 번거로움이 있고
경우에 따라서는 제소기간 등의 경과로 구제를 받을 수 없을 수도 있는 점, 하나의 소송물로 보면
보상대상에서 누락된 물건에 관하여도 보상을 주장하여 이를 구제받도록 하는 것이 당사자의 권익

가 동일하더라도 각 필지별, 물건별, 손실별로 별개의 소송물로 보아야 한다는 견해,[158] ③ 토지의 보상, 지장물의 보상, 잔여지의 보상, 영업손실의 보상 상호간에는 소송물이 다르다고 보아야 하지만 위 각 항목내의 손실보상 사이에는 수용대상 목적물이 여러 개라고 하더라도 하나의 소송물로 보는 견해,[159] ④ 개인별 보상의 원칙, 일괄보상의 원칙, 시가보상의 원칙의 제 규정의 취지를 종합하면 개인별로 보상의 대상이 되는 모든 항목은 하나의 소송물로 보되 다만 재결의 대상이 된 보상대상 항목에 대해서만 하나의 소송물로 보는 견해[160] 등이 논의되고 있다.

이에 대해 판례는 토지를 수용 또는 사용함으로 인한 보상은 피보상자에게 개인별로 하여야 한다고 규정하고 있으므로, 보상은 수용 또는 사용의 대상이 되는 물건별로 하는 것이 아니라 피보상자의 개인별로 행하여지는 것이라는 개인별총액주의를 택하고 있다.

□ 대법원 1998. 1. 20. 선고 96누12597 판결

[토지수용보상액에 관하여 행정소송의 대상이 된 물건 중 일부 항목에 관한 보상액이 과소하고 다른 항목의 보상액은 과다한 경우, 그 항목 상호간의 유용 허부(적극)]

토지수용법(2002. 2. 4. 법률 제6656호로 폐지됨) 제45조 제2항의 규정에 의하면 토지를 수용함으로 인한 보상은 수용의 대상이 되는 물건별로 하는 것이 아니라 피보상자의 개인별로 행하여지는 것이므로, 피보상자는 수용대상 물건 중 일부에 대하여만 불복이 있는 경우에는 그 부분에 대하여만 불복의 사유를 주장하여 행정소송을 제기할 수 있다고 할 것이나, 행정소송의 대상이 된 물건 중 일부 항목에 관한 보상액이 과소하고 다른 항목의 보상액은 과다한 경우에는 그 항목 상호간의 유용을 허용하여 과다 부분과 과소 부분을 합산하여 보상금의 합계액을 결정하여야 할 것이다(대법원 1995. 9. 5. 선고 94누14919 판결, 대법원 1992. 9. 8. 선고 92누5331 판결 참조).

---

(9) 판결

보상금청구소송은 법원이 직접 보상금을 결정하므로 재결청은 별도로 재결을 할 필요가 없다. 그리고 증액되는 보상금에 대한 지연손해금의 기산일은, 손실보상금의 지급의무는 수용재결시가 아닌 수용시기부터 발생하므로 수용시기 다음날이다.

구제에 유리한 점을 근거로 한다.

158) 이동흡, 토지수용에 있어서 손실보상액 산정의 시기 및 방법(하), 인권과정의 통권 제163호(1990. 2.), 대한변호사협회, 113쪽. 이는 민사의 손해배상사건에서 개개의 물건마다 별개의 소송물로 보는 것을 근거로 한다.

159) 백현기, 토지수용에 있어서 손실보상액 산정의 시기 및 방법 -대법원 판례를 중심으로-, 재판자료 제68집(법원행정처, 1995.), 443~445쪽 ; 이경민, 토지수용 사건에 있어서의 몇 가지 문제점, 사법논집 제30집(법원도서관, 1999.), 738~741쪽.

160) 147~148쪽.

□ 대법원 1992. 9. 14. 선고 91누11254 판결
[토지수용으로 인한 손실보상금에 대한 지연손해금의 기산점(=수용시기)]
 토지수용으로 인한 기업자 내지 사업시행자의 손실보상금 지급의무는 그 수용시기로
부터 발생하고, 구체적인 손실보상금액이 재결이나 행정소송의 절차에 의하여 현실적
으로 확정되어진다 하여 달리 볼 것이 아니며, 재결절차에서 정한 보상액과 행정소송
절차에서 정한 보상액과의 차액 역시 수용과 대가관계에 있는 손실보상의 일부이므로
위 차액이 수용의 시기에 지급되지 않은 이상, 이에 대하여는 지연손해금이 발생한다
할 것이고(대법원 1991. 12. 24. 선고 91누308 판결), 또한 소송촉진등에관한특례법
은 소송의 지연을 방지하고 국민의 권리의무의 신속한 실현과 분쟁처리의 촉진을 기함
을 목적으로 하고, 그 제2조와 제3조는 위 목적을 달성하기 위하여 법정이율에 대한
특례를 규정하고 있는 바, 위 특례조항이 민사소송사건에만 적용된다고 규정되어 있지
아니한 이상, 이는 민사소송뿐만 아니라 행정소송사건에도 적용된다고 보아야 할 것이
다(대법원 1992. 1. 17. 선고 91누1127 판결).

□ 대법원 2000. 11. 28. 선고 99두3416 판결
 행정소송법 제8조 제2항에 의하면 행정소송에도 민사소송법의 규정이 일반적으로 준
용되므로 법원으로서는 공법상 당사자소송에서 재산권의 청구를 인용하는 판결을 하는
경우 가집행선고를 할 수 있다.

4. 무효 등의 확인소송

 수용재결도 행정처분의 하나이므로 중대하고 명백한 흠이 있는 경우에는 재결의 무
효 등의 확인소송을 제기할 수 있으며, 무효확인소송의 대상도 당연히 원재결이 된
다.161) 무효 등의 확인소송은 이의신청전치주의가 배제되고, 소 제기기간의 제한도
받지 않는다.

□ 대법원 1993. 1. 19. 선고 91누8050 전원합의체 판결
[토지수용에 관한 토지수용위원회의 수용재결처분이 무효인 경우 수용재결 자체에 대
 한 무효확인을 소구할 수 있는지 여부(적극)]
 행정처분이 무효인 경우에는 그 효력은 처음부터 당연히 발생하지 아니하는 것이어서
행정처분의 취소를 구하는 경우와는 달리 행정심판을 거치는 등의 절차나 그 제소기간
에 구애받지 않고 그 무효확인을 구할 수 있는 것인바, 토지수용에 관한 중앙 또는 지
방토지수용위원회의 수용재결이 그 성질에 있어 구체적으로 일정한 법률효과의 발생을

---

161) 김동희, 행정법Ⅱ, 371쪽.

목적으로 하는 점에서 일반의 행정처분과 전혀 다를 바 없으므로, 수용재결처분이 무효인 경우에는 그 재결 자체에 대한 무효확인을 소구할 수 있다고 보아야 할 것이다. 만약 소정의 기간 내에 이의신청을 하지 않았다 하여 그 무효를 소구하거나 주장할 수 없다고 한다면 무효인 수용재결에 대하여 특별히 하자의 치유를 인정하여 이를 유효한 것으로 보게 되는 결과가 되고 피수용자는 권리구제를 받을 수 있는 길이 막히게 되어 매우 부당하다고 아니할 수 없다.

토지수용법 제73조 내지 제75조의2의 각 규정과 관련하여, 중앙 또는 지방토지수용위원회의 수용재결에 대하여 불복이 있는 자는 중앙토지수용위원회에 이의신청을 하고, 중앙토지수용위원회의 이의재결에도 불복이 있으면 수용재결이 아닌 이의재결을 대상으로 행정소송을 제기하도록 해석·적용한 것은(대법원 1990. 6. 22. 선고 90누1755 판결 ; 대법원 1991. 2. 12. 선고 90누288 판결 참조), 어디까지나 토지수용에 관한 재결이 위법 부당함을 이유로 그 취소를 소구하는 경우에 한하는 것이지, 이 사건과 같이 수용재결 자체가 당연무효라 하여 그 무효확인을 구하는 경우에까지 그와 같이 해석할 수는 없다 할 것이다.

위 법규정에 정하여진 수용재결에 대한 이의신청 절차는 원재결에 대한 일종의 불복절차로서 실질적으로 행정심판의 성질을 갖는 것인 만큼, 수용재결에 대한 무효확인을 구하는 경우에도 반드시 위와 같은 이의절차를 거쳐야 한다고 볼만한 합리적인 근거를 찾아 볼 수는 없다.

이 점에 관하여 당원은 1983. 6. 14. 선고 81누254 판결 중에서 이와 견해를 달리하여, 중앙토지수용위원회의 이의신청에 대한 재결이 아닌 중앙토지수용위원회의 수용재결은 행정소송의 대상으로 삼을 수 없으므로 그 수용재결의 무효확인을 구하는 소는 부적법하다고 볼 것이라는 취지의 견해를 표명한 바 있으나, 이 부분을 폐기하기로 한다.

제6장 행정상 손해배상과 손실보상의 틈새(谷間)

제1절 개설

I. 문제상황

손해전보에 대한 가장 전형적인 형태는 앞에서 본 바와 같이 행정상 손해배상과 손실보상을 들 수 있다. 이 양 제도에 의한 구제방법이나 절차 등은 헌법적 근거가 마련되어 있고 법률로써 어느 정도 정비되어 있다고 할 수 있다. 그러나 현실에 있어서 행정작용으로 인하여 개인이 입게 되는 각종의 피해에 대한 구제제도로서는 충분하지 못한 경우도 있다.

Ⅱ. 문제의 유형과 해결방안의 모색

(1) 위법·무책한 공무원의 직무행위인 경우

수용유사적 침해의 이론이 이 부분을 대비하기 위한 것이다.

(2) 비의욕적 공용침해(결과적 손실)의 경우

현실적으로 행정주체가 의도하지 않았고 또한 예상하지 못한 손실이 행정작용에 수반되는 경우를 말하며, 이를 대비하기 위한 것이 수용적 침해의 이론이다.

(3) 비재산적 법익에 대한 적법한 침해의 경우

적법한 행정작용으로 인한 비재산적 법익에 대한 침해가 일어나는 경우 기존의 손해배상·손실보상의 제도로써는 구제가 어렵다는 문제가 있다.

Ⅲ. 독일에서의 손실보상이론의 발전

(1) 희생보상청구제도

독일에서의 손실보상이론은 연혁적으로 희생보상청구권에 근거하여 발전하였다.

관습상 발전된 것으로 18C 국가에 의해 절대 침해될 수 없는 권리로서의 기득권이라는 자연법적인 재산권의 불가침사상이 국가긴급권에 의해 침해가 인정되면서 공용부담의 원칙과 결합되어 손실보상을 인정하는 희생보상청구제도로 확립되었고 이것이 1794년 프로이센일반란트법에 수용되어 실정법화 되었다.

그 후 바이마르 헌법도 제153조에서 손실보상을 전제로 재산권의 박탈이나 제한을 허용하는 내용을 규정하게 되었고, 기본법 제14조는 새로이 재산권의 박탈 및 제한행위는 법률에 의해서만 가능하도록 하고, 이때의 법률은 손실보상에 관한 규정을 포함하고 있어야 한다는 내용을 규정하게 되었다.

(2) 희생보상청구권의 위법·무책의 공권적 침해에의 적용

독일제국재판소(Reichsgericht)는 희생보상청구권은 원칙적으로 적법한 침해에 대하여 주어지나 위법한 침해로 인하여 공공복리를 위하여 특별한 희생을 당하였음에도 불구하고 보상을 거부하는 것은 부당하고 비합리적이라는 이유로 희생보상청구권을 위법·무책의 침해에 대하여 인정하였다.

(3) 독일 연방사법재판소의 수용유사적 침해제도에 의한 대상영역의 확대

연방사법재판소(Bundesgerichshof)는 판례를 통하여 특히 손실보상의 대상영역을 확대시켰는데, 우선 통상적인 적법한 재산권 박탈 및 제한행위 뿐만 아니라 이러한 행위가 위법한 경우에도 손실보상의 대상이 됨을 인정하였다. 그 근거로서 적법한 재

산권을 제약하는 행위가 손실보상의 대상이 된다면 당연히 위법한 재산권의 제약행위
도 손실보상의 대상이 된다고 인정하였다.162)

그러나 이는 이전의 독일제국재판소의 판례와는 달리 희생보상청구권에 근거하지 않
고 실정법적 근거로서 손실보상에 관한 기본법 규정인 제14조 제3항의 유추적용과
제14조 제1항의 근거하에 인정하였다. 당사자에 대한 사실상의 효과가 수용의 경우와
유사하다는 의미에서 이를 수용유사적침해라고 하였는바, 초기에는 위법하지만 무책
의 행위유형에 인정되던 것이 점차 위법, 유책의 행위에 대해서도 인정되게 되었다.
또한 그 외에도 대상영역으로서 적법한 행정작용의 비정형적이고 예상하지 않은 부수
적 효과로서 나타나는 재산권 제약행위에 대해서도 손실보상을 인정하였다. 이를 수
용적 침해라고 하는 바, 이는 그 행위의 유형, 범위 및 정도에 비추어 통상적인 재산
권의 사회적 제약행위를 넘는 것으로서 특별희생을 의미하기에 손실보상의 대상이 되
는 것이라고 보았다.

연방사법재판소의 판례에 의하면 이러한 대상행위들에 있어서 당사자는 위법한 행위
에 대해 취소소송을 제기하거나 또는 이를 수인하고 민사법원에 손실보상을 청구할
수 있는 선택권을 갖는다고 보았다.

(4) 독일 연방헌법재판소의 자갈채취사건판결163)과 수용유사 및 수용적 침해

연방헌법재판소는 기본법 제14조 제3항에 따른 수용은 보상의 종류와 범위를 정하

---

162) 무주택자의 강제배정으로 인한 주택소유자에 대한 재산상의 손해야기에 대해 수용유사적 침해제도
에 의한 보상을 인정하여 위법·무책한 침해가 내용이나 효과에 있어 기본법 제14조 제③항의 적법
한 침해 즉 수용과 동일하게 피해자에게 특별한 희생을 강요한다면 보상이 필요하다고 하였다. 나
아가 연방사법재판소는 수용유사적 침해를 합법적으로 이루어졌다면 단순한 사회적 구속일 수 있으
나 위법하게 집행된 경우에도 적용하여 침해의 위법성을 특별한 희생으로 간주하였다. 이에 대하여
는 침해의 위법성과 특별한 희생사이에 필연적 상관관계는 없다는 점과 국가배상과 손실보상의 경
계를 무너뜨렸다는 점에서 비판이 제기되었었다.
163) (BVerfGE 58,300. 1981. 7. 15.)
  (1) 사건개요
  과거부터 채취하여 오던 자갈을 채취하고자 원고가 당국에 허가를 신청했으나 사후에 제정된 수자
  원관리법에 의해 허가가 거부되었다. 왜냐하면 자갈채취장은 수원지로부터 가까운 곳에 있었고 동법
  은 수원지로부터 가까운 거리 내에서의 자갈채취를 금하였기 때문이다. 원고의 허가신청은 행정심판
  절차에서도 거부되었고, 이에 원고는 州에 손실보상을 청구하였고, 연방사법재판소는 수자원관리법
  의 관계조항의 합헌성 여부에 따라 결정되어야 할 것으로 판단하여, 당해 조항의 위헌여부를 연방헌
  법재판소에 제청하였다.
  (2) 판결요지
  ① 기본법 제14조 제3항 2문에 따른 손실보상이 인정되기 위해서는 당해 행정작용이 법률에 근거
  가 있어야 하며, 이때 이 법률은 동시에 손실보상의 유형과 정도에 대한 규정을 두고 있어야 한다.
  따라서 재산권의 박탈이나 제한을 할 수 있는 권한을 주는 법률이 손실보상에 관한 규정을 결하는
  경우에는 위헌이며, 이에 따른 행정작용도 위법이 된다. ② 이때에 당사자는 손실보상규정이 없으므
  로 손실보상을 청구할 수 없고, 당해 행위의 취소소송만을 제기할 수 있다. ③ 따라서 당사자가 손
  실보상과 취소소송을 선택할 수 있는 권리는 인정되지 않는다.

고 있는 법률상의 근거가 있는 경우만 손실보상청구가 허용된다고 보아, 종래 연방사법재판소가 재산권의 사회적 구속의 한계를 넘는 재산권의 침해는 이를 수용으로 보아 온 것과 다른 입장을 취했다. 수용관계법에 보상규정이 없는 법률은 위헌이고 그에 기한 수용처분은 위법한 처분이며, 이 경우 관계인은 보상을 청구할 수는 없고, 단지 처분의 취소만 구할 수 있을 뿐이라고 판시했다. 이 경우 당사자는 반드시 문제된 행위의 효력상실을 위한 행정소송제기방법을 강구하여야 하며 취소소송제기를 포기하고 대신 법률이 허용하고 있지 않은 손실보상을 청구할 수 없으며 문제의 행위를 다투지 않아 불가쟁력이 발생한 때에는 손실보상을 청구할 수 없다고 하였다.

독일연방헌법재판소는 자갈채취사건판결에서 연방사법재판소가 전통적으로 취하고 있는 수용유사침해론을 취하지 아니하였다.

(5) 동 판결 이후의 상황

이 판결 후 수용유사침해제도의 존속에 대한 활발한 논의가 있었다. 이와 관련하여 이 판결이 수용유사침해이론의 포기를 의미하는 것인지 아니면 수정을 의미하는지에 대해 견해가 대립되었다.

연방헌법재판소의 이러한 판결에 대해서는 이러한 판결로 인해 수용유사침해와 수용적 침해의 법제도가 더 이상 인정될 수 없다는 의견도 지적되었으나, 오늘날은 이러한 견해보다는 약간의 변화는 있지만 이러한 제도자체가 부정되는 것은 아니라는 견해가 지배적이다.

그리고 연방사법재판소는 수용유사침해제도를 유지하면서 자갈채취사건판결 이후 기본법 제14조 제3항에서 그 근거를 찾기 어렵게 되자 관습법상 희생보상청구권에서 그 법적 근거를 찾고 있다.

제2절 收用類似侵害補償

Ⅰ. 서설

(1) 의의

수용유사침해의 보상이라 함은 위법한 공용침해로 인해 특별한 희생을 입은 자에 대한 보상을 의미한다. 즉 법상 허용되었더라면(적법하다면) 그 내용이나 효과면에서 일종의 수용행위로 간주되었을 재산권에 대한 위법한 침해에 대한 보상으로 위법·무책의 침해에서 진가를 발휘한다고 하겠다.

(2) 논의배경

전통적인 손실보상 또는 국가배상제도로 포섭되지 않는 재산상의 손실영역이 있는 바, 이에 대한 보상이 문제되어 앞서 본대로 독일 연방사법재판소의 판례에 의하여 정립되었다.

Ⅱ. 수용유사침해이론의 수용여부

(1) 학설

1) 적극설
헌법 제23조 제1항 및 제11조에 근거하여 제23조 제3항 및 관계규정의 유추적용을 통해 당사자의 손실보상청구권을 인정한다.[164]

2) 소극설
독일판례를 통하여 인정되어 온 전통적인 관습법인 희생보상청구권에 의거하여 인정되는 것이므로 그와 같은 관습법이 존재하지 않는 우리나라에 이를 직접도입은 무리라고 한다.[165]

(2) 판례
대법원은 1993. 10. 26. 선고 93다6409 판결에서 수용유사적 침해의 이론은 국가 기타 공권력의 주체가 위법하게 공권력을 행사하여 국민의 재산권을 침해하였고 그 효과가 실제에 있어서는 수용과 다름없을 때에는 적법한 수용이 있는 것과 마찬가지로 국민이 그로 인한 손실의 보상을 청구할 수 있다는 것이나, 문화방송 주식의 국가 귀속조치에 관한 사건은 동 이론의 적용대상이 아니라고 하여, 아직 명시적인 태도는 알 수 없다.

> □ **대법원 1993. 10. 26. 선고 93다6409 판결**
> 　수용이라 함은 공권력의 행사에 의한 행정처분의 일종인데, 비록 증여계약의 체결과 정에서 국가공무원의 강박행위가 있었다 하더라도 그것만으로 증여계약의 체결이나 그에 따른 주식의 취득이 국가의 공권력의 행사에 의한 행정처분에 해당한다고 볼 수는 없고 어떤 법률관계가 불평등한 것이어서 민법의 규정이 배제되는 공법적 법률관계라고 하기 위하여는 그 불평등이 법률에 근거한 것이라야 할 것이고, 당사자간의 불평등이 공무원의 위법한 강박행위에 기인한 것일 때에는 이러한 불평등은 사실상의 문제에 불과하여 이러한 점만을 이유로 당사자 사이의 관계가 민법의 규정이 배제되는 공법적 법률관계라고 할 수는 없다.
> 　수용유사적 침해의 이론은 국가 기타 공권력의 주체가 위법하게 공권력을 행사하여 국민의 재산권을 침해하였고 그 효과가 실제에 있어서 수용과 다름없을 때에는 적법한 수용이 있는 것과 마찬가지로 국민이 그로 인한 손실의 보상을 청구할 수 있다는 것인

---

164) 김남진, 632쪽 ; 홍준형, 307~310쪽.
165) 류지태, 458쪽 ; 박윤흔, 797쪽 ; 정하중, 296쪽.

데, 1980.6.말경의 비상계엄 당시 국군보안사령부 정보처장이 언론통폐합조치의 일환
으로 사인 소유의 방송사 주식을 강압적으로 국가에 증여하게 한 것이 위 수용유사행
위에 해당되지 않는다고 한 사례.

☐ 대법원 1996. 12. 23. 선고 95다40038 판결
 어떤 법률관계가 불평등한 것이어서 민법의 규정이 배제되는 공법적 법률관계라고 하
기 위하여는 그 불평등이 법률에 근거한 것이라야 할 것이고, 당사자 간의 불평등이
공무원의 위법한 강박행위에 기인한 것일 때에는 이러한 불평등은 사실상의 문제에 불
과하여 이러한 점만을 이유로 당사자 사이의 관계가 민법의 규정이 배제되는 공법적
법률관계라고 할 수 없는 것이므로, 원고 재단의 이사장직에서 사임한다는 소외 1의
의사표시의 성립과정에 국가공무원인 합동수사본부 수사관들의 불법적인 강박행위가
개재되어 있었다 하더라도 사임의 의사표시를 하도록 강박하고 그 의사표시를 원고 법
인에 전달한 국가공무원의 행위를 가리켜 국민의 재산권을 수용하는 수용에 유사한 행
정처분이라고 볼 수 없다.

(3) 검토

 1980년 신군부에 의한 소위 언론통폐합조치를 통하여 행하여진 문화방송주식의 강
제적 국가귀속조치에 대하여 서울고등법원은 수용유사적침해를 인정하여 손실보상청
구권을 인정하였으나(서울고등법원 1992. 12. 24. 선고 92나20073 판결), 대법원은
이를 앞서 본대로 증여계약으로 인정하여 손실보상청구권을 부인하였다(대법원 1993.
10. 26. 선고 93다6409 판결).
 이는 헌법 제23조 제3항의 해석과 관련된 문제로, 어찌되었든 대법원은 위법·무과실
의 경우 법률에 보상근거규정이 따로 없는 때에는 국가의 배상책임을 인정하지 않고
있다.

☐ 대법원 1994. 11. 8. 선고 94다26141 판결
 영업허가취소처분이 나중에 행정심판에 의하여 재량권을 일탈한 위법한 처분임이 판
명되어 취소되었다고 하더라도 그 처분이 당시 시행되던 공중위생법시행규칙에 정하여
진 행정처분의 기준에 따른 것인 이상 그 영업허가취소처분을 한 행정청 공무원에게
그와 같은 위법한 처분을 한 데 있어 어떤 직무집행상의 과실이 있다고 할 수는 없다.

☐ 대법원 2002. 5. 10. 선고 2001다62312 판결
 행정법규가 행정청으로서 지켜야 할 일정한 준칙을 규정함에 불과하고 그 범위 안에
서 행정청의 재량에 일임하여 그 법규가 정하는 행정목적의 달성을 위하여 객관적으로
구체적 타당성에 적합하도록 하는 이른바 편의재량(공익재량, 합목적재량)의 경우에는

공익상의 필요, 합목적성의 여부는 행정청의 자유재량에 따라 결정하고 그에 적합하다고 인정되는 처분을 선택하는 것이므로, 그 경우에 한 처분에 있어 관계공무원이 공익성, 합목적성의 인정·판단을 잘못하여 그 재량권의 범위를 넘어선 행정행위를 한 경우가 있다 하더라도 공익성 및 합목적성의 적절 여부의 판단 기준은 구체적 사안에 따라 각각 동일하다 할 수 없을 뿐만 아니라, 구체적인 경우 어느 행정처분을 할 것인가에 관하여 행정청 내부에 일응의 기준을 정해 둔 경우 그 기준에 따른 행정처분을 하였다면 이에 관여한 공무원에게 그 직무상의 과실이 있다고 할 수 없다(대법원 1984. 7. 24. 선고 84다카597 판결 참조).

Ⅲ. 수용유사침해의 성립요건

(1) 공권력의 행사

작위·부작위를 불문한다.

(2) 공용침해

여기서의 공용침해란 공공필요에 의하여 국민의 재산권을 침해하는 경우를 말한다. 따라서 재산권의 수용 등의 개념에 포함되지 않더라도 재산권의 침해로 볼 수 있는 한, 공용침해의 요소를 이룬다.

의도적 침해와 직접성 여부가 문제되는데, 침해가 공공필요의 동기에 의한 경우 즉 의도적 침해에 한하는 것이 종래 태도였으나 수용적 침해가 인정되면서 의욕성이 아니라 직접성이 보상책임 인정의 기준이 되었다. 하지만 수용유사침해와 수용적 침해의 구별은 의욕성에 둘 수 있다.

(3) 재산권에 대한 침해

재산권이란 모든 재산적 가치있는 권리를 의미하며, 민법상 소유권은 물론 무체재산권 그 밖의 공·사법상의 일체의 권리가 포함된다.

비재산권에 대하여는 희생보상청구권, 희생유사침해 등이 문제된다.

(4) 특별한 희생

손실보상과 동일하다.

(5) 위법한 침해(침해의 위법성)

위법한 침해의 유형은 1) 침해의 근거규정이 없는 경우, 2) 침해의 근거규정은 있으나 보상규정이 없는 경우, 3) 합법적으로 이루어졌다면 단순한 사회적 구속일 수 있으나 위법하게 집행된 경우로 상정해 볼 수 있겠으나, 우리나라에서는 보통 보상규정의 흠결의 경우가 많이 논의되고 있다.

침해에 대한 보상규정의 결여문제와 관련하여, 침해에 대한 보상규정이 결여되었다는 의미에서 '위법'이라는 용어를 일반적으로 사용하나 이는 수용유사침해의 전형적인 태양이 위법·무과실의 침해로 국가배상법상의 '위법'이라는 개념과 다르다는 것이 일반적이다.166) 이러한 위법요건은 위헌무효설을 바탕으로 한 것으로 이는 '손실보상의 문제'이기 때문에 손실보상이나 수용유사적 침해에서 말하는 '공용침해의 성질'을 적법·위법으로 설명할 수 없다는 비판도 제기되고 있다.

Ⅳ. 보상문제

손실보상의 원리에 따라 보상해야 하므로 관련 법규의 유추적용이 필요하다.

제3절 收用的 侵害補償

Ⅰ. 서설

(1) 의의

수용적 침해란 적법한 행정작용의 비전형적·비의도적인 부수적 결과로써 타인의 재산권에 가해진 침해를 말한다. 예컨대 지하철공사가 장기간 계속됨으로 인해 인근 상점이 오랫동안 영업을 하지 못한 경우, 또는 도시계획으로써 도로구역으로 고시되었으나 공사를 함이 없이 오랫동안 방치해 둠으로 인하여 고시지역 내의 가옥주 등이 심대한 불이익을 입고 있는 경우 등이 이에 해당한다.

(2) 수용·수용유사적 침해와 구별

수용적 침해는 본래의 공용침해와는 그 침해의 태양, 즉 전자는 예측할 수 없는 특별희생을 수반하는데 대하여 후자는 예측가능한 특별희생을 초래한다는 점에서 구별되며, 이것과 수용유사적 침해와의 차이는 행위의 적법성 여하에 있다.

(3) 법적 근거

1) 독일

헌법적 관습법으로서 그 효력이 인정되고 있는 프로이센일반란트법의 희생보상청구권에 근거하여 인정되고 있다.

2) 우리나라

헌법상의 기본권보장, 법치국가원리, 사회국가원리 등에서 그 근거를 찾아볼 수 있

---

166) 김남진, 632~633쪽 ; 박윤흔, 796쪽.

다.폐기물처리시설설치촉진및주변지역지원등에관한법률 제3장 소정의 폐기물처리시설 주변 영향지역의 지원 등에 이러한 취지가 반영되어 있다.

Ⅱ. 성립요건

(1) 재산권의 침해

수용유사침해의 경우와 마찬가지로 수용적 침해의 경우에도 보상청구권의 요건은 수용보상의 요건에서 유추하여 논급되고 있다.

(2) 적법한 행정작용의 부수적 결과로 인한 침해

침해 그 자체는 적법한 행정작용으로 인한 예상하지 못한 비정형적·비의도적인 부수적 결과로 발생한 것이어야 한다. 행정작용이 적법하다는 것이 행위의 결과가 적법하다는 것을 뜻하는 것은 아니다. 여기서 행위불법과 결과불법이 문제되는데, 수용유사침해의 경우에는 양자가 동시에 발생하지만 수용적 침해의 경우에는 결과불법만이 발생한다. 사실행위를 주로 대상으로 하고 처음부터 당사자의 재산권 제약의 결과를 예상할 수 있는 경우에는 적용될 수 없다.

(3) 침해의 직접성

행정작용의 부수적 결과는 수용유사적침해의 경우와 마찬가지로 재산권에 대하여 직접적으로 침해적 영향을 미치는 것이어야 한다. 이처럼 침해와 손해사이의 직접적 관련성을 요한다.

(4) 특별한 희생

피해자가 입는 재산권의 침해가 사회적 제약인가 특별희생인가의 여부는 구체적 상황에 따라 달라질 수 있으므로 특별희생의 해석에 있어서는 이익형량이 중요하다. 따라서 수인한도를 넘는 특별희생이 문제되는 것이다.

(5) 보상규정

보상규정은 성질상 없는 것이 보통이다.

Ⅲ. 우리나라에서의 인정문제

수용적 침해이론의 수용여부에 대하여 논의가 활발하다.

(1) 긍정설(적극설)

이는 헌법 제23조 제3항을 유추적용하여 인정하려는 견해이다.[167] 그러나 이에 대한 비판적 견해에 의하면 헌법 제23조 제3항은 통상적인 손실보상의 경우에 예정되어지는 경우에 관한 규정이므로 사실행위를 주된 대상으로 하고 처음부터 당사자의 재산권 제약의 결과를 예상할 수 없는 이 경우에는 적용될 수 없는 한계가 있다고 한다.

(2) 부정설(소극설)

1) 직접적용설

헌법 제23조 제3항을 확대 적용하여 이를 직접적인 근거로 하여 이 경우에도 손실보상의 청구가 가능하다는 견해이다.168)

2) 입법적으로 해결해야 한다는 견해

헌법 제23조 제3항의 해석상 법률에 규정이 없으면 손실보상이 불가능하므로 입법적으로 해결해야 한다는 견해이다.169) 이 견해에 의하면 수용적 침해가 논의되는 상황은 당해 행정작용에 의해 사전에 예정되고 의도된 손실발생이 아닌 경우이므로 처음부터 헌법 제23조 제3항이 규정하고 있는 불가분조항원칙이 적용될 수 없는 경우에 해당하게 되므로 유추적용의 범위 밖에 존재한다는 것이다.

Ⅳ. 보상문제

수용유사침해의 경우와 같다.

제4절 非財産的 法益侵害에 대한 損失補償(犧牲報償請求權)

Ⅰ. 의의

수용유사침해 또는 수용적 침해로 인해 보상청구가 오직 재산적 가치 있는 권리나 법적 지위에 대한 침해시에 문제되는 데 반해, 생명, 신체, 명예, 자유 등과 같은 비재산적 법익의 침해에 대해 보상을 주는 것을 말한다. 이러한 비재산적 가치의 보호에 기여하는 것이 희생(Aufopferung)에 따른 보상청구권제도이다. 결국 이 제도는 기존의 손해배상이나 손실보상이 구제할 수 없는 권리구제의 사각지대에 대한 국민의 권익구제를 위해 등장한 이론이다.

Ⅱ. 법적 근거

희생보상에 대한 실정법적 근거는 산림자원의 조성 및 관리에 관한 법률 제55조, 소방기본법 제24조 제2항, 전염병예방법 제54조의2(예방접종으로 인한 피해에 대한 국

---

167) 김성수, 688~689쪽.
168) 박균성, 704~704쪽.
169) 박윤흔, 798쪽 ; 정하중, 301~302쪽.

가보상)170) 등이 있다. 의사상자 등 예우 및 지원에 관한법률에 따른 의사상자에 대한 보상제도는 희생보상제도와는 격을 달리한다.

□ 대법원 2001. 2. 23. 선고 2000다46894 판결

의사상자예우에관한법률(전문개정 2007. 8. 3. 법률 제8609호 의사상자 등 예우 및 지원에 관한 법률로 전면개정되기 전의 것으로 아래에서는 '의사상자법'이라고 한다)은 타인의 위해를 구제하다가 신체의 부상을 입은 자와 그 가족 및 사망한 자의 유족에 대하여 필요한 보상 등 국가적 예우를 함으로써 사회정의의 구현에 이바지함을 목적으로(제1조) 국가는 의상자 및 의사자의 유족에 대하여 보상금을 지급하고, 의료보호, 교육보호, 취업보호, 장제보호를 실시하도록 규정(제7조, 제9조 내지 제12조)하고 있을 뿐, 급여자의 대위권을 인정하거나 급여의무의 면제규정을 두고 있지는 않는바, 이러한 의사상자법의 목적과 관련 규정의 취지에 비추어 볼 때, 의상자 및 의사자의 유족에 대하여 보상금 등을 지급 및 실시하는 제도는 의상자 및 의사자의 유족의 생활안정과 복지향상을 도모한다는 사회보장적 성격을 가질 뿐만 아니라 그들의 국가 및 사회를 위한 공헌이나 희생에 대한 국가적 예우를 시행하는 것으로서 손해를 배상하는 제도와는 그 취지나 목적을 달리 하는 등 손실 또는 손해를 전보하기 위하여 시행하는 제도가 아니라 할 것이다. 따라서 의사상자법에 의해 지급되거나 지급될 보상금, 의료보호, 교육보호 등의 혜택을 국가배상법에 의하여 배상하여야 할 손해액에서 공제할 수는 없다.

Ⅲ. 희생보상청구권의 발생요건

희생보상청구권의 발생요건에서 침해대상이 비재산권적 침해라는 점 외에는 수용적 침해와 같은데, 그 요건은 ① 공공의 필요, ② 적법한 공권력의 행사, ③ 비재산권에 대한 침해, ④ 특별한 희생 등이다.

Ⅳ. 희생보상의 효과

침해를 통하여 수익하는 자가 있다면 그 자가 보상의무자가 되고 만약 그러한 자가 없다면 처분의 관할청이 속하는 행정주체가 보상의무자가 된다. 독일의 판례는 보상을 비재산적 침해에 따른 재산적 결과의 보상으로 다루고 있으며, 정신적 침해에 대한 보상으로서 위자료는 배제하고 있다.171)

제5절 結果除去請求權

---

170) 예방접종사고보상의 성질과 헌법적 근거에 대해서는 박윤흔, 800~801쪽 참조.
171) 김동희, 559쪽.

Ⅰ. 서설

1. 의의

고권적 행정작용(공행정작용)으로 인하여 야기된 위법한 사실상의 상태로 인하여 자기의 법률상의 이익을 침해받고 있는 자가 행정주체를 상대로 하여 그 위법한 상태를 제거하여 원래의 상태로 회복시켜 줄 것을 청구하는 권리(행정상의 원상회복청구권)를 말한다.

2. 필요성

행정상의 손해전보제도나 행정쟁송제도를 통하여도 당사자의 권익구제가 충분하게 되기 어렵거나 그 목적을 달성하기 어려운 경우에 기존의 행정구제제도를 보완하기 위하여 인정되고 있다.

예컨대 운전면허증의 압류가 취소되었음에도 불구하고 행정청이 그것을 반환하지 않고 있는 경우 반환을 구하는 것, 징발된 주택이 징발의 효력이 소멸된 후에도 무주택자에 의해 점유되고 있는 경우에 징발한 행정주체에 대하여 징발된 당해 주택의 명도를 청구하는 것(징발법 제14조, 제15조)에 실효적이다.

3. 손해배상청구권과의 차이

손해배상청구권은 금전배상을 목적으로 하지만 결과제거청구권은 위법한 상태의 원상회복을 내용으로 한다는 점, 손해배상청구권은 과실을 성립요건으로 하나 결과제거청구권은 행정기관의 주관적 요건을 불요한다는 점에서 차이가 있다.

Ⅱ. 결과제거청구권의 법적 성질

1. 공법상의 권리

판례는 사권으로 보고 있으나, 공행정작용에 의해 야기된 위법상태의 제거를 내용으로 한다는 점에서 공권으로 보아야 한다.(통설)

2. 물권적 청구권성 여부

1) 제1설

물권적 청구권으로서 방해제거청구권으로 이해하여 법적 근거를 행정의 법률적합성 및 헌법 제29조 제1항에서 찾고 그 구체적 내용을 민법 제213조, 제214조를 직접 적용할 것을 주장한다.[172]

---

172) 이상규, (上), 626쪽.

2) 제2설

명예 등의 침해시 그 원상회복을 구하는 경우도 인정하는 점, 공사법의 이원적 체계
하에 있는 점을 고려할 때 물권적 청구권과 다르며 이는 법치행정의 원리, 자유권 및
민법 제213조, 제214조의 유추적용을 법적 근거로 내용상 손해배상의 한 방법으로
축소된 의미의 자연적 회복으로 파악한다.(통설)

Ⅲ. 결과제거청구권의 법적 근거

다수의 학자는 헌법상의 법률에 의한 행정의 원리(제107조), 기본권규정, 민법 제
213조, 제214조를 유추적용한다고 한다. 소수견해지만 헌법상의 법률에 의한 행정의
원리(제107조), 기본권규정, 민법 제213조, 제214조 등 실정법적 근거 외에 취소판결
등의 기속력은 공법상의 결과제거청구권의 법리를 전제하고 있다고 새기면서 행정소
송법상의 관련청구의 이송 및 병합에 관한 규정(제10조), 취소판결 등의 기속력에 관
한 규정(제30조), 당사자소송에 관한 규정(제39조)에서 소송법적 근거를 찾는 견
해[173]와 민법규정을 직접 적용하는 견해[174]가 있다.

생각건대 실체법적으로는 헌법 제107조와 기본권 규정, 민법상의 소유물방해배제청
구권 등의 관계규정 등에서 찾을 수 있을 것이며, 절차법적으로는 행정소송법상 당사
자소송에 관한 규정(제4조, 제39~44조), 취소판결의 기속력에 관한 규정(제30조 제1
항) 등을 들 수 있을 것이다.

Ⅳ. 결과제거청구권의 요건

1. 행정주체의 공행정작용으로 인한 침해행위

여기에서의 침해행위는 일체의 공행정작용에 의한 모든 종류의 침해를 의미한다. 그
러나 행정주체의 사법적 활동으로 인한 침해의 경우에는 원칙적으로 결과제거청구권
은 성립하지 않는다. 법적 행위뿐만 아니라 사실행위도 포함하고, 권력작용 뿐만 아니
라 관리작용, 즉 비권력작용도 포함하며, 의무위반의 부작위(예 : 행정청이 압류해제
된 물건을 반환하지 않는 경우)도 포함한다.

2. 위법한 침해상태의 발생

(1) 위법한 상태

위법한 행정작용으로 인하여 발생한 위법한 결과만이 아니라 처음에는 적법한 행정
작용이 기한의 경과, 조건의 발생 등으로 인하여 사후에 위법한 결과를 야기하는 경
우에도 성립한다.

---

173) 김남진, 640쪽 ; 박윤흔, 743쪽.
174) 이상규, (上), 626쪽.

그리고 위법한 상태에서의 위법성은 항고소송의 위법성보다는 범위가 넓고 국가배상청구권의 위법성과 범위가 비슷하다.

(2) 집행결과제거청구

행정행위의 집행으로 야기된 위법한 결과의 제거를 요청하는 경우 공정력 있는 행정행위에 대해 취소판결을 받고 난 후 또는 취소청구와 동시에 행사할 수 있다. 침해상태가 위법하나 무효가 아닌 행정행위의 경우에 있어서의 결과제거의 청구는 당해 위법한 행정행위의 폐지 이후에 또는 양자의 청구를 병합하여 제기하지 않으면 안된다. 왜냐하면 만약 행정행위의 취소없이 당해 행정행위로 발생한 상태를 제거할 수 있게 되는 것은 행정행위의 효력자체를 부인하는 것이므로 이는 행정행위의 효력의 존속을 그 본질로 하는 공정력에 반하여 허용되지 않기 때문이다.

3. 타인의 법률상 이익의 침해 및 인과관계

재산적 가치가 있는 것은 물론 명예, 호평 등 그 밖의 정신적인 것까지 포함된다.

4. 침해상태의 계속

이러한 위법상태는 사실심변론종결시를 기준으로 하여 계속되어야 한다. 이처럼 위법한 상태의 계속이 필요하며 사후에 합법화되는 경우에는 이미 완성된 과거의 권리침해에 대한 손해배상이나 손실보상의 문제가 발생할 뿐이다.

예컨대 공용지정 없이 도로에 편입된 토지에 대하여 사후에 공용지정이 있게 되면 이제 그 토지의 반환(결과제거)은 위법한 상태의 계속의 결여로 인정되지 않는다.

5. 결과제거의 가능성·허용성 및 기대가능성

(1) 결과제거의 가능성과 허용성

원상회복이 사실상으로 가능하고 법률적으로 허용될 것을 요한다.

1) 사실상 가능성

예를 들면, 압류된 물건이 파손된 경우는 사실상 불가능에 해당한다.

2) 법률상 가능성

예를 들어 타인의 주택에 위법하게 노숙자를 유숙시킨 행정행위로 인한 결과제거의 경우, 노숙자를 퇴거시킬 법률상 권능으로서 경찰법상의 일반수권 조항 내지는 개별법조항에 근거한 조치가능성이 있어야 한다.

(2) 기대가능성

회복의무가 있는 행정주체에게 기대 가능할 것을 요하는데, 여기서 비례의 원칙(이익형량)이 중요한 작용을 한다.

6. 고의·과실

주관적 요건을 요구되지 않는다. 피해자에게 과실이 있는 경우 과실상계규정(민법 제396조)은 유추적용된다고 하겠다.[175]

독일연방행정재판소는 불가분적 급부의 경우 쌍방책임이 있는 경우 책임의 정도에 따라 결과제거청구권의 부정 내지는 축소된 보상청구권으로 전환된다고 파악하고 있다.

Ⅴ. 결과제거청구권의 내용과 한계

1. 내용

(1) 원상회복의 청구

결과제거청구권은 소극적으로 위법한 결과적 상태의 제거만을 그 내용으로 한다. 위법한 침해상태의 직접적인 제거만을 목적으로 하며 이 청구권의 행사를 통해서는 원상회복을 통해서도 남게 되는 손해의 배상은 주장할 수 없다.

(2) 직접적인 결과의 제거

결과제거청구권은 위법하고 직접적인 결과의 제거를 그 내용으로 하며 간접적인 결과 특히 제3자의 개입을 통하여 초래된 결과의 제거를 그 내용으로 하지는 않는다.

원상회복이라는 점에 있어서는 소극적이나, 예컨대 위법하게 설치된 육교의 철거, 명예훼손 발언의 취소 등과 같이 행정청의 적극적인 행위를 구하는 권리이기도 하다.

(3) 손해배상청구권과의 관계

결과제거청구권은 직접적인 위법한 결과의 제거만을 대상으로 하므로 그 밖의 손해에 대해서는 배상청구를 할 수 있다고 보아야 한다.

2. 한계

(1) 기대가능성에 의한 한계

결과제거로 인하여 원래상태의 회복이 사실상 가능하고, 법률적으로 허용되어야 하며, 의무자에게 기대가능하여야 한다.

---

175) 김남진, 643쪽 ; 류지태, 473쪽 ; 박균성, 7108쪽 ; 박윤흔, 746쪽.

□ 대법원 1987. 7. 7. 선고 85다카1383 판결

　도시계획시설결정 및 지적승인고시가 있어 대지가 도로부지에 편입되었다 하더라도 시가 아직 그 도로개설에 관한 도시계획사업을 진행하여 대지소유자로부터 대지를 협의매수하거나 수용하는 등 대지의 소유권 기타 사용권을 적법하게 취득하였음을 주장 입증하지 아니하고 있다면 시가 그 대지를 사용할 적법한 권원이 있다고 할 수 없다.

　대지소유자가 그 소유권에 기하여 그 대지의 불법점유자인 시에 대하여 권원 없이 그 대지의 지하에 매설한 상수도관의 철거를 구하는 경우에 공익사업으로서 공중의 편의를 위하여 매설한 상수도관을 철거할 수 없다거나 이를 이설할 만한 마땅한 다른 장소가 없다는 이유만으로써는 대지소유자의 위 철거청구가 오로지 타인을 해하기 위한 것으로서 권리남용에 해당한다고 할 수는 없다.

□ 대법원 1996. 5. 14. 선고 94다54283 판결

　토지소유자가 토지 상공에 송전선이 설치되어 있는 사정을 알면서 그 토지를 취득한 후 13년이 경과하여 그 송전선의 철거를 구한 사안에서, 한국전력공사가 그 토지 상공에 당초에 그 송전선을 설치함에 있어서 적법하게 그 상공의 공간 사용권을 취득하거나 그에 따른 손실을 보상하지 아니하여 그 송전선의 설치는 설치 당시부터 불법 점유라고 볼 수 있으며, 그 설치 후에도 적법한 사용권을 취득하려고 노력하였다거나 그 사용에 대한 손실을 보상한 사실이 전혀 없고, 그 토지가 현재의 지목은 전이나 도시계획상 일반주거지역에 속하고 주변 토지들의 토지이용 상황이 아파트나 빌라 등이 들어서 있는 사실에 비추어 그 토지도 아파트, 빌라 등의 공동주택의 부지로 이용될 가능성이 농후한 점 및 한국전력공사로서는 지금이라도 전기사업법 등의 규정에 따른 적법한 수용이나 사용 절차에 의하여 그 토지 상공의 사용권을 취득할 수 있는 점 등에 비추어, 토지소유자의 송전선 철거청구가 권리남용에 해당하지 않는다 (대법원 2001. 2. 23. 선고 2000다65246 판결 참조).

□ 대법원 1999. 11. 26. 선고 99다40807 판결

　도로법 제5조는, 도로를 구성하는 부지에 대하여는 사권을 행사할 수 없다고 규정하고 있고, 그 법조의 적용을 받는 도로는 적어도 도로법에 의한 노선인정과 도로구역결정 또는 이에 준하는 도시계획법(2002. 2. 4 법률 제6655호로 폐지) 소정 절차를 거친 도로를 말한다(대법원 1992. 12. 8. 선고 92다22725 판결 참조). 그리고 국가 또는 지방자치단체가 도로부지에 대하여 소유권을 취득하는 등 적법한 권원 없이 도로로 사용하고 있다고 하더라도, 이로 인하여 불법 점유로 인한 임료 상당의 손해배상의무가 성립하는 것은 별론으로 하고, 도로법 제5조의 적용을 배제할 것은 아니다(대법원 1968. 11. 5. 선고 68다1770 판결[176] 참조).

---

176) 도로를 구성하는 부지에 대하여는 사권을 행사할 수 없으므로 그 부지의 소유자는 불법행위를 원인으로 하여 손해배상을 청구함은 별론으로 하고 그 부지에 관하여 그 소유권을 행사하여 인도를 청

(2) 비용 또는 신의성실의 원칙에 의한 한계

비용이 지나치거나 신의칙에 반하는 때에는 그 결과제거의 가능성이 없기 때문에 배상적인 전보를 통하여 해결할 수밖에 없다.

이와 관련하여 '합법화의 가능성'이 문제되는바, 위법한 상태가 행정주체에 의해 단기간에 합법적 상태로 될 것으로 충분히 기대되는 경우에는 결과제거청구권 행사는 신의칙에 반할 수 있다. 그리고 위법한 것으로 취소된 행정행위가 다른 적법한 행정행위에 의하여 대체되는 경우와 같이 위법한 침해상태가 합법화된 경우에는 결과제거청구권은 인정되지 않는다.

VI. 쟁송절차 - 결과제거청구권의 행사방법

(1) 학설

1) 行政訴訟說

결과제거청구권의 성질을 공권으로 파악하여 공법상 당사자소송절차에 의해 행사하여야 한다고 본다.

2) 民事訴訟說

결과제거청구권의 성질을 사권으로 파악하는 입장에서 주장되는 견해이다. 판례는 상수도관 철거소송에서 상수도관의 설치라는 비권력적 사실행위에 대한 결과제거청구권을 인정하고 있으나[177] 사권으로 보아 민사소송절차에 의하여야 한다고 판시하였다.

(2) 검토

결과제거청구권은 공행정작용으로 야기된 위법한 상태의 제거를 구하는 권리이므로 공권이고, 따라서 원칙적으로 공법상의 당사자소송에 의하고, 예외적으로 결과의 제거가 행정청의 처분 등에 의하여만 가능할 경우에는 의무이행심판, 부작위위법확인소송에 의하여야 할 것이다.

구할 수 없다.
177) 대법원 1987. 7. 7. 선고 85다카1383 판결.

□ 저자약력

한양대학교 법정대학 법학과 졸업
연세대학교 행정대학원 사법행정학과 졸업
서울대학교 사법발전연구과정 수료
연세대학교 특허법무대학원 고위자과정 수료
인하대학교 대학원 졸업 (법학박사)
(현) 인하대학교 법학전문대학원 겸임교수
    법무법인 우리법률 대표변호사

□ 저서 · 논문

우리나라 항고소송의 대상으로서 처분성과 소의 이익에 관한 연구(박사학위논문)
민사문제 생활법률 (제일법규, 1997)
주택임대차의 생활법률 (제일법규, 1998)
(시집) 삶의 뜨락 (선, 2000)
법은 밥이다 (법률시대, 2001)
법과 시민생활 (법률시대, 2001 · 2003)
법과 사회 (도서출판 미산, 2004)
살아있는 법률 강의 (도서출판 미산, 2004 · 2006)
항고소송론 (도서출판 미산, 2005)
행정구제법 (도서출판 미산, 2005 · 2006)
행정작용법 (도서출판 미산, 2006)
행정법통칙[제2판] (도서출판 미산, 2006)
이혼 · 위자료 · 재산분할 도우미 (예스폼, 2009)
사례중심 교통사고 처리 도우미 (예스폼, 2009)
사례중심 재산상속 처리 도우미 (예스폼, 2009)
행정법총론 (도서출판 미산, 2009 · 2011)
판례중심 행정소송법 (도서출판 미산, 2009 · 2011)
(시집) 「휴식」 I - 휴(休)[제2판] (도서출판 미산, 2010)
(시집) 「휴식」 II - 식(息)[제2판] (도서출판 미산, 2010)
판례중심 행정상손해전보론 (도서출판 미산, 2011) 외 다수

판례중심 행정상 손해전보론   [ISBN 978-89-958680-8-9]

발행일 2012년 2월 6일 제1판 2쇄 발행
저 자 **진 영 광**
발행인 **진 학 범**   판권
편 집 **새벽동산**   소유
발행처 **도서출판 미산 (嵋山)**
       인천광역시 부평구 부흥로294번길 4, 301호 (부평동, 추인타워)
       전화 (032) 517-5002
       FAX (032) 529-2134
       등록 2004. 4. 6. (2004-3)
       E-mail : modjin@paran.com